Comentarios e incitaciones

Comentarios e incitaciones
Una defensa del postpositivismo jurídico

Manuel Atienza

E D I T O R I A L   T R O T T A

COLECCIÓN ESTRUCTURAS Y PROCESOS
Serie Derecho

Ferraz, 55. 28008 Madrid
Teléfono: 91 543 03 61
E-mail: editorial@trotta.es
http://www.trotta.es

ISBN: 978-84-9879-792-3
Depósito Legal: M-16464-2019

Impresión
Gráficas Cofás

A Pep Aguiló, cuyos comentarios e incitaciones a lo largo de muchos años han sido frecuentes y acertados.

CONTENIDO

PRESENTACIÓN

Hace cosa de un mes oía en la radio una entrevista que se le hacía a una famosa filósofa española en la que explicaba que el pensamiento era una acción colectiva y que todo lo que ella había escrito —mucho— no hubiese sido posible sin el concurso de un conjunto de personas (su grupo de investigación) con el que había tenido la suerte de trabajar durante décadas. Yo creo que esto es muy cierto. Nadie piensa —nadie puede pensar— en forma estrictamente individual, y de ahí las hermosísimas palabras de Sócrates en el *Teeteto* sobre lo que cabe entender por pensar: el «discurso que el alma tiene consigo misma sobre las cosas que somete a consideración». «A mí, en efecto —continúa Sócrates—, me parece que el alma, al pensar, no hace otra cosa que dialogar y plantearse ella misma las preguntas y las respuestas, afirmando unas veces y negando otras» (*Teeteto* 189e).

Ahora bien, si el recuerdo que tengo de aquella entrevista es fidedigno, el tipo de acción colectiva al que se estaba refiriendo nuestra filósofa vendría a corresponderse con lo que solemos entender por un diálogo constructivo, o sea, el que tiene lugar entre participantes que comparten unos mismos presupuestos y persiguen también —al menos en lo esencial— unos mismos fines. Algo que cabría denominar «pensar *con* otros» y que contrasta abiertamente con un conocido aforismo de otro filósofo español: «Pensar es siempre pensar contra alguien», una frase esta última manifiestamente exagerada (supongo que provocativamente exagerada), pero que, en mi opinión, contiene más de un grano de verdad. Al menos por lo que hace a mi experiencia, pensar es en buena medida una acción colectiva (lo que plantea, por cierto, el interrogante de por qué entonces un producto del pensamiento tan característico como son los escritos filosóficos se presentan casi sin excepciones como obras individuales), pero que consiste no solo en pensar *con* otros, sino también en pensar *contra* otros; aunque esto último no suponga tampoco desmentir el carácter cooperativo del pensamiento: para construir o para destruir.

El contenido de este libro obedece a esa manera dual de entender lo que significa pensar. Cada capítulo viene a ser un comentario de los escritos (o del escrito) de algún (ius)filósofo, cuya aportación se confronta siempre con una misma idea: la concepción del Derecho no (únicamente) como un sistema normativo, sino como una actividad, una práctica social encaminada al logro de ciertos fines y valores. Se trata de un modo de aproximarse al Derecho que, en los tiempos recientes, tiene su inicio en la obra del «segundo Ihering» y que, en nuestros días, se corresponde con lo que se suele llamar postpositivismo; y que se contrapone, fundamentalmente, a la tradición que arranca de Kelsen y a la que, me parece, están ancladas todas o casi todas las actuales direcciones iuspositivistas: sobre todo, en el mundo latino. Conviene aclarar que son muy pocos los autores iuspositivistas que se califican hoy de kelsenianos en sentido estricto, pero sí muchos —muchísimos— los que parecen compartir una visión ontológica del Derecho que es la que aquí pretendo combatir: la consideración del Derecho como un objeto, una cosa (los símiles que suelen utilizarse son del tipo de un libro o de un edificio), que está ahí fuera y que se trata de describir y de explicar. Por el contrario, el postpositivismo ve el Derecho básicamente como una actividad («una idea de fin», como diría Ihering), cuya «esencia» debe determinarse funcionalmente, en términos prácticos (y que suele asociarse con la escritura de un libro, la construcción de un edificio o —como en alguna ocasión hizo Ihering— con el arte de la navegación).

Según esta última concepción —la postpositivista—, la teoría del Derecho no puede limitarse a describir y explicar un fenómeno (lo que, por cierto, exigiría adoptar una perspectiva que no fuera solo estructural), sino que debe también (esta sería incluso su función central) establecer criterios de orientación para quienes participan en la práctica y, en particular, para los juristas profesionales. Me parece que es sobre todo este último rasgo (el carácter consciente y explícitamente normativo de la teoría), lo que hace que el postpositivismo pueda aspirar a construir una filosofía del Derecho que juegue un papel en la transformación social; algo que, obviamente, resulta mucho más difícil que pueda predicarse de las teorías iuspositivistas, empeñadas en mantener una rígida separación entre el ser y el deber ser del Derecho. El lector avisado pensará que una excepción a esto último lo constituye la obra de un positivista jurídico como Ferrajoli, que atribuye a la teoría del Derecho por él propugnada una función radicalmente crítica y transformadora; esa función consistiría en contribuir a cerrar la brecha entre el nivel constitucional y el nivel legislativo (o, en general, infraconstitucional) de los Derechos del Estado constitucional, puesto que ahora, con la existencia de constituciones rígidas, el deber ser del Derecho forma parte de su ser: lo que debe ser el Derecho es lo que la Constitución establece, o sea, un sistema para garantizar los derechos fundamentales de los individuos, de manera que el constitucionalismo contemporáneo habría cancelado —como él dice— la clásica contraposición entre Antígona y Creonte. Pero el problema es que el anclaje de la teoría ferrajoliana en el positivismo jurídico (en particular, el «dogma» de la separación entre el Derecho y la moral) limita mucho los alcances de esa contribución. Me he esforzado por poner de manifiesto esas insuficiencias de la concepción del Derecho de Ferrajoli en diversos trabajos anteriores, y no es cosa de volver aquí a reproducir esos argumentos, razón por la cual Ferrajoli no está entre los autores comentados, aunque su presencia pueda detectarse en más de un pasaje. En cualquier caso, sí que me interesa puntualizar —una vez más— que lo que me separa del constitucionalismo garantista de Ferrajoli no es su proyecto político, sino su teoría del Derecho; yo estoy plenamente de acuerdo con los fines, con el modelo de sociedad a la que él aspira, pero me parece que su construcción teórica no es la vía más adecuada para promoverlos. O, dicho de otra manera —con las palabras del comentario que hacía a uno de sus últimos libros—: «el paso dado por Ferrajoli al superar el positivismo clásico de Kelsen o de Bobbio debe proseguirse más allá para dejar también atrás el positivismo jurídico» (Atienza 2017a, 30).

También me parece que el postpositivismo es una concepción superior al positivismo jurídico (en cualquiera de sus versiones) desde una perspectiva estrictamente teórica. O sea, esa forma de aproximarse al Derecho es también la que mejor permite dar cuenta de los conceptos y los problemas básicos del Derecho (la noción de derechos fundamentales, de interpretación, la relación entre el Derecho y la moral, etc.) y permite incluso una identificación adecuada de cuáles han de ser esos conceptos y esos problemas. En los diez capítulos que contiene este libro habrá ocasión de verlo.

Y, en fin, la explicación de todo lo anterior, de la imposibilidad o —si se quiere— la inconveniencia de seguir manteniendo en nuestros días el paradigma positivista ha de verse, en mi opinión, fundamentalmente en clave histórica. Si la positivización de los derechos que se produjo hacia finales del XVIII significó la muerte del Derecho natural y su sustitución por el positivismo jurídico, la constitucionalización de nuestros Derechos que ha tenido lugar en las últimas décadas significa también el fin del positivismo jurídico. Cabría decir que hoy, en los últimos tiempos, los cambios más característicos que están ocurriendo en nuestros Derechos ponen en cuestión una y otra vez los dogmas del positivismo jurídico: «la moral ha emigrado al interior de los derechos» —utilicemos esa famosa frase de Habermas—, de manera que ha dejado de tener sentido la pretensión de que se puede identificar el Derecho sin recurrir a una argumentación (en parte) moral; la resolución de los problemas interpretativos depende también de la concepción de filosofía moral y política que se tenga de la Constitución; nuestros Derechos —y no solo la Constitución— están llenos de enunciados de principio y de valor que exigen un tipo de razonamiento —ponderativo— que los autores positivistas suelen ver con aversión; las fronteras entre el Derecho y el no Derecho son cada vez más fluidas, como lo pone de manifiesto, entre otros fenómenos, el llamado *soft law*; otro tanto ocurre con la distinción entre el es y el debe: no hay forma de contestar en muchos casos a la pregunta de qué dice tal Derecho en relación con tal problema sin considerar al mismo tiempo qué es lo que ese Derecho debe decir, esto es, cómo debería desarrollarse; una ciencia jurídica (la llamada «dogmática jurídica») que siguiera las pautas de los modelos construidos por los iusfilósofos positivistas sería o impracticable o, en todo caso, irrelevante; etcétera.

Vengo defendiendo todas las anteriores tesis postpositivistas desde hace ya algún tiempo; y más recientemente, en el último libro que publiqué en esta editorial, *Filosofía del Derecho y transformación social*, presenté esa concepción del Derecho en una forma que, me parece, puede considerarse sistemática, aunque también fragmentaria. Lo que me propongo en este es continuar con esa tarea, que juzgo de gran importancia, pero de otra manera: comentando la obra de una serie de autores de variada procedencia e incitándoles a ellos (y a los ocasionales lectores de este libro) a confrontar, como antes decía, su manera de entender el Derecho con el postpositivismo o, quizás mejor, con una cierta idea de postpositivismo. Y es que mi defensa de esta más o menos nueva concepción del Derecho no supone en absoluto que yo crea que contamos ya con una teoría del Derecho perfectamente articulada en la que no haya nada (o casi nada) que quitar o que añadir, de manera que lo único que habría que hacer sería asumirla como tal. Obviamente, las cosas no son así, y con lo que nos encontramos en la obra de los más caracterizados representantes de ese nuevo paradigma (en mi opinión, y como lo repetiré varias veces en los capítulos que siguen, Ronald Dworkin, Carlos Nino, Neil MacCormick y Robert Alexy) es más bien con una serie de ideas germinales que deben ser, sobre todo, desarrolladas y, en algunos aspectos, criticadas y rectificadas. Aclaro además que, como ya lo sugiere la expresión, el «postpositivismo» ha de verse fundamentalmente como una superación, un ir más allá, del positivismo jurídico, pero sin que eso suponga prescindir de las muchas y valiosas aportaciones de los autores positivistas de los últimos tiempos. Para decirlo de manera un tanto brutal: más que una teoría falsa del Derecho, el positivismo jurídico es una teoría demasiado pobre, demasiado poco ambiciosa como para poder servir al jurista que opera en el contexto de los actuales ordenamientos jurídicos: estatales y no estatales.

Por lo demás, los autores de los textos comentados son bastante heterogéneos entre sí y en diversos sentidos. Unos son filósofos —interesados por el Derecho— y otros —los más— juristas (iusfilósofos), y entre estos últimos los hay positivistas, iusnaturalistas, postpositivistas e incluso positivistas en tránsito hacia el postpositivismo. En esos comentarios el lector va a encontrar alguna que otra repetición, pero espero que ese sea un precio razonable que pagar si, a cambio de ello, pueden ser leídos en forma independiente que es, por cierto, como fueron escritos: casi siempre, como contribución a un libro-homenaje. Dicho en forma sintética, lo que puede encontrarse en las páginas que siguen es esto:

El capítulo primero contiene una visión de conjunto de la obra de Robert Alexy, un paradigma de concepción postpositivista y argumentativa del Derecho. Su tesis de la doble naturaleza (real o fáctica, pero también ideal o crítica) del Derecho me parece básicamente acertada, pero considero que hay algunas críticas que formularle, que tienen que ver con la llamada «tesis del caso especial», con la manera como entiende los principios (en cuanto mandatos de optimización) y con su concepción de la ponderación.

También considero fundamentalmente correcta la manera como Bruno Celano (de ello me ocupo en el capítulo segundo) entiende los derechos fundamentales: no exactamente como normas, sino como valores, bienes o razones (que sirven de fundamento para crear una red de relaciones normativas dirigida a proteger esos valores). Y en lo que discrepo de él, más que otra cosa, es en que esa concepción (de los derechos fundamentales y, más en general, del Derecho) pueda calificarse de positivista. En mi opinión, la de Celano es más bien una posición incoativamente postpositivista.

Por el contrario, la concepción del Derecho y de la filosofía del Derecho de Riccardo Guastini es indiscutiblemente positivista y —casi diría que obsesivamente— analítica. Para él, el Derecho es un fenómeno lingüístico, consiste en lenguaje, y la filosofía del Derecho es una actividad dirigida al análisis lógico de ese lenguaje. A partir de ahí ha elaborado, con agudeza y brillantez, muchos conceptos básicos del Derecho, lo que resulta de innegable utilidad tanto para otros teóricos del Derecho como para los juristas en general. Y lo que yo trato de mostrar en el tercer capítulo del libro es lo mucho que debemos lamentar que tanto Guastini como el resto de los miembros de la escuela genovesa hayan decidido, por así decirlo, «cortarse las alas teóricas» en aras de un positivismo jurídico que a mí me parece dudosamente realista.

En el capítulo cuarto discuto una original versión de iusnaturalismo —la de Lorenzo Peña— que, en mi opinión, no está muy alejada del postpositivismo. Lo que las separa es, fundamentalmente, el «esencialismo jurídico» (bastante peculiar) de Peña y, sobre todo, la tesis de la separación entre el Derecho y la moral que este último defiende. Pero diversos elementos de la obra de Peña no solo son compatibles con el postpositivismo, sino que podrían considerarse como desarrollos de esta última concepción.

El capítulo quinto está dedicado a comentar algunos escritos de un autor, Miguel Ángel Rodilla, al que bien puede calificarse de postpositivista, aunque él no emplee esa expresión para referirse a su concepción del Derecho. No tengo propiamente críticas que hacer a sus planteamientos, y lo que presento en mis comentarios son más bien sugerencias de desarrollo de la teoría que tienen que ver con la visión del Derecho como un sistema normativo, con el carácter convencional del Derecho y con la conveniencia de incorporar al paradigma postpositivista algunas ideas provenientes de Hobbes.

Agustín Squella, de quien me ocupo en el capítulo sexto, es, de nuevo, un autor claramente positivista. Recurriendo a las etiquetas usuales para calificar al positivismo jurídico, el suyo es de carácter metodológico (no teórico o ideológico: en el conocido sentido en el que Bobbio usa estas expresiones) e incluyente (pues, para él, el criterio de identificación de lo jurídico puede hacer referencia a nociones de moralidad, si bien las relaciones entre el Derecho y la moral no tienen carácter necesario, sino contingente). Pero es inevitable que incluso las versiones más flexibles de positivismo jurídico, como la de Squella, resulten inadecuadas para dar cuenta de las grandes cuestiones jurídicas: la interpretación, la argumentación jurídica o la relación entre el Derecho y la moral.

Objeto del capítulo séptimo es un breve y sustancioso escrito de Francesco Viola en el que ofrece una alternativa al positivismo jurídico que, en mi opinión, debería calificarse no como un tipo de «neoconstitucionalismo», como alguien lo ha denominado, sino de constitucionalismo iusnaturalista. Esta última concepción presenta algunas analogías con el postpositivismo que yo defiendo, pero se diferencia también del mismo tanto en el terreno de la praxis concreta como por lo que se refiere a algunas cuestiones que están dadas en un plano teórico general.

En el capítulo octavo comento un reciente y brillante libro de Frederick Schauer sobre un tema clásico —y central— de la teoría del Derecho: el de las relaciones entre el Derecho y la fuerza. La tesis que el autor defiende es, en mi opinión, verdadera, pero más bien banal: la necesidad de poner a la fuerza, a la coacción, en un lugar central en nuestra concepción del Derecho. Y lo que sugiero en mi comentario es que si resulta necesario insistir en lo obvio (para corregir lo que parece haberse vuelto un tópico de la corriente principal de la teoría del Derecho contemporánea: el carácter no necesario de la coacción para elaborar el concepto de Derecho), tal vez sea porque hay algo en esa corriente principal —en el positivismo jurídico— irremisiblemente equivocado.

El capítulo noveno está dedicado a examinar diversos escritos de Susan Haack sobre el pragmatismo filosófico y el pragmatismo jurídico. En mi opinión, la caracterización que hace Haack del pragmatismo filosófico clásico suministra en más de un sentido una base sólida para el postpositivismo jurídico. Y también me parecen acertados los lineamientos generales de su propuesta de construcción de una teoría pragmatista del Derecho aunque, de todas formas, deberían ser desarrollados y precisados en algunos extremos.

Finalmente, en el capítulo décimo trato de construir lo que podría llamarse la filosofía del Derecho de Javier Muguerza. Digo «lo que podría llamarse» porque él nunca pretendió elaborar una filosofía del Derecho (ni siquiera un fragmento de la misma). Pero en algunos de los escritos del mayor filósofo de la moral español de los últimos tiempos cabe encontrar ideas y sugerencias de gran importancia, especialmente por lo que se refiere al tema de la relación entre el Derecho y la moral. Y, por lo demás, un examen a fondo de la obra de Muguerza muestra que su concepción del Derecho, a pesar de algunas apariencias, no puede hacerse encajar en el paradigma positivista.

No puedo saber si estos comentarios y estas incitaciones van a tener el efecto que a mí me gustaría que tuviesen; incluso, si van a tener alguno. Pero de lo que sí estoy seguro es de la importancia de una discusión acerca del modo general de aproximarse al Derecho. La idea que se tenga sobre el Derecho no es solo relevante para los juristas teóricos y prácticos, sino también para todos aquellos —científicos sociales, filósofos, etc.— que comprenden el decisivo papel que lo jurídico cumple en el todo social: para transformar la sociedad, o para afianzar las injusticias sociales o, como suele ser más frecuente, para contribuir a esos dos efectos pero en dosis que varían mucho según los casos, esto es, según cada sociedad y momento histórico.

Alicante, diciembre de 2018

1

ROBERT ALEXY Y EL «GIRO ARGUMENTATIVO» EN LA TEORÍA DEL DERECHO CONTEMPORÁNEA*

1. UNA CONCEPCIÓN POSTPOSITIVISTA —Y ARGUMENTATIVA— DEL DERECHO

Robert Alexy es, sin duda, uno de los teóricos del Derecho más importantes de las últimas décadas. Su obra ha ejercido, además, una gran (y benéfica) influencia en la filosofía del Derecho del mundo latino: de Europa y, quizás sobre todo, de América. La influencia de Alexy no se reduce, por lo demás, al ámbito universitario, sino que se extiende también al de la práctica del Derecho, en especial, la judicial. La fórmula alexiana de la ponderación, por ejemplo, es hoy de uso corriente en nuestros tribunales, especialmente en los latinoamericanos. Diría incluso que de esta se hace un uso que a veces es excesivo, innecesario. Problemas jurídicos que podrían resolverse con medios argumentativos, digamos, más sobrios, llevan ahora a no pocos tribunales de esos países a extensísimas motivaciones en las que no solo se efectúa la ponderación siguiendo el esquema de Alexy, sino que, previamente, se expone con todo detalle la teoría[1], con la intención probablemente de transmitir a la audiencia la idea del alto nivel de preparación teórica de los jueces (y letrados) autores de las sentencias correspondientes. Pero de esta práctica, obvio es decirlo, el culpable no es Alexy.

La filosofía del Derecho que ha venido elaborando Alexy desde sus primeros trabajos de finales de la década de los setenta se puede incluir

* Publicado, en versión inglesa, en *Rechtsphilosophie und Grundrechtstheorie: Robert Alexys System*, ed. de M. Borowski, S. L. Paulson y J.-R. Sieckmann, Mohr Siebeck, Tubinga, 2017.

1. Sobre la cual existen varios trabajos doctrinales de gran solvencia escritos por autores latinoamericanos. Entre otros: Carlos Bernal (2003), Gloria Lopera (2006) y Laura Clérico (2009).

dentro del mismo paradigma al que pertenecerían también las obras de Ronald Dworkin, Carlos S. Nino o Neil MacCormick (especialmente, el MacCormick de los últimos escritos). A veces se califica, pero de manera muy confusa, de «neoconstitucionalismo»[2], pero el rótulo que me parece más exacto debería ser el de «postpositivismo constitucionalista». En lo esencial, se trata de una manera de entender el Derecho que tiene muy en cuenta el fenómeno de la constitucionalización de los sistemas jurídicos sobrevenido, sobre todo, en las últimas décadas, y que considera que una conceptualización adecuada del Derecho (en particular, de ese tipo de Derecho) supone ver en este no solo una dimensión autoritativa, sino también un componente valorativo. Dicho en términos más clásicos, el Derecho es tanto voluntad como razón. Entre esos autores hay, obviamente, diferencias de acento (debidas a muy diversos factores: uno de ellos —yo creo que bastante relevante— tiene que ver con las peculiaridades de la cultura jurídica en la que se inserta la obra de cada uno de ellos), pero me parece, como antes decía, que las discrepancias no afectan a cuestiones que puedan considerarse esenciales, y de ahí que quepa incluirlas, en definitiva, dentro de un mismo paradigma teórico.

En el caso de Alexy, lo que constituiría el centro de su filosofía del Derecho sería la tesis de la doble naturaleza del Derecho. Tal y como él lo expresa: el Derecho «comprende necesariamente tanto una dimensión real o fáctica como una dimensión ideal o crítica. El aspecto fáctico se refleja en los elementos definitorios de la legalidad conforme al ordenamiento y de la eficacia social, y el ideal en el de la corrección moral» (Alexy 2009, 68). El tener en cuenta (también) ese elemento de idealidad moral es lo que hace que su concepción del Derecho tenga un carácter «no-positivista». Y Alexy considera que esa tesis muy general se despliega a lo largo de tres pasos.

El primero se caracteriza por la idea de que el Derecho plantea necesariamente una pretensión de corrección, la cual va unida a la teoría del discurso, en cuanto teoría procedimental de la corrección o de la verdad práctica; su tesis principal es que «la corrección de una proposición normativa depende de que la proposición sea o pueda ser el resultado de un determinado procedimiento», y ese procedimiento, el procedimiento discursivo, se define «mediante un sistema de reglas discursivas [monológicas y dialógicas] que expresan las condiciones de la argumentación práctica racional» (Alexy 2009, 72). Pero esa teoría del discurso tiene, en relación con el Derecho, ciertos límites que derivan, fundamentalmente, de estos tres factores: el discurso racional señala los

2. Sobre esto puede verse mi trabajo: «Ni positivsismo jurídico ni neoconstitucionalismo: una defensa del postpositivismo jurídico» (Atienza 2017a, cap. V).

límites de lo que es discursivamente imposible o necesario, pero hay un ámbito de lo discursivamente posible que queda abierto; la mera conciencia de la corrección no garantiza tampoco su observancia; y muchas exigencias de carácter moral y muchos objetivos razonables no podrían alcanzarse simplemente mediante la acción espontánea de los individuos. Se necesita, por ello, dar un segundo paso, pasar a un segundo nivel, que es el de la positividad, en el que aparecen los procedimientos regulados por el Derecho positivo para garantizar la toma de decisiones, así como medios coercitivos y organizativos; dicho de otra manera, a la idealidad en forma de corrección y discurso se agrega ahora la facticidad, en forma de legalidad y eficacia (p. 76). Y, en fin, las dos dimensiones de idealidad y de facticidad tienen que combinarse en la proporción correcta, esto es, se necesita generar una «corrección de segundo nivel», que sería la tarea del tercer paso al que Alexy denomina «institucionalización de la razón». Esa institucionalización es una empresa compleja, en la que pueden distinguirse cuatro aspectos: 1) El límite extremo o último del Derecho: la tesis de que la injusticia extrema no es Derecho, la cual conecta el Derecho con la moral, pero sin exigir una coincidencia plena entre ambos; 2) El constitucionalismo democrático: la teoría del discurso plantea dos exigencias respecto al contenido y a la estructura del sistema jurídico, los derechos fundamentales y la democracia (deliberativa), y permite justificar también una jurisdicción constitucional en la medida en que esta se conciba como una «representación argumentativa de los ciudadanos» (p. 80) para garantizar esos derechos; 3) La argumentación jurídica entendida esencialmente como mecanismo que asegura la tesis de la pretensión de corrección; o sea, que cuando la «necesaria apertura del Derecho» lleve a que las decisiones (en los casos difíciles) no puedan tomarse simplemente con los materiales autoritativos del Derecho, las premisas adicionales tienen que poder justificarse por medio de la argumentación práctica racional (p. 81). 4) La teoría de los principios; lo que, a su vez, implica: la distinción, dentro de las normas, entre las reglas y los principios; la concepción de los principios como mandatos de optimización; la consideración de que los derechos fundamentales tienen carácter de principios; y la tesis de que, mientras que la forma de aplicación de las reglas es la subsunción, la aplicación de los principios exige la ponderación.

En relación con las obras de los otros autores mencionados, creo que puede decirse que la de Alexy es la que tiene un carácter más sistemático y también (quizás junto con la de MacCormick) la que más subraya el «giro argumentativo», es decir, la tendencia a estudiar los fenómenos jurídicos desde su vertiente argumentativa; una tendencia presente, de una u otra forma, en muchas direcciones contemporáneas de la teoría del Derecho y que, sin duda, es una marca distintiva de la cultura jurídica del mundo latino en los últimos tiempos. El enorme éxito que ha tenido la obra de Alexy en este ámbito puede deberse en cierta medida a esos dos factores, pero también, como es obvio, al valor intrínseco de la teoría. Al fin y al cabo, no hay muchos ejemplos de proyectos iusfilosóficos tan ambiciosos como el de Alexy, consistente en presentar sistemáticamente el proceso de institucionalización de la razón en el Derecho, y llevado a cabo, además, de manera notablemente exitosa.

2. ALGUNAS OBSERVACIONES (PARCIALMENTE) CRÍTICAS

Mi contacto con la obra de Alexy, y con el propio Alexy, viene de finales de los años ochenta, y estuvo motivado por mi interés en estudiar a fondo su *Teoría de la argumentación jurídica* que, como resulta de aceptación generalizada, es una pieza fundamental de ese giro argumentativo en la teoría del Derecho del que antes hablaba. Desde entonces he seguido con gran atención, y podría decir también que «desde cerca», el desarrollo de su obra teórica: una de las que más han influido en mi manera de entender el Derecho y cuyos planteamientos me parecen esencialmente acertados, aunque desde entonces haya discrepado con él en una serie de aspectos que probablemente habría que considerar como secundarios. Básicamente son estos tres: su tesis del caso especial; su manera de entender los principios como mandatos de optimización; su concepción de la ponderación.

2.1. *Sobre la tesis del caso especial*

A comienzos de los años noventa (Atienza 1991) escribí un libro dirigido a exponer críticamente las diversas concepciones de la argumentación jurídica del siglo XX. Trazaba para ello una distinción, que creo ha tenido cierta fortuna, entre lo que llamaba «los precursores de la argumentación jurídica», en los años cincuenta: la lógica de Viehweg, la nueva retórica de Perelman, la *working logic* de Toulmin; y lo que denominé la «teoría estándar de la argumentación jurídica»: la que se desarrolla a partir de los años setenta y que tendría como principales representantes a MacCormick, Alexy, Aarnio, Peczenik y Wróblewski.

El análisis de esa teoría estándar lo centré en las obras de MacCormick (el MacCormick de *Legal Theory and Legal Reasoning*) y de Alexy, a las que consideraba sustancialmente coincidentes. Los dos autores, me parecía, habían recorrido la misma vía, pero en sentidos opuestos. MacCormick arrancaba de las argumentaciones o justificaciones de las decisiones tal y como de hecho tienen lugar en las instancias judiciales y, a partir de ahí, había elaborado una teoría de la argumentación jurídica que acababa por considerar como formando parte de una teoría general de la argumentación práctica. Alexy, al contrario, partía de una teoría de la argumentación práctica general que proyectaba luego al campo del Derecho para defender la tesis, central en su concepción, de que el discurso jurídico es un caso especial del discurso práctico general. Ambos autores, por otro lado —añadía—, no habrían pretendido simplemente elaborar una teoría normativa de la argumentación jurídica, sino también una teoría con propósitos analíticos y descriptivos. Las coincidencias, tanto desde el punto de vista normativo como analítico y descriptivo eran manifiestas, y diría incluso que, desde entonces, se han acentuado, puesto que MacCormick sufrió una evolución desde un positivismo de tipo hartiano (que constituye la base de aquella obra de 1978) hasta posiciones (en sus últimos trabajos: MacCormick 2005) no positivistas y afines a las de Dworkin o el mismo Alexy. De hecho, tanto MacCormick como Nino se mostraron partidarios, en alguna de sus obras, de la tesis alexiana del caso especial: la que, como ya hemos visto, se enuncia diciendo que el discurso jurídico es un caso especial del discurso práctico general.

Ahora bien, esa tesis fue, casi desde el principio, objeto de críticas por parte de muy diversos autores y en el libro al que me estoy refiriendo (Atienza 1991) daba cuenta de ellas siguiendo el esquema manejado por el propio Alexy (en Alexy 1989). Se trata de objeciones referidas al concepto, al alcance práctico de la teoría y a su posible dimensión ideológica que, telegráficamente expuestas, podrían condensarse así.

Las críticas de carácter conceptual se refieren tanto a cierta ambigüedad de la tesis central de Alexy (según que el acento se ponga en la noción de *caso*, o bien en la de *especial* —*vid.* Neumann 1986—; o según que se hable de argumentación jurídica o discurso jurídico en un sentido más o menos amplio) como, sobre todo, al alcance de la noción de «pretensión de corrección». En relación con esto último, diversos autores habían formulado dudas en relación: 1) a que esa pretensión pudiera predicarse también de las argumentaciones que llevan a cabo las partes en un proceso (Neumann 1986); 2) a que tanto la argumentación dogmática como la judicial satisficieran la tesis del caso especial, dado que esas argumentaciones estarían limitadas por el Derecho positivo (que puede incluir normas injustas); 3) a que de la existencia de una pretensión de corrección en las decisiones jurídicas —por ejemplo, en las decisiones judiciales— no podría inferirse, como lo pretendería Alexy, que en el proceso para llegar a ese resultado también se hubiesen respetado las reglas del discurso (Tuori 1989); 4) a que Alexy no habría distinguido con claridad entre el discurso dirigido a justificar una norma y el discurso dirigido a aplicarla; este último (el discurso jurídico —judicial—) no se caracterizaría por la existencia de una pretensión de corrección (que simplemente se presupondría), sino por la pretensión del carácter apropiado de la aplicación (Günther 1989); 5) a que el modelo de la racionalidad discursiva solo cubriría lo que Habermas llama el *Derecho como institución*, el que regula las esferas de actividad del mundo de la vida, pero no el *Derecho como medio*, esto es, las reglamentaciones jurídicas que organizan los subsistemas de la economía, del Estado o de la Administración pública (*vid.* Habermas 2018 y Tuori 1989).

En cuanto al alcance de la teoría (obviamente, una crítica muy ligada a lo anterior), podían señalarse cuatro objeciones: 1) No está claro que el modelo de Alexy permita integrar adecuadamente la racionalidad discursiva con criterios de racionalidad estratégica. 2) El progreso hacia una racionalidad más dialógica que, en principio, parecería suponer una teoría como la de Alexy (frente a la de MacCormick y su —monológica— instancia del «espectador imparcial») podría ser más aparente que real, ya que Alexy reconoce que el procedimiento discursivo no puede normalmente realizarse en la práctica, sino que se lleva a cabo, hipotéticamente, en la mente de una persona (en cuyo caso, la ventaja en relación con la idea de espectador imparcial parece difuminarse). 3) El criterio para medir la racionalidad o justificabilidad de las decisiones jurídicas podría resultar demasiado lato y demasiado estricto al mismo tiempo: demasiado lato, porque los criterios son más de bien de carácter formal y flexible, de manera que lo que normalmente ocurrirá frente a un caso difícil es que las diversas soluciones propuestas superen esos criterios; y demasiado estricto, porque es dudoso que en muchos casos se cumplan reglas como la de la consideración recíproca de los intereses de todos los afectados, la exigencia de sinceridad o la obligación de citar los precedentes o de usar argumentos dogmáticos. 4) Todo lo anterior plantea dudas con respecto a las aportaciones de la teoría en el plano analítico y descriptivo y lleva a interpretarla más bien como una teoría prescriptiva: el discurso jurídico no sería un caso especial del discurso práctico general sino que este último vendría a ser, simplemente, la instancia desde la que puede —y debe— evaluarse aquel.

Finalmente, las críticas de carácter ideológico se referían al riesgo de que la teoría pudiera contribuir a justificar, de manera acrítica, un determinado modelo de Derecho: el del Estado democrático y constitucional. Esos riesgos ideológicos derivarían: 1) de que si bien la exposición de las reglas del discurso práctico general la efectúa Alexy desde una perspectiva inequívocamente prescriptiva, sin embargo, cuando pasa al discurso jurídico se vuelve esencialmente descriptiva: las reglas de la razón jurídica serían las tradicionales del método jurídico (Gianformaggio 1984); 2) de la idealización de algunas de las instituciones centrales del Derecho moderno, como la dogmática o el proceso (Gianformaggio 1984); 3) de que Alexy no parece tomar en consideración la posible existencia de casos trágicos en el Derecho, casos para los que no existe ninguna respuesta correcta, y 4) de que la defensa de una conexión necesaria entre el Derecho y la moral tiene el riesgo de atribuir a lo jurídico un sentido encomiástico en una forma que podría resultar arbitraria.

Ahora bien, vistas las anteriores críticas desde la perspectiva de hoy (más de dos décadas después), mi opinión es que Alexy puede hacer (ha hecho) frente a estas de manera considerablemente exitosa. Y si lo ha hecho es porque, en gran medida, las objeciones anteriores tienen el sentido de poner de manifiesto la existencia de insuficiencias debidas a la falta de desarrollo de la teoría, más bien que a inadecuaciones de carácter objetivo, intrínseco. O sea, lo que él presentaba en 1978 (año de la primera edición de su *Teoría de la argumentación jurídica*) no podía ser una teoría completa de la argumentación jurídica, porque Alexy no disponía aún de todos los ingredientes necesarios para ello. No había desarrollado aún (o solo lo había hecho de una manera muy incipiente): una teoría de los principios (en cuanto tipo de norma contrapuesta a las reglas) como mandatos de optimización; una teoría de los derechos fundamentales y de la ponderación que, precisamente, presupone la noción de principio jurídico; y una concepción no positivista del Derecho, basada, como hemos visto, en la idea de que el concepto de Derecho contiene, además de una dimensión autoritativa, un elemento de idealidad —una «pretensión de corrección»— que es lo que, en último término, le lleva a sostener que existe una conexión de tipo conceptual entre el Derecho y la moral. Y no cabe, por lo demás, ninguna duda de que el trabajo teórico llevado a cabo por Alexy en estos últimos años es, verdaderamente, un desarrollo en profundidad de ideas que ya estaban en su obra seminal de 1978. Digamos que Alexy no pertenece a la estirpe de los autores que, en un cierto momento del desarrollo de su pensamiento, han dado un giro de alguna forma radical; Wittgenstein, entre los filósofos, y von Ihering, entre los juristas, son buenos ejemplos de ello. El conjunto de los escritos de Alexy tiene un notable grado de coherencia interna (la de «coherencia», como se sabe, es también una noción importante en su teoría) y nada hace pensar que, a pesar de tratarse de un autor en plena producción, las cosas vayan a cambiar de cara al futuro. Podría decirse que el *leit motiv* de la obra de Alexy ha sido siempre la idea de que el Derecho debe contemplarse en el marco más amplio de la razón práctica.

Y, sin embargo, a pesar de todo ello, me parece que en esas críticas (o en algunas de ellas) a la tesis del caso especial existe un punto de razón que no puede dejarse a un lado. Para formularlo de una manera muy sintética: la tesis del caso especial tiene, en mi opinión, el inconveniente fundamental de que uniformiza demasiado la argumentación jurídica, lo que supone, a su vez, el peligro de una teoría no suficientemente articulada (en el plano conceptual o analítico), menos útil en la práctica de lo que debiera ser (por su falta de realismo, de potencia descriptiva) y proclive a presentar la práctica jurídica (o algunos aspectos de la misma) en forma algo ideológica (dada su tendencia a la idealización). Trataré de fundamentar brevemente este juicio.

Yo no creo que, en rigor, la argumentación jurídica (si bajo este concepto se incluye —como, me parece, debe hacerse— no solo la argumentación de los jueces y de la dogmática, sino también, por ejemplo, la de los legisladores o la de los abogados) sea un *caso especial* de la argumentación práctica general. La argumentación jurídica (entendida en ese sentido amplio) es una práctica compleja en la que concurren diversos tipos de argumentaciones, de diálogos, y en donde, dependiendo del contexto de que se trate, puede prevalecer una u otra de esas formas de razonamiento. Por ejemplo, parece evidente que los componentes retóricos de la argumentación tienen una extraordinaria importancia (constituyen quizás el elemento predominante) en la argumentación de los abogados (o en alguno de los contextos de la argumentación forense), mientras que no ocurre lo mismo con la argumentación de los jueces dirigida a justificar una decisión. Resulta también razonable pensar que cuando se trata de, a partir de todas esas prácticas, construir algo así como una teoría *general* de la argumentación jurídica, al discurso práctico racional (al discurso crítico) debe dársele cierta prioridad sobre los otros discursos; o sea, las formas estratégicas de argumentación no están a la par de la argumentación crítica racional. Pero hay una forma de lograr eso (una cierta unidad en la diversidad) que, me parece, no es exactamente la que propone Alexy. En mi opinión, lo que habría que hacer es mostrar que el diálogo racional (el diálogo práctico general) permite justificar la existencia de esas otras formas de argumentación: el discurso predominantemente estratégico de los abogados, de los legisladores, de los negociadores..., aunque estas últimas formas no sean especies de ese género. Se trata, como digo, de una tesis distinta a la que parece defender Alexy, porque este último viene a sostener, si yo le interpreto bien, que las reglas del discurso práctico racional definen una especie de superjuego que contiene —en forma muy abstracta— las reglas de todos los otros juegos argumentativos, cada uno de los cuales estaría regido, además, por algunas reglas específicas adicionales y compatibles con las del discurso práctico general. Pero yo creo que esto no es así: algunas de las reglas que rigen estos tipos de argumentación contradicen las del discurso práctico racional; no son casos especiales, sino casos —prácticas— que, simplemente, pueden encontrar una justificación en el discurso práctico general. Y la distinción de esos dos planos normativos me parece esencial: las normas del discurso práctico general permiten justificar la práctica argumentativa de los abogados en la que, por ejemplo, no rige (o rige con muchísimas limitaciones) el principio de sinceridad.

Trataré de ilustrar lo anterior en relación con la tesis de la única respuesta correcta. Esa tesis, y tal y como la entiende Alexy: como un ideal regulativo, se aplica, en mi opinión, al caso de la argumentación judicial, hasta cierto punto al de la argumentación dogmática, pero no a la argumentación legislativa o a la de los abogados. En el caso de la argumentación legislativa, porque no parece tener sentido (o casi nunca lo tiene) pretender que una determinada ley (su texto articulado) sea la única respuesta correcta para el problema que trata de resolver la ley en cuestión; o sea, los problemas que hacen que surja la necesidad de una argumentación legislativa son más abiertos (y complejos) que los de orden judicial y no tienen la estructura binaria de estos últimos, estructura que, naturalmente, favorece el que pueda hablarse de única respuesta correcta. Y en relación con la de los abogados, porque estos (por razones institucionales obvias) no persiguen alcanzar la respuesta correcta, sino la respuesta favorable a los intereses de una parte. Frente a esto último, Alexy ha replicado en alguna ocasión que los abogados deben, al menos, hacer como que la respuesta que ellos defienden es la correcta (Alexy 1989, 317), pues en otro caso no podrían persuadir a los jueces. Pero esto no parece muy satisfactorio. Por un lado, porque esa actitud («hacer como si...») iría en contra de la regla que exige sinceridad. Y, por otro lado, porque no todas las argumentaciones de los abogados tienen como destinatarios a los jueces (aunque, como a veces se dice, todos sus argumentos —incluidos los que tienen como marco un proceso de negociación— se produzcan «a la sombra de la jurisdicción»): los procesos de negociación, mediación, etc., en que frecuentemente se ven envueltos los abogados, o los interrogatorios a testigos en el contexto de un juicio, constituyen también instancias de la argumentación jurídica.

2.2. *Sobre los principios como mandatos de optimización*

Como antes he dicho, Alexy desarrolló su concepción de los principios con posterioridad a los lineamientos generales de su teoría de la argumentación jurídica, si bien es cierto que en su primer libro, de 1978, estaba ya apuntado ese concepto que adquirirá un gran peso a partir de su segunda gran obra, la *Teoría de los derechos fundamentales*. El libro, cuya edición original alemana es de 1986, se tradujo al castellano en 1993, y con esa ocasión publiqué una recensión sobre él (Atienza 1994), centrada en la noción de principios jurídicos que, como se sabe, constituye el núcleo de la teoría alexiana de los derechos fundamentales.

Señalaba allí que, a pesar de sostener una concepción principialista de los derechos, Alexy no defendía un modelo puro de principios, esto es, él no consideraba (no considera) que las normas en que se plasman los derechos sean exclusivamente principios, ni contraponía tampoco la noción de principio a la de valor o fin; al contrario, principios y valores vendrían a ser una misma realidad vista desde dos planos o ámbitos distintos: el deontológico (el del deber ser) y el axiológico (el ámbito de lo bueno). En su opinión, aunque norma de derecho fundamental y derecho fundamental no sean lo mismo, entre ambos conceptos existe una conexión esencial: siempre que alguien posee un derecho fundamental, existe una norma (válida) de derecho fundamental que le otorga ese derecho. Además, Alexy atribuía un papel crucial a la distinción entre reglas y principios, que entendía en un sentido parecido, pero no idéntico, al de Dworkin. Como es bien sabido, según Alexy, entre las reglas y los principios (y esa clasificación de las normas la entiende como exhaustiva y excluyente: «toda norma es o bien una regla o un principio») habría una diferencia cualitativa y no de grado: los principios son «normas que ordenan que algo sea realizado en la mayor medida posible, dentro de las posibilidades jurídicas y reales existentes» (*vid.* Atienza 1994, 87), mientras que las reglas son normas que exigen un cumplimiento pleno y, en ese sentido, solo pueden ser cumplidas o incumplidas. Al igual que en la conocida caracterización de Dworkin, los principios tienen, según Alexy, una dimensión de peso de la que carecen las reglas y que lleva a que, en caso de conflicto entre principios, este se resuelva a favor de uno de ellos, pero sin que eso signifique que el derrotado en esa ocasión deje de ser una norma válida del sistema. Pero la concepción de Alexy de los principios se diferencia de la del autor norteamericano en dos aspectos de cierta importancia. El primero tiene que ver con la cuestión de si para cada caso jurídico existe una única respuesta correcta. La contestación afirmativa que da Dworkin se basaría en lo que Alexy llama una teoría *fuerte* de los principios, esto es, una teoría que contenga no solo todos los principios del sistema en cuestión, sino también todas las relaciones de prioridad abstractas y concretas entre ellos que permitan determinar unívocamente la decisión en cada uno de los casos. Alexy rechaza esa posibilidad y en su lugar defiende una teoría *débil* de los principios, que permitiría construir un orden débil de dichos principios (que evitaría su uso arbitrario) a partir de tres elementos: 1) un sistema de condiciones de prioridad que hacen que la resolución de las colisiones entre principios en un caso concreto tenga importancia para nuevos casos, puesto que la solución de esos conflictos da lugar a reglas: las condiciones bajo las que un principio prevalece sobre otro forman el supuesto de hecho de una regla que determina las consecuencias jurídicas del principio prevalente; 2) un sistema de estructuras de ponderación que derivan de la consideración de los principios como mandatos de optimización, tanto en relación con las posibilidades jurídicas como con las posibilidades fácticas; 3) un sistema de prioridades *prima facie*: la prioridad de un principio sobre otro puede ceder en el futuro, pero quien pretenda modificar esa prioridad corre con la carga de la prueba. El segundo aspecto en el que se separa de Dworkin es en considerar a todos los principios por igual como mandatos de optimización, lo que supone, entre otras cosas, prescindir de la distinción dworkiniana, dentro de la categoría general de los principios, entre *principles* (esto es, normas que establecen exigencias de justicia, equidad y moral positivas) y *policies* (que fijan objetivos, metas, propósitos sociales, económicos, políticos, etc.).

Pues bien, mi crítica de entonces a la manera de abordar los principios por parte de Alexy se refería únicamente a este último extremo y la basaba en varios trabajos que, sobre ese concepto, había ido elaborando, conjuntamente con Juan Ruiz Manero, a partir de 1991. En esos trabajos (Atienza y Ruiz Manero 1991 y 1996) habíamos defendido una concepción de los principios jurídicos que tenía en cuenta diversos enfoques de las normas jurídicas y en la que la distinción entre principios en sentido estricto y directrices jugaba un papel de gran importancia. Entendidas las normas como correlaciones entre casos o condiciones de aplicación y soluciones normativas, la distinción consistiría en que los principios en sentido estricto solo podrían considerarse como mandatos de optimización en el sentido de que, al estar configuradas sus condiciones de aplicación de forma abierta, la determinación de la prevalencia o no de un principio en un caso individual determinado exigiría ponderación para ver si este prevalecía frente a los principios y reglas que jugaran en sentido contrario, pero una vez establecido qué principio prevalece, este mismo exigiría un cumplimiento pleno; mientras que las directrices, al estipular la obligatoriedad de utilizar medios idóneos para perseguir un determinado fin, dejarían también abierto el modelo de conducta prescrito, o sea, las directrices sí que pueden ser cumplidas en diversos grados. Además, desde la perspectiva de las razones para la acción, mientras que las directrices generarían razones de tipo instrumental o estratégico, las que derivan de los principios serían razones de corrección; o, dicho de otra manera, las primeras serían razones *finalistas* que estarían lógicamente subordinadas a las segundas, a las razones *finales* (*vid.* Atienza y Ruiz Manero 1991).

Y a partir de ahí (Atienza 1994) señalaba dos aspectos en que esa distinción (entre dos tipos de principios) afectaría a la posición de Alexy. El primero consistía en que la prevalencia de los principios en sentido estricto sobre las directrices permitiría configurar con más claridad la noción de «orden débil» que, como hemos visto, jugaba un papel importante en la racionalización de los principios ofrecida por Alexy. Y el segundo se refería a que la distinción en cuestión permitía también articular mejor la dimensión instrumental y la moral. En su *Teoría de la argumentación jurídica* aparecía sobredimensionado, en mi opinión, el aspecto moral, lo que llevaba a Alexy a considerar que la argumentación jurídica, en todas sus instancias, era un caso especial del discurso práctico general. Y en su *Teoría de los derechos fundamentales* me parecía que el riesgo era más bien el contrario: la misma fórmula de «mandatos de optimización» venía a sugerir que el manejo de los principios tenía solo o preferentemente que ver con una racionalidad de tipo económico o instrumental.

Esa crítica es parcialmente coincidente con la que le había dirigido Habermas en *Facticidad y validez*. En efecto, en ese libro, Habermas (1998, [6]2010) se había mostrado muy crítico con la manera de entender los principios (y los derechos fundamentales) por parte de Alexy como mandatos de optimización. Le parecía que eso era considerarlos como valores, en términos teleológicos, mientras que la manera apropiada de verlos (Habermas muestra su proximidad a la tesis de Dworkin de que los derechos fundamentales —los principios— deben funcionar como «triunfos» o cortafuegos) tendría que ser en términos deontológicos, como verdaderas normas, lo que, para Habermas, significa «normas obligatorias de acción», «normas de orden superior» «que obligan a sus destinatarios sin excepciones» y que «se presentan con una pretensión binaria de validez» (Habermas 1998, 332). Como consecuencia de ello, Habermas estimaba que mientras que las normas, tal y como él las entendía, tenían que ser aplicadas mediante un procedimiento de coherencia, lo que garantizaría que los derechos pudiesen cumplir la función antes señalada; los valores (los mandatos de optimización) solo permitían fijar «relaciones de preferencia» que consentían diversos grados y exigían un procedimiento de ponderación que Habermas caracterizaba como una operación que «escapa a todo rigor conceptual y lógico» y lleva a una creación arbitraria de Derecho por parte de los jueces (Habermas 1998, 334). Una crítica, por lo demás, en la que Habermas no parece estar en absoluto solo. Por ejemplo (y habría muchos autores a los que cabría citar en el mismo o parecido sentido), Ferrajoli ha sostenido también con gran énfasis que una concepción como la de Alexy (y, en general, la de todos los autores a los que incluye en la categoría de «constitucionalismo principialista»), al caracterizar de manera indiferenciada a todos los principios como mandatos de optimización (en la terminología de Ferrajoli, como principios directivos o directivas, que él contrapone a los principios regulativos o imperativos [*vid.* Ferrajoli 2012, 34 ss.]), lo que produce es una debilitación de los derechos, de la normatividad de las constituciones, y pone en riesgo también la legitimidad de la jurisdicción, pues la ponderación es también para Ferrajoli, como para Habermas, un procedimiento conceptualmente oscuro y una fuente de arbitrariedad. El constitucionalismo principialista —concluye Ferrajoli— «conlleva, en definitiva, un debilitamiento y virtualmente un colapso de la normatividad de los principios constitucionales, así como una degradación de los derechos fundamentales establecidos en ellos a meras recomendaciones genéricas de tipo ético-político» (Ferrajoli 2012, 50)[3].

La réplica de Alexy a Habermas ha consistido fundamentalmente en señalar estos dos puntos. El primero es que la contraposición de la que Habermas parte entre el modelo de la ponderación y el modelo (ideado por Klaus Günther) del discurso de aplicación basado en la coherencia es, en realidad, falsa: la coherencia juega, por supuesto, un papel fundamental en la interpretación del Derecho, pero «no puede haber coherencia sin ponderación» (en Atienza 2001, 676). Y el segundo consiste en aclarar que la idea de optimización no destruye la estructura deóntica de los derechos fundamentales: «el simple hecho de la gradualidad no supone sin más una estructura teleológica... Naturalmente, el resultado final de una fundamentación que tenga por objeto derechos fundamentales debe tener una estructura binaria. Solo puede ser válida o inválida. Pero el carácter binario del resultado no implica que todos los pasos de la fundamentación deban tener también carácter binario» (Atienza 2001, 676).

Y por lo que hace a la crítica que Ruiz Manero y yo le habíamos dirigido en relación con los principios, Alexy identifica cuáles son los puntos de acuerdo y los de desacuerdo. Así, existiría acuerdo en que los principios entran entre sí en colisión con frecuencia, y en que la solución para esas colisiones no puede ser otra que la ponderación. Y discreparíamos en estos dos extremos: 1) en que también para él resulta «particularmente importante» la distinción entre principios que tienen como objeto derechos individuales y principios cuyo objeto son bienes colectivos pero, sin embargo, él no defiende «una prioridad estricta de los principios que tienen por objeto los derechos individuales, sino una prioridad *prima facie*, lo que da lugar no a un orden estricto, sino a un orden débil entre ambos tipos de principios» (Atienza 2001, 677); 2) y en que, para él, la colisión entre derechos individuales no tiene una estructura distinta a la colisión entre derechos individuales y bienes colectivos.

3. He criticado la postura de Ferrajoli, que él califica de «constitucionalismo garantista», y que contrapone al «constitucionalismo principialista» (en donde incluye a autores como Dworkin, Alexy, Nino, Zagrebelsky o a mí mismo) en Atienza 2012. Uno de los puntos de mi crítica, por cierto, consiste en que Ferrajoli identifica, equivocadamente, la concepción de los principios de Alexy con la elaborada conjuntamente por Ruiz Manero y por mí y nos atribuye así la tesis de que nosotros consideramos todos los principios como mandatos de optimización.

Pues bien, transcurridos también algunos años en relación con las discusiones a las que acabo de referirme, mi opinión es, por un lado, que Alexy tenía sustancialmente razón en lo que le objetaba a Habermas y, por otro lado, que las diferencias entre su concepción de los principios y la nuestra son menos esenciales de lo que a primera vista pudiera parecer. Yo creo que los planteamientos de Habermas obedecen en una buena medida a lo que en un artículo célebre Bobbio (1980) llamó una «filosofía del Derecho de los filósofos», construida de manera excesivamente abstracta, que no tiene suficientemente en cuenta el funcionamiento real del Derecho, traza distinciones que son mucho menos claras de lo que él parece suponer y, en definitiva, niega racionalidad a la ponderación basándose en ideas que plantean cuestiones de dudosa respuesta: ¿no contienen los derechos fundamentales valores universales?, ¿qué significa que las normas obligan sin excepciones?, ¿acaso son inderrotables los principios?, ¿no son normas las normas de fin?, ¿hay alguna teoría de la coherencia que consiga eliminar por completo los riesgos de la arbitrariedad? Pero es probable que Habermas tenga algo de razón al pensar que considerar los principios (todos los principios) como mandatos de optimización puede desdibujar algo la imagen de los derechos como «triunfos» o «cortafuegos» y en que la construcción de la ponderación de Alexy tiene al menos la apariencia de configurar un tipo de racionalidad economicista (el análisis costes-beneficios) que no parece encajar bien con la pretensión de Alexy de construir una teoría de la argumentación jurídica basada en la noción de discurso. Hoy sigo pensando que esos inconvenientes desaparecen al menos en buena medida si la caracterización de «mandato de optimización» se reserva para las directrices y no se aplica a los principios en sentido estricto, y si se establece una cierta prioridad (que, en efecto, no puede ser absoluta) de las razones de corrección o razones últimas (incorporadas en los principios en sentido estricto) sobre las razones de fin (incorporadas en las directrices y que contienen un elemento de gradualidad que no se da en los principios en sentido estricto). Aunque también es cierto que a los inconvenientes anteriores (la necesidad de establecer entre los principios cierto orden que articule la dimensión moral y la instrumental de la argumentación jurídica) se puede hacer frente recurriendo a las nociones de «peso abstracto» y de «carga de la argumentación». Pero eso nos lleva ya al tercero de los puntos que quería discutir: el de la ponderación.

2.3. *Sobre la ponderación*

Como decía al comienzo de este trabajo, la teoría alexiana de la ponderación ha adquirido una difusión tal, al menos en el contexto de los países del mundo latino, que su exposición resulta casi superflua; y si digo «casi» es porque no siempre, cuando se expone o se hace uso de ella, se es fiel a los planteamientos de Alexy. Recordaré entonces, aunque sea con la máxima brevedad, en qué consiste esa doctrina.

La idea fundamental, como ya hemos visto, es que, así como las reglas se aplican mediante la subsunción, los principios requieren de un procedimiento de ponderación. En concreto, Alexy trata de presentar una racionalización del manejo que hacen los tribunales constitucionales europeos del principio de proporcionalidad en cuanto instrumento para resolver los frecuentes conflictos entre derechos fundamentales que tienen que resolver. Esto es así porque, al menos con gran frecuencia, esos conflictos no pueden entenderse como contradicciones entre reglas que se resolverían considerando una de ellas válida y la otra inválida. De lo que se trata con la ponderación es, entonces, de dar cuenta de esa dimensión de peso que es característica de los principios. Dado que los principios (todos los principios) son mandatos de optimización que ordenan realizar algo en la mayor medida posible de acuerdo con las posibilidades fácticas y normativas existentes (y que los derechos fundamentales pueden verse básicamente como principios), se necesita construir un criterio que permita justificar que uno de esos principios (o derechos) prevalece sobre el otro. En eso consiste el test de proporcionalidad que, para Alexy, viene a ser una especie de metaprincipio o, si se quiere, el principio último del ordenamiento jurídico.

Ese principio de proporcionalidad consta, a su vez, de tres subprincipios: el de idoneidad, el de necesidad y el de proporcionalidad en sentido estricto o ponderación. Los dos primeros se refieren a la optimización en relación con las posibilidades fácticas. Significan que una medida (una ley, una sentencia, etc.) que limita un derecho (un bien de considerable importancia) para satisfacer otro, debe ser idónea para obtener esa finalidad y necesaria, o sea, no debe ocurrir que la misma finalidad pudiera alcanzarse con un coste menor. El tercer subprincipio, por el contrario, tiene que ver con la optimización en relación con las posibilidades normativas. La estructura de la ponderación (el tercer principio), siempre según Alexy, consta de tres elementos: la ley de la ponderación, la fórmula del peso y las cargas de la argumentación. La ley de la ponderación se formula así: «cuanto mayor es el grado de la no satisfacción o de afectación de uno de los principios, tanto mayor debe ser la importancia de la satisfacción del otro»; y se concreta a través de tres variables en la fórmula del peso. Las tres variables son: 1) el grado de afectación de los principios en el caso concreto; 2) el peso abstracto de los principios relevantes, y 3) la seguridad de las apreciaciones empíricas. Alexy atribuye, además, un determinado valor numérico a las variables: en cuanto a la afectación de los principios y al peso abstracto, según que la afectación o el peso sea leve, medio o intenso; y en cuanto a la seguridad de las premisas fácticas, según que puedan calificarse de seguras, de plausibles o de no evidentemente falsas. En los casos en los que existiera un empate (el peso de los dos principios es idéntico), entrarían en juego reglas sobre la carga de la argumentación: por ejemplo, la que establece una prioridad a favor de la libertad, o a favor de la constitucionalidad de una ley (deferencia al legislador).

Alexy ha expuesto esa teoría en numerosas publicaciones, la ha ilustrado con diversos ejemplos tomados del Tribunal Constitucional Federal de Alemania y la ha ido también desarrollando y precisando a lo largo de estos últimos años[4]. Pero me parece que lo esencial de su teoría se contiene en la exposición anterior, como resulta con claridad cuando se consideran las diversas contestaciones que él ha ido dando en relación con las muchas críticas que en los últimos tiempos se han formulado a su teoría de la ponderación (que, en realidad, forma una unidad con su teoría de los principios y de los derechos). En un escrito relativamente reciente (Alexy 2010) agrupaba esas críticas en siete apartados: 1) hasta qué punto existen principios y, si existen, cómo pueden diferenciarse de las reglas; 2) si la ponderación puede considerarse como un método racional; 3) si la concepción principialista de los derechos supone un peligro para los derechos constitucionales; 4) si la tesis de la optimización lleva a una proliferación de derechos constitucionales y, a su vez, a una sobreconstitucionalización del sistema jurídico; 5) si el constitucionalismo lleva a una interpretación adecuada de los derechos constitucionales, de acuerdo con el Derecho positivo; 6) si el constitucionalismo lleva a desdibujar el rango superior de la constitución y el sometimiento del poder ejecutivo y judicial al legislativo, y 7) si el principialismo supone una teoría muy abstracta que no puede servir de guía para la práctica. Y, por lo que se refiere a su recepción en el mundo latino, y circunscribiéndonos al tema de la ponderación, creo que podría hablarse de dos tipos de críticas, según que lo que se objete sea el método de la ponderación en su totalidad, o bien la forma de presentarlo por parte de Alexy. Un ejemplo de lo primero se encuentra en varios trabajos de García Amado. Para este último, el método de la ponderación no tiene autonomía con respecto al interpretativo/subsuntivo; la ponderación es una operación valorativa y esencialmente discrecional; y la explicación de su éxito radica en factores ideológicos, en que esa doctrina «es la única que hoy aún puede dotar de apariencia de objetividad a sus decisiones [de los tribunales constitucionales] y, de paso, justificar el

4. Por ejemplo, recientemente el elemento de la seguridad o fiabilidad de las apreciaciones empíricas se ha ampliado, extendiéndose también a las premisas normativas. Pero —insisto— no se trata de cambios sustantivos, sino de refinamientos en relación con su famosa «fórmula del peso».

creciente y universal activismo y casuismo de los tales tribunales, siempre en detrimento del legislador» (García Amado 2006). Y como ejemplo representativo de lo segundo puede servir un artículo de José Juan Moreso (2009) en el que este último acusa a Alexy de «particularismo», al considerar que la ponderación que refleja el esquema de Alexy sería siempre *ad hoc*, lo que le lleva a Moreso a proponer una estrategia «especificacionista», capaz de superar ese supuesto particularismo.

A mí me parece que todas esas críticas (en las que no cabe entrar aquí) están equivocadas en relación con lo que puede considerarse como el elemento central de la teoría de la ponderación de Alexy. Es decir, en mi opinión, Alexy está en lo cierto al sostener, en primer lugar, la necesidad de la ponderación, y, en segundo lugar, que existen criterios de racionalidad práctica aplicables a esa operación que, por tanto, puede llevarse a cabo sin incurrir en ninguna arbitrariedad (aunque, obviamente, de hecho es posible que no sea así, o sea, que lo que se presenta como ponderación sea, en realidad, un ejercicio de arbitrariedad). Y me parece que tampoco están fundadas las objeciones de particularismo o de casuismo que con frecuencia se le han dirigido: Alexy sostuvo desde el comienzo que la ponderación da lugar a una regla *general*, de manera que el criterio de universalización también se aplicaría en relación con el esquema ponderativo.

Pero también aquí, a propósito de la ponderación, hay algo que reprocharle a Alexy y que probablemente sea, sobre todo, de naturaleza retórica. Ciertamente, Alexy ha afirmado que su esquema de la ponderación, su fórmula del peso, tiene un carácter formal y equivaldría, de alguna manera, a lo que es el *modus ponens* en relación con la subsunción: el establecimiento de las premisas o la realización de juicios ponderativos a la hora de determinar, por ejemplo, cuál es el grado de afectación de un principio en un caso concreto requiere el uso de criterios de racionalidad práctica; o, dicho de otra manera, la fórmula del peso no es un algoritmo que permita resolver de manera mecánica e incuestionable un problema de ponderación. Pero su empeño en construir la fórmula en términos matemáticos y en defender la necesidad de atribuir valores aritméticos a cada uno de sus elementos ha llevado a muchos a pensar que la clave de la argumentación en esos casos se encontraría en la fórmula en sí en lugar de en donde verdaderamente está: en la atribución de esos valores. Es más, en mi opinión, la fórmula supone un uso más bien metafórico del lenguaje matemático que tiene el serio riesgo de incurrir en lo que Vaz Ferreira (1962) llamaba la falacia (el paralogismo) de la falsa precisión: hacer creer falsamente que con ello, con el uso de una terminología matemática, se ha ganado en precisión, cuando en realidad no es así. El esquema de la ponderación de Alexy resulta, a mi juicio, de gran utilidad y puede servir como una guía para racionalizar ese tipo de operación, pero para ello es preferible no considerarlo como un cálculo que efectuar, sino meramente como una serie de condiciones que satisfacer o de preguntas críticas para plantearse (¿es la medida necesaria?, ¿es idónea?, ¿supone una afectación grave de otro bien o derecho?, etc.) que, efectivamente, pueden contribuir a evitar una decisión arbitraria.

3. UN JUICIO DE CONJUNTO

Robert Alexy fue nombrado doctor *honoris causa* por la Universidad de Alicante, por mi universidad, hace algunos años. En la *Laudatio* (Atienza 2009) escribí sobre él lo siguiente:

> Uno diría que en Robert Alexy se dan todas las propiedades —las virtudes— que, se supone, posee un profesor alemán, con dos excepciones: sus escritos son claros y no contienen ni un átomo de pedantería. A veces he discrepado de algunas de las posiciones teóricas de Alexy, pero siempre he tenido la impresión de que en su obra se abordan los problemas realmente importantes de la filosofía del Derecho, y de que las soluciones que él propone no tienen solo la pretensión de ser correctas sino que, esencialmente, lo son.

Hoy sigo creyendo, naturalmente, lo mismo. Las discrepancias a las que antes me he referido son, más bien, cuestiones de acento y quizás se deban, al menos en una buena medida, a mi afán por, continuando la obra de Alexy y de algunos otros autores, construir una teoría de la argumentación jurídica suficientemente amplia y que pueda contribuir de manera significativa a orientar la práctica efectiva de los juristas. Para ello, mi punto de partida ha consistido en elaborar un concepto de argumentación que permita articular las dimensiones formales, materiales y pragmáticas (retóricas y dialécticas) de los argumentos para, a partir de ahí, dar respuesta a las tres grandes cuestiones que el jurista tiene que afrontar en su práctica (en sus muy variadas prácticas: judiciales, forenses, legislativas, dogmáticas...): cómo entender y analizar una argumentación; cómo evaluarla; cómo argumentar (*vid.* Atienza 2006 y 2013). Dicho de otra manera, mi orientación en el estudio de la argumentación jurídica ha tenido, me parece, un propósito más pragmático que el que puede encontrarse en la obra de Alexy que, por lo demás, no es tampoco un ejemplo de «filosofía del Derecho de los filósofos» alejada de la práctica jurídica, y a la que antes hacía referencia. Al contrario, la obra de Alexy constituye uno de los casos más destacados y más interesantes de los últimos tiempos de lo que Bobbio entendía por «filosofía del Derecho de los juristas» y, en ese sentido, se inserta en la línea de los grandes iusfilósofos del siglo XX: Hans Kelsen, Alf Ross, Herbert Hart o el propio Norberto Bobbio.

Por lo demás, Robert Alexy, Ronald Dworkin y Carlos Nino son los tres principales representantes de lo que se ha venido en llamar teoría constitucionalista o postpositivista del Derecho, que tanta influencia está teniendo en los últimos tiempos en el mundo latino[5]. Hay entre ellos algunas diferencias de acento y de presentación, pero me parece que la idea de fondo de los tres es la misma: la necesidad de construir una teoría del Derecho que dé cuenta tanto del elemento autoritativo como del elemento valorativo del Derecho yendo, de esa manera, más allá del positivismo jurídico; un planteamiento con el que yo estoy plenamente de acuerdo. De las tres, la obra de Alexy es la que en mayor medida ha puesto el énfasis en la argumentación y, por ello, la que mejor refleja el «giro argumentativo» que ha caracterizado a la filosofía del Derecho de las últimas décadas.

5. El otro de los grandes autores postpositivistas es Neil MacCormick, pero su obra ha tenido quizás menos influencia, por diversas razones. Sobre esto, puede verse mi presentación a MacCormick 2018.

2

¿UNA VISIÓN POSTPOSITIVISTA DE LOS DERECHOS? A PROPÓSITO DE UN LIBRO DE BRUNO CELANO*

1. LOS DERECHOS EN EL ESTADO CONSTITUCIONAL

En *I diritti nello Stato costituzionale* (2013), Bruno Celano recoge cinco trabajos que habían aparecido anteriormente (entre los años 2000 y 2007) como artículos separados pero que, efectivamente, como el autor señala en la *Introducción*, conforman claramente una unidad. Ofrecen, de hecho, una visión distintiva de los derechos, y también del Derecho, que, en mi opinión, puede calificarse de «postpositivista», si bien la concepción de Celano difiere en algunos extremos no insignificantes (en seguida lo veremos) de las posiciones de teoría del Derecho que solemos calificar así: como postpositivistas.

Se trata, por lo demás, de un gran libro de teoría del Derecho, esto es, de una obra que afronta problemas complejos e importantes con una claridad verdaderamente deslumbrante. En mi opinión, todo un ejemplo de cómo el método analítico puede usarse —magistralmente— para lograr una comprensión más profunda del Derecho y de los derechos del Estado constitucional, y no —como por desgracia es tan frecuente— para mostrar que es posible transitar por caminos dificilísimos, llenos de obstáculos que nadie imaginaría, pero caminos que, en realidad, no conducen a ningún lado, esto es, no nos ponen, cuando hemos llegado al final del recorrido, en condiciones de entender mejor ningún problema jurídico (o iusteórico) que verdaderamente merezca la pena. Pero, como digo, el libro de Celano está en las antípodas de ese uso frívolo del método analítico. Su lectura nos permite aprender mucho de teoría del Derecho (de la teoría del Derecho que sirve para entender mejor los problemas que plantea la práctica jurídica en el Estado cons-

* Escrito en 2017 para un libro-homenaje a Bruno Celano, en vías de publicación.

titucional). Lo logra de una forma agradable, atractiva, pues el autor nos lleva directamente a la médula de los problemas y lo hace no solo con rigor, sino también con sobriedad y elegancia. Y el lector percibe también que los derechos fundamentales no constituyen simplemente un objeto más de indagación teórica, sino que son también —o al mismo tiempo— una idea práctica, un ideal regulativo: el *ethos* profesional del jurista y, por tanto, también del filósofo del Derecho no puede ser otro que el de contribuir a la realización de los derechos fundamentales en nuestras sociedades. De manera que se trata de un libro en el que se ven reflejados de una manera, por así decirlo, natural, como sin esfuerzo, los tres clásicos preceptos de la retórica: enseñar, deleitar y conmover (convencer).

En lo que sigue, voy a proceder de la siguiente manera. En primer lugar, formularé las que, me parece, son las tesis centrales del libro: cinco, una en relación con cada uno de los capítulos, y siguiendo precisamente ese orden. Luego las explicaré y desarrollaré presentando, de manera muy sintética e inevitablemente incompleta, cómo llega Celano a cada una de ellas. Y finalmente haré algunos comentarios a esas tesis y a sus fundamentos teóricos, tratando de contestar a la pregunta de hasta qué punto, o en qué sentido, la concepción de los derechos fundamentales de Celano puede considerarse como una versión del postpositivismo jurídico.

2. LAS TESIS DEL LIBRO...

Primera tesis (de la dimensión valorativa del Derecho y de los derechos): Los derechos fundamentales no son normas, ni tampoco consisten en una relación o un conjunto de relaciones entre dos o más sujetos, establecidas por normas. Los derechos son más bien valores, bienes o razones que sirven de fundamento para crear una red de relaciones normativas dirigida a proteger esos valores. Y, en consecuencia, el Derecho no puede verse tampoco, simplemente, como un conjunto de normas, de directivas de conducta; el Derecho posee además de esa vertiente normativa, necesariamente, una dimensión valorativa.

Segunda tesis (del pluralismo conflictualista de los valores): Los derechos son (necesariamente) muchos, se plasman (al menos algunos de ellos) en cláusulas abiertas y entran frecuentemente en conflicto entre sí (conflictos que pueden tener lugar en el interior de un mismo derecho o entre varios derechos). Para saber cuáles son los derechos fundamentales que tenemos, es inevitable proceder a una lectura moral de la Constitución, esto es, hay que reconstruir la doctrina (la filosofía moral y política) incorporada a la Constitución, lo que requiere introducir una noción sustantiva y holística de la racionalidad: una idea de razonabilidad. Sin embargo, el carácter plural y conflictivo de los valores hace que no pueda hablarse de una única doctrina ético-política razonable.

Tercera tesis (del particularismo del razonamiento aplicativo): La resolución de los (inevitables) conflictos entre derechos hace necesario recurrir a la ponderación, a un razonamiento aplicativo que, al menos en parte, tiene un carácter moral. Pero el método ponderativo no arroja como resultado una regla en sentido estricto, sino que deja las cosas abiertas: no hay garantía de que ese resultado no necesite ser revisado en el futuro.

Cuarta tesis (de la determinación autoritativa del Derecho y de los derechos): El pluralismo conflictualista de los valores (segunda tesis) y el particularismo del razonamiento aplicativo (tercera tesis) lleva a la necesidad de que la determinación del Derecho (y de los derechos) tenga un carácter autoritativo. O sea, el Derecho es un sistema nomo-dinámico, que regula su propia creación y transforma los problemas sustantivos en problemas de procedimiento: lo que cuenta en último término no es tanto saber cuál es la respuesta correcta sino, más bien, quién y de qué manera es competente para decidir.

Quinta tesis (de la paridad de los derechos sociales): Los derechos fundamentales no son solo los derechos de libertad y los derechos políticos, sino también (y en el mismo nivel que los otros) los derechos sociales. Estos últimos se justifican no solo por razones instrumentales (sin ellos, carecerían de sentido los otros: los de libertad y los políticos), sino también porque garantizan condiciones mínimas de existencia (apelación a la solidaridad, a la fraternidad) y porque una cierta igualdad es necesaria para asegurar la dignidad de las personas. En definitiva, los tres grandes valores en que consisten los derechos (tesis primera) vendrían a ser los de libertad, fraternidad e igualdad.

3. ... Y SUS DESARROLLOS

3.1. *El carácter valorativo del Derecho y de los derechos*

La tesis del carácter valorativo del Derecho, y de los derechos, la formula Celano (en el capítulo más largo del libro, el primero: «Los derechos en la Jurisprudencia anglosajona contemporánea. De Hart a Raz») a partir del recorrido que efectúa por la Jurisprudencia anglosajona del siglo XX que, para él, viene a constituir el canon fundamental de la Filosofía del Derecho contemporánea.

El punto de partida es la teoría de Hohfeld, esto es, una concepción estructural y estática de los derechos. Tener un derecho significaría aquí ocupar una cierta posición normativa; como se sabe, Hohfeld distinguió diversas acepciones de «derecho» (derecho en sentido estricto, libertad, poder e inmunidad), que definió a partir de las relaciones de correlación y de oposición que esas modalidades deónticas guardan con las de obligación, no derecho, sujeción e incompetencia: así, el correlativo de un derecho en sentido estricto es una obligación y el opuesto un no derecho, el correlativo de una libertad es un no derecho y el opuesto una obligación, etc. Los derechos, en definitiva, son redes de relaciones deónticas.

Ese es también el trasfondo (normativo, estructural) de la concepción hartiana de los derechos, aunque ahora aparece una nueva dimensión, pues Hart se interesa por averiguar cuál es el elemento común que subyace a los diversos usos de la palabra «derecho», y llega a la conclusión de que no es otra cosa que el reconocimiento del valor de la elección individual: los derechos serían entonces elecciones jurídicamente protegidas (una versión de la teoría de la voluntad).

Y, en fin, el punto de llegada de esa evolución de la teoría del Derecho anglosajona se encontraría en una concepción de los derechos dinámica, que ve a estos no ya como normas, sino como razones, como justificaciones; y que abandona (o supera) la concepción de Hart, puesto que el elemento unificador de los derechos no sería ya la noción de elección, sino la de bien o interés (ahora estamos frente a una de las modalidades de la teoría del interés: la elección libre sería simplemente uno de esos intereses a proteger). El cambio de paradigma se habría producido en los años setenta, a partir de varios trabajos de MacCormick sobre los derechos, pero Celano parece dar más importancia a la concepción de Raz (recuérdese que el subtítulo del capítulo es: «De Hart a Raz»). En todo caso, esa (nueva) concepción dinámica, que parte del primado de los derechos morales (como consecuencia de la prioridad del elemento valorativo, justificativo, sobre el directivo), que equipara los derechos sociales con los derechos de libertad y los derechos políticos (en todos los casos se trataría de proteger ciertos bienes o intereses; la cuestión de qué tipo de obligación, sujeción, etc., se corresponde con cada derecho pasa a un segundo plano de importancia) y que Celano considera es la adecuada para dar cuenta de los derechos fundamentales en el Estado constitucional, estaría sintetizada, en mi opinión, en los párrafos que siguen:

¿Qué quiere decir, precisamente, que los derechos son razones —la razón del reconocimiento, o de la atribución, de obligaciones, sujeciones, etc.? Quiere decir, de manera banal, que un derecho es lo que justifica (un principio de justificación de) obligaciones, etc. Pero: *¿qué* obligaciones, sujeciones, etc.? Simplemente: es precisamente el reconocimiento, o la atribución, del derecho lo que, en conjunción con premisas ulteriores, proporciona una respuesta a esta pregunta: *qué* obligaciones, sujeciones, etc., derivan, en circunstancias particulares, de un cierto derecho, es algo que depende del propio derecho. Un derecho, en cuanto principio de justificación de posiciones subjetivas (obligaciones, sujeciones, etc.), es también el criterio de identificación de estas posiciones.

Y no solo eso: puesto que la respuesta a la pregunta de qué posiciones subjetivas están justificadas... depende de circunstancias ulteriores, es posible que del mismo derecho se deriven, en circunstancias diversas, conjuntos diversos de posiciones subjetivas... [L]los derechos tienen un «aspecto dinámico»...: puede suceder, y sucede habitualmente, que el mismo derecho (el reconocimiento, o la atribución, de un único y mismo derecho) justifique, en momentos diversos, constelaciones diversas de posiciones hohfeldianas. El derecho, de por sí, no se identifica ni con una de tales constelaciones, ni con su conjunto. Es, más bien, el elemento que, de cuando en cuando, da razón de su configuración y de su agrupación (p. 70).

3.2. *El pluralismo conflictualista de los valores*

El segundo capítulo del libro («¿Cómo debe ser la regulación constitucional de los derechos?») es el que le parece a Celano más difícil y, a su vez, el que sienta las bases para los otros dos: para las tesis del particularismo del razonamiento aplicativo y del carácter autoritativo de las decisiones jurídicas a propósito de los derechos. Tal y como antes formulé la segunda tesis de Celano, en ella se podrían distinguir tres aspectos. Trataré, pues, de aclarar ahora el sentido de cada uno de ellos.

A Celano le parece simplemente impensable la idea de que los derechos fundamentales pudieran estar incorporados en nuestras Constituciones sin establecerles limitaciones, sin que hubiera que recurrir a cláusulas abiertas al regularlos, de manera que, por lo tanto, se evitara el que pudieran entrar en conflicto entre sí. Simplemente, si así fuera, no estaríamos ya tratando con los derechos fundamentales, tal y como los conocemos. Después de haber descrito diversos fenómenos que irían en contra de esa idea, escribe Celano:

Esto es solo un elenco sumario, con seguridad incompleto, de elementos que testimonian como una regulación razonable, sensata, de los derechos no puede estar exenta de conflictos y de amplios márgenes de indeterminación. También un *Bill of rights* que se limite a sancionar los derechos de libertad (derechos de la primera, o de la primerísima, generación), reduciendo a lo

> esencial el catálogo de los derechos constitucionalmente sancionados, con tal de que sea razonable y sensato, genera la posibilidad de conflictos, tensiones, entre los derechos, y entre estos últimos y ulteriores fines, metas, objetivos, valores sociales y políticos; y genera, de esta manera, la indeterminación y la incerteza típicas de las constituciones contemporáneas. Los derechos (hasta los derechos, mínimos, de la tradición liberal) aparecen en racimos, y los conflictos son inevitables. De ahí, la necesidad —si se quieren evitar implicaciones absurdas, conclusiones irrazonables— de especificaciones, *trade-offs*, ponderaciones (en un sentido genérico, no necesariamente en el sentido técnico-jurídico de esta expresión). La necesidad de operar especificaciones, *trade-offs*, ponderaciones nunca desaparece (93-94).

La necesidad de proceder a una «lectura moral de la Constitución» significa, para Celano, llevar a cabo una operación que podría describirse en términos de lo que se ha llamado una «traducción radical» o un «equilibrio reflexivo». Dejémosle hablar a Celano:

> La reconstrucción de una doctrina es, pues, una operación conceptual de carácter holístico y coherentista. Una operación asimilable, en su estructura, al modo como, según W. V. O. Quine, se construye, y se somete a revisión, una teoría científica, o a la búsqueda de un equilibrio reflexivo como conjunto coherente y relativamente estable de juicios y principios éticos. Si la atribución, al autor, de una cierta tesis nos lleva, asumido que él sea razonable (consistente, coherente, y dadas ulteriores asunciones acerca de lo que sostiene), a imputarle conclusiones que nos parecen absurdas, manifiestamente falsas, o de cualquier modo en contraste con otras tesis por él sostenidas, nos veremos llevados a revisar nuestras precedentes atribuciones, o a suspender, en parte, nuestra actitud caritativa. Pero este tipo de «experiencia recalcitrante» no sugiere una única manera de hacerle frente, y cada una de las estrategias posibles estará a su vez sujeta a ulteriores vínculos de coherencia con el resto del conjunto, y requerirá ulteriores reformulaciones, reajustes, reestructuraciones. [...] La reconstrucción de una doctrina, en suma, parte de la presunción de su razonabilidad, una razonabilidad sustancial (no solo consistencia, sino también coherencia, plausibilidad, carácter compartible), cuya unidad de medida son nuestras convicciones, nuestras actitudes de base. Ello no excluye, obviamente, la posibilidad de que la doctrina sea, bajo particulares aspectos, lógicamente incoherente, o irremediablemente incongruente, o, en relación a cuestiones que se juzgan de gran importancia, no compartible, escasamente plausible. Pero el desacuerdo se vuelve apreciable sobre una base de acuerdo (presunto); [...] El experimento mental de la traducción radical muestra que un discurso que sea totalmente contradictorio, totalmente incongruente, y no compartible en nada, no es de ningún modo un discurso (un hablante del todo irrazonable no es un hablante). Del mismo modo, una doctrina que sea del todo contradictoria, incongruente, y no compartible no es en absoluto una doctrina. En este sentido, en la reconstrucción de una doctrina operan criterios sustanciales de racionalidad (101-102).

Pero lo que no habría, según Celano, es una única reconstrucción posible, una única doctrina éticopolítica, y, por ello, tampoco cabría hablar de una única respuesta correcta, sino que el Derecho (y los derechos) está(n) ampliamente indeterminado(s). O sea, Celano suscribe (le parece incluso algo banal) la tesis de Dworkin de la lectura moral de la Constitución, pero no la de la única respuesta correcta, a pesar de que, en el autor estadounidense, ambas tesis aparecerían ligadas. En nota a pie de página Celano escribe:

> El argumento desarrollado en el texto deja abierta la posibilidad de que el Derecho esté indeterminado, o que esté indeterminado si está indeterminado; lo que he tratado de mostrar en el texto es que los criterios sustantivos de racionalidad son necesarios, precisamente, para que puedan emerger contradicciones, márgenes de incoherencia, espacios de indeterminación; se puede argumentar de manera plausible... que un Derecho basado en principios incrementa, más bien reduce, los espacios de indeterminación (104, nota).

3.3. *El particularismo del razonamiento aplicativo*

Y vamos ahora con la tercera tesis, la que se extrae del capítulo titulado «Derechos, principios y valores en el Estado constitucional (I) nomoestática». Para identificar y aplicar las disposiciones (constitucionales) que contienen derechos se necesita, como se acaba de ver, recurrir a argumentos morales sustantivos. ¿Pero cuál es la estructura, la forma, de esos contenidos éticos sustantivos que incorporan las constituciones de nuestro tiempo? Según Celano, hay tres maneras distintas de entender esa dimensión ética sustantiva, según que se sostenga un modelo «minimalista», «irenista» o «particularista». El primero se caracteriza por entender que los derechos (valores, principios, intereses) constitucionalmente sancionados no entran entre sí en conflicto, y Celano, por las razones que ya hemos visto, considera que ese modelo carece de plausibilidad; lo que plantea es una hipótesis irrazonable. Los otros dos son versiones de un mismo modelo de la ponderación, y Celano se decanta por el particularista, por las razones que vamos a ver.

El modelo irenista, nos dice Celano, reconoce la multiplicidad y variedad de los derechos, principios, valores e intereses que constituyen la dimensión ética sustantiva del Estado constitucional, pero considera que ese conjunto de elementos, a pesar de las apariencias, es coherente:

> Derechos, principios, valores, intereses constitucionalmente sancionados pueden, sí, entrar en conflicto, pero el conflicto es solo aparente, o provisional: es un fenómeno de superficie —o bien, pertenece a un particular estadio, una particular fase, de la interpretación o de la aplicación de los

> derechos fundamentales, una fase que se puede, y se debe, superar—. El fenómeno del conflicto es innegable; pero se trata, cabalmente, solo de un fenómeno, determinado por la circunstancia de que las disposiciones constitucionales relevantes se sirven de formulaciones abstractas, genéricas, vagas... Los derechos (valores, intereses, etc.) entran en conflicto, pero solo *prima facie*, a primera vista (en una primera mirada); para que esta apariencia se desvanezca basta con *entender* a fondo la regulación constitucional de los derechos. De este modo, emergerán los contornos de un universo coherente (138-139).

Hay una serie de estrategias conceptuales ampliamente difundidas y que, según Celano, serían interpretables en clave irenista. Se trata de la distinción entre la violación y el límite de un derecho; la doctrina del «contenido esencial» de los derechos fundamentales; la idea de que la ponderación entre principios genera una regla en sentido estricto; la estrategia «especificacionista»; o la idea de que el conflicto entre principios constitucionales ha de interpretarse como un conflicto entre normas revisables (derrotables). Celano piensa que las dos primeras estrategias ofrecen soluciones que son básicamente aparentes, retóricas. Mientras que las otras tres (que en realidad serían formas distintas de referirse a lo mismo) plantean el problema de que la ponderación no puede dar como resultado una regla en sentido estricto, un enunciado condicional universalmente cuantificado y no revisable.

Celano se decanta, por ello, por el modelo particularista, que le parece que tiene pretensiones más modestas y resulta, en consecuencia, más realista:

> Derechos, principios, valores e intereses constitutivos de la dimensión ética sustantiva del Estado constitucional de Derecho entran *de verdad* en conflicto, son *verdaderamente* antinómicos, indeterminados, heterogéneos, con frecuencia inconmensurables (p. 145).

No cabe, pues, una especificación concluyente, definitiva, de las propiedades que puedan ser relevantes en relación a las decisiones que se han de tomar en los casos futuros. Y no se puede, entonces, hablar de una regla en sentido estricto como resultado de la ponderación, sino que ese resultado es compatible con una pluralidad indefinida de reglas; o sea, el resultado de la ponderación «contiene, ineludiblemente, cláusulas abiertas que incluyen (en forma explícita o no) términos y conceptos éticos» (p. 147). Todo lo cual vendría a ser una consecuencia del pluralismo ético radical que sostiene Celano:

> Esta concepción de la ponderación, y en general de la dimensión ética sustantiva del Estado constitucional de Derecho, es solidaria con una forma

radical de pluralismo ético, reconducible a las ideas de I. Berlin, y antes aún de M. Weber y F. Nietzsche. Los valores, las razones para la acción (y, por tanto, los derechos, los principios, etc.), son múltiples, entran en conflicto, son inconmensurables, indeterminados. El mundo de los valores, de las razones para la acción y de los ideales sociales y políticos es un panteón politeísta: el universo ético es un universo irreductiblemente plural, poblado de una multiplicidad de valores, e ideales, que inevitablemente entran en conflicto los unos con los otros, o que resultan recíprocamente inconmensurables. Nada garantiza que estos valores indiquen, de manera concordante, una única dirección a nuestras elecciones y a nuestras acciones; que ellos, en cada ocasión, vengan a componer un todo coherente, armonizándose los unos con los otros. Al contrario: gran parte de las elecciones humanas —algunas de ellas están entre las elecciones más significativas— son elecciones trágicas, en situaciones en las cuales no se puede hacer otra cosa que sacrificar, en todo o en parte, algunos valores, en vista de la promoción de otros —asumiendo, por lo demás, la responsabilidad de estas elecciones, y aceptando la inevitabilidad de sentir pesar por ello— (p. 147).

3.4. *La determinación autoritativa del Derecho y de los derechos*

La cuarta tesis, como decía, es, en buena medida, una consecuencia de las dos anteriores. En «Derechos, principios y valores en el Estado constitucional (II). Nomodinámica» (capítulo cuarto del libro), Celano se plantea la pregunta de quién es el (órgano) competente para efectuar la (necesaria) determinación del Derecho, y de los derechos. Pero no se trata únicamente de que el Derecho esté indeterminado (tesis anterior) y se precise, por tanto, de autoridades, de órganos, que lleven a cabo la ponderación y establezcan (autoritativamente, tomando una decisión vinculante, puesto que no existe una única respuesta correcta para cada caso) cuáles son nuestros derechos. Se trata, también, de que una de las características de un sistema jurídico es su dimensión nomodinámica:

> El Derecho transforma, o tiende indefinidamente a transformar, todo problema sustancial en una cuestión de procedimiento... desde el punto de vista jurídico el problema no es nunca solamente, ni primariamente, cuál es la respuesta correcta, sino quién (qué órgano) y de qué modo (según qué procedimiento) es competente para decidir, de manera autoritativa y —en última instancia— definitiva, el caso. El Derecho tiene, pues, carácter nomodinámico: regula su propia producción (p. 157).

Ahora bien, el problema que surge entonces es el de si esa determinación autoritativa es realmente compatible con el principio del gobierno de las leyes y no de los hombres, o sea, con el núcleo del Estado de Derecho. Y la conclusión a la que llega Celano es que no, que aquí nos enfrentamos con un dilema sin solución posible:

He aquí el dilema: si esta competencia viene atribuida a cualquier sujeto (trátese del legislador, o de un tercero; por ejemplo, un juez constitucional) este último, no la constitución, será el soberano [*basileus*]. Si, por el contrario, se rebatiera esto diciendo que el soberano [*basileus*] es la Constitución y no un sujeto, cualquiera que este sea, el problema del poder de determinación (¿quién y según qué procedimiento es competente para interpretar el texto constitucional y efectuar las necesarias ponderaciones, *trade-off*, etc.?) se volverá a plantear (p. 158).

Lo único que cabe hacer, en su opinión, es llegar a un cierto compromiso, pero un compromiso que no puede resultar completamente satisfactorio. O sea, es inevitable aceptar que, en último término, tiene que haber un «poder de decisión», aunque sea posible (mediante ciertos diseños institucionales) diferir ese poder y hacer *como si* nadie tuviera la última palabra:

> El poder de decisión de última instancia (poder de decisión última, no sujeto a revisión por parte de poderes ulteriores; decisión «soberana») no es eliminable. Los ordenamientos jurídicos son sistemas normativos dinámicos. [...]
>
> El constitucionalismo (moderno y contemporáneo: el «constitucionalismo de los derechos»...) no tiene —no puede sensatamente tener— como objetivo propio la eliminación de la decisión soberana. Tiene, más bien, el objetivo de su dilación, de su aplazamiento, en la mayor medida posible. Se trata de multiplicar las instancias de control, los vínculos y los límites... de manera que se retrase lo más posible —y de esta forma narcotizar, poner en *stand-by*— el ejercicio del poder de decisión de última instancia.
>
> En suma: una realización completa, sin residuos, del principio del gobierno de las leyes es, por razones conceptuales, imposible [...].
>
> Pero el punto —el sentido— del constitucionalismo consiste en poner siempre nuevos límites, obstáculos, impedimentos a esta instancia de decisión última: en dilatar lo más posible, circunscribiéndolo y, de esa manera, quitándole poder, el momento de la aplicación de la soberanía (un poder de decisión no sometido a revisión). Y, de este modo, dar vida a un sistema institucional (una disposición de poderes) en el que es *como si* nadie tuviese nunca la última palabra. El aparato institucional del Estado constitucional de Derecho incluye un conjunto de técnicas dirigidas a este fin.
>
> Por tanto, se dirá, en el Estado constitucional de Derecho, ¿es soberano el Tribunal constitucional (el tribunal competente para juzgar acerca de la legitimidad constitucional de las leyes y actos afines, trátese de un sistema de control de constitucionalidad concentrado o difuso)? Desde el punto de vista estructural, sí, en los términos antes precisados. Pero sería ridículo sostener que lo es de la misma manera, por ejemplo, que un monarca en una (ideal) monarquía absoluta. El poder de decisión de última instancia está, en el Estado constitucional de Derecho, diferido y fragmentado (pp. 161-162).

3.5. *La paridad de los derechos sociales*

Y, en fin, la quinta tesis se corresponde con el último capítulo del libro, que Celano considera un simple «Apéndice» de carácter «didáctico y divulgativo». En él («Igualdad y derechos en la cultura jurídico-política occidental moderna. Un mapa conceptual») traza un panorama general del desarrollo de los derechos fundamentales a partir de tres «ideas guías» que utiliza para esa reconstrucción: la igualdad en los derechos; el derecho a la igualdad; y la igualdad distributiva. Yo me he limitado a tomar uno de los elementos de su análisis (la tesis del carácter paritario de los derechos sociales), porque me parece especialmente significativa de su posición: es una tesis a la que se alude también en otras partes del libro y que, como he tratado de dejar claro en la formulación que propuse, complementa a las otras y, en especial, a la primera. El apartado del *Apéndice* dedicado a desarrollar la idea del derecho a la igualdad lo cierra Celano con estas palabras:

> Resumiendo. Si se toma el primer argumento, los derechos sociales son un medio necesario de cara a una real implementación de los valores expresados por los derechos de libertad y por los derechos políticos (libertad como no impedimento; libertad como autonomía, incluyendo la participación política). Si se toma el segundo argumento, los derechos sociales sostienen y consienten la implementación de un valor ulterior en relación con los precedentes, independiente de ellos: la reducción del malestar social. Si se toma el tercero, en fin, los derechos sociales expresan y consienten la implementación de un valor todavía ulterior: la igualdad, entendida como la misma dignidad social (reconocimiento recíproco de los ciudadanos como libres e iguales).
>
> Estos tres argumentos se corresponden con las tres palabras clave de la cultura revolucionaria francesa; respectivamente, libertad, fraternidad, igualdad (p. 198).

4. ALGUNOS COMENTARIOS

4.1. *Sobre el carácter valorativo...*

La primera de las tesis antes establecidas tiene, cabría decir, una dimensión explícita y otra implícita. La explícita, lo que Celano expresamente afirma una y otra vez en su libro (basándose en un análisis de la Jurisprudencia anglosajona del siglo pasado), es que los derechos no pueden reducirse a normas, a una red de posiciones deónticas. Pero de ahí se deriva necesariamente, aunque Celano no llega en ningún lado —me parece— a tematizarla, una tesis más general contra el normativismo jurídico: la de que el Derecho no puede considerarse tampoco únicamente como un sistema o un conjunto de normas. El Derecho tiene también una dimensión valorativa, y este último elemento (como ocurre en relación con los derechos) tiene prioridad sobre el primero.

La asunción de esa tesis (o de esas dos tesis) aleja entonces a Celano de los autores más característicamente positivistas: de los de la escuela genovesa o de Ferrajoli, para poner dos referentes de iusfilósofos italianos que son interlocutores privilegiados del discurso de Celano. Y lo aproxima claramente a las posiciones de lo que suele llamarse «postpositivismo» (sin entrar en mayores detalles, la concepción del Derecho que puede encontrarse en la obra de Dworkin, Alexy, Nino o el MacCormick de las últimas obras). Para decirlo de la manera más concisa posible: para estos últimos autores (y —al menos incoativamente— para Celano) el Derecho es fundamentalmente una práctica social orientada al logro de ciertos fines y valores. No es simplemente una cosa, un objeto que esté ahí fuera y que tengamos (que el teórico del Derecho tenga) que describir y explicar, sino, además y fundamentalmente, una actividad, una empresa en la que participamos (como usuarios, como teóricos, etc.).

4.2. *Sobre el pluralismo conflictualista...*

La segunda tesis (efectivamente, la más compleja) tiene, como antes decía, tres dimensiones que merecen considerarse por separado.

La primera de esas dimensiones, la del carácter plural, indeterminado y conflictivo de los derechos es, en mi opinión, perfectamente compartible, y merece la pena subrayar que, al sostener eso, Celano se aparta claramente de la manera de entender la regulación constitucional de los derechos defendidas por autores neoliberales (partidarios de un mínimo de derechos, *a lo Nozick*), pero también de dos prominentes iuspositivistas como Kelsen o Ferrajoli; en muy buena medida (y aunque Celano no parece querer subrayarlo), la concepción de los derechos de Ferrajoli y de Celano son básicamente antitéticas: la una es casi la contrafigura de la otra.

La segunda dimensión, que supone la necesidad de contar con el razonamiento moral (un razonamiento moral sustantivo) para la identificación y la aplicación de los derechos, parecería en principio que tendría que haber llevado a Celano a desmarcarse del positivismo jurídico; si se niega, como él hace, la tesis de la separación conceptual entre el Derecho y la moral, entonces parecería que uno tiene que dejar de ser positivista. Si no es así (Celano no afirma en ningún lugar de su libro que no sea un positivista jurídico), yo creo que es porque él actúa aquí con una extremada (exagerada) cautela que le lleva a eludir la conclusión que resultaría casi inevitable aceptar. Esa (su extremada cautela), creo, es la razón por la que no parece querer entrar en la cuestión de si realmente colapsa la distinción entre ser y deber ser (p. 104); de si es o no posible distinguir con claridad entre lo descriptivo, por un lado, y lo prescriptivo y valorativo, por el otro, dado que para identificar los derechos es necesario hacerse cargo de un lenguaje que incluye conceptos morales densos, esto es, conceptos que incluyen tanto un elemento prescriptivo o valorativo, como también otro descriptivo; o de si las disposiciones que incluyen términos o conceptos de ese tipo (como «dignidad») pueden interpretarse sin adoptar un punto de vista comprometido. Por ejemplo, ¿es posible concluir que la maternidad subrogada va o no en contra de la dignidad de la mujer que efectúa un contrato de ese tipo sin *adherirse* a una cierta forma de entender la dignidad? ¿Cómo podría un juez —si no asume un compromiso moral al respecto: en uno u otro sentido— motivar una decisión que considere a esa institución conforme o no con el orden constitucional? Aquí, Celano se esfuerza simplemente por dejar las cosas abiertas y por mostrar que su tesis es «neutral», en el sentido de que él estaría usando la expresión «moral» en un sentido completamente genérico, de manera que comprendería «cualquier tipo de consideraciones normativas vinculantes» (p. 120).

Pero yo creo que, una vez aceptada la tesis de la «lectura moral» de la Constitución, Celano está obligado a asumir también la necesidad de adoptar un punto de vista moral comprometido (al menos, en un sentido mínimo de «comprometido»)[1] y, por tanto, a apartarse del (mejor: superar el) positivismo jurídico. Ciertamente, eso no supone en absoluto adherirse al llamado «neoconstitucionalismo». Pero aquí, respecto al uso de esta expresión, «neoconstitucionalismo», me temo que Celano puede haber sido víctima (una más) del uso verdaderamente confuso de este término, que tanto se ha difundido en los últimos años, y cuyo origen no es otro que la «escuela genovesa» de filosofía del Derecho[2].

Lo que quiero decir con lo anterior es que la caracterización que normalmente se hace del concepto designado por la expresión, simplemente, no sirve para incluir en su campo de aplicación a los supuestos autores «neoconstitucionalistas». La connotación y la denotación del concepto van, pues, por caminos separados, de manera que, si los *neoconstitucionalistas* son aquellos que sostienen que el Derecho consiste en principios más bien que en reglas, que no existen mayores diferencias entre el razonamiento jurídico y el moral, que no consideran como

1. Lo que, por cierto, no supone para nada convertirse en un positivista ideológico. Sobre esto he tratado en algunos trabajos de los últimos tiempos (pueden consultarse en lamiradadepeitho.blogspot.com.es), pero no puedo detenerme aquí en ello.

2. Sobre esto, *vid.* Manuel Atienza, «Ni positivismo jurídico ni neoconstitucionalismo. Una defensa del postpositivismo jurídico» (Atienza 2017a, cap. V).

es debido el componente autoritativo del Derecho y que alientan el activismo judicial, entonces habría que decir que ni Dworkin, ni Nino, ni Alexy, ni MacCormick son autores neoconstitucionalistas. Son, como antes decía, postpositivistas; pero el postpositivismo es una concepción del Derecho que, en mi opinión, no tiene nada que ver con la otra. La inutilidad (o, peor que eso: la confusión) de la noción usual de «neoconstitucionalismo» consiste, pues, en que con ella se pretende meter en un mismo saco concepciones del Derecho que, en aspectos esenciales, son más bien antitéticas.

Pues bien, Celano afirma que su tesis del carácter moral del razonamiento jurídico aplicativo no se vincula con el neoconstitucionalismo (p. 120), y reprocha a estos autores (en realidad, no dice quiénes son) el que no hayan tenido suficientemente en cuenta el componente autoritativo del Derecho (p. 121). No nos aclara qué es lo que entiende exactamente por «neoconstitucionalismo» pero, desde luego, me parece innegable que su crítica (acertada, por lo que se refiere a la necesidad de subrayar el componente autoritativo del Derecho) no alcanza a los autores antes mencionados que, por lo demás, es también obvio que están muy lejos (yo diría que tan lejos, por lo menos, como lo está el propio Celano) de pensar que los derechos humanos son derechos naturales, esto es, derechos «fijados de manera completa, y de una vez por todas, por la naturaleza del hombre, por el orden natural, por la razón o por la voluntad divina» (p. 120, nota).

Y llegamos al último aspecto de esta segunda tesis: la negación de que exista una única respuesta correcta en la aplicación judicial del Derecho. Celano no afronta más que de una manera muy marginal este tema; pero yo diría que su defensa de la indeterminación del Derecho (y consiguiente negación de la tesis de la única respuesta correcta) viene a ser una consecuencia del pluralismo conflictualista en materia axiológica. Y aquí, me parece, hay algunas consideraciones que pueden hacerse y que llevan a poner en tela de juicio lo sostenido por Celano.

La primera de esas consideraciones es que Celano, yo creo, tendría que ser más preciso en cuanto a qué entiende exactamente por pluralismo conflictualista y en qué sentido esa es una tesis incompatible con lo sostenido, por ejemplo, por Dworkin, cuando este último nos habla de que existe una unidad de valor (una unidad entre la dimensión ética y la dimensión moral del valor). Desde luego, no cabe entrar aquí a discutir con ningún detalle un tema tan complejo[3], pero a mí me pare-

3. Celano, por ejemplo, da como razón para justificar que el pluralismo (el pluralismo conflictualista tal y como él lo entiende) es una concepción ética y metaética que se presta «de manera natural y plausible para desarrollar la función de modelo a los fines de una reconstrucción adecuada de la trama de los derechos fundamentales», el hecho de que «la regulación constitucional de los derechos es el resultado de un largo proceso his-

ce que nada impide (o sea, que no es irracional, o irrazonable) que uno piense, al mismo tiempo, que hay muchos valores, que estos pueden entrar— entran— frecuentemente en conflicto entre sí (de ahí, la importancia y la inevitabilidad de la deliberación moral) pero que, si no siempre, al menos con mucha frecuencia es posible lograr una articulación aceptable de los mismos, encontrar una solución correcta a las cuestiones morales.

Una segunda consideración se refiere a la existencia en el Derecho —en particular, en la instancia judicial, que es la que aquí nos importa— de mecanismos de simplificación de la complejidad de los problemas que han de resolver los jueces. Básicamente, se trata de la conversión de los problemas que ingresan en la instancia judicial en una simple cuestión bivalente, de sí o no: se tiene o no se tiene derecho a X; el derecho debatido pertenece a Y o a Z; etcétera.

Las consideraciones anteriores están en la base de la tesis de Dworkin de que *casi* siempre hay una única respuesta correcta (desde la perspectiva de un juez; no desde la de un legislador, un dogmático del Derecho, etc.). Se trata de una tesis que Dworkin considera prácticamente banal, y yo creo que tiene razón, puesto que afirma mucho, muchísimo, menos de lo que normalmente se supone: simplemente, que es improbable (aunque no sea totalmente imposible) que surjan casos de puro empate, en los que las razones para decidir en uno u otro de los dos sentidos (normalmente) posibles estén perfectamente equilibradas[4].

Y, en fin, la última consideración es que para pensar así (que no hay —o que no hay apenas— casos de empate) basta con aceptar la idea de que siempre, o normalmente, hay alguna razón (o cúmulo de razones) a favor de una solución que es mejor (tienen más peso), dadas to-

tórico-cultural, político, fruto de compromisos y de ajustes», y en el que confluyen concepciones distintas y en conflicto entre sí (p. 152). Pero, obviamente, eso no es ninguna razón (salvo que se incurriera en una especie de falacia genética) para concluir que, a pesar de esos orígenes distintos y conflictos, no sea posible articular alguna concepción que supusiera «la mejor interpretación posible» de todo ese conglomerado.

4. Dworkin no sostiene, por cierto, ningún tipo de realismo moral, como Celano parece atribuirle (aunque con dudas). En la nota 15 de la página 104, Celano señala que su adscripción a la tesis de la «lectura moral» de la Constitución no supone aceptar ni la tesis de la única respuesta correcta ni «la tesis, sea o no imputable a Dworkin, de que los principios morales (principios morales objetivamente válidos, vinculantes) sean 'cosas', parte del mueblaje del mundo, a las que las disposiciones constitucionales relevantes hacen, en sentido propio, 'referencia' (reléase —añade Celano— el pasaje de Dworkin citado en esta nota [se refiere a uno extraído de *Freedom's Law. The Moral Reading of the American Constitution*])». Sobre esto, en su último libro *Justice for Hedgehogs* (The Belknapp Press of Harvard University, 2001), Dworkin afirma explícitamente que no piensa en absoluto que existan objetos morales, *morons* los llama, que sean algo así como el equivalente a los átomos en el mundo físico. Sobre el tema de la única respuesta correcta en la obra de Dworkin y, más en general, en la teoría del Derecho contemporánea, puede verse Atienza 2013, 551 ss. y 573 ss.

das las circunstancias del caso, que las razones en contra. Pero esto es algo, precisamente, que Celano no niega (*vid.* p. 147) como en seguida vamos a ver.

4.3. *Sobre el particularismo...*

Lo que cabe decir sobre la tercera tesis de Celano es, en buena medida, una consecuencia de lo que acabo de comentar a propósito de la segunda. No creo que haya nada que se pueda objetar a la necesidad de efectuar ponderaciones para aplicar a los casos controvertidos (los casos difíciles) las disposiciones constitucionales de derechos, tal y como lo plantea Celano. Me parece por tanto también muy claro que el modelo que él llama «minimalista» resulta inasumible. Pero tengo alguna discrepancia con él en relación con tres aspectos que se refieren a los otros dos modelos: a los que él denomina «irenista» y «particularista».

Mi primera discrepancia se refiere a que yo creo que Celano exagera algo las cosas al presentar su concepción conflictualista de los valores y de los derechos. Estoy de acuerdo con él en reconocer la inevitabilidad de elecciones trágicas, esto es, de situaciones en las que es imposible tomar una decisión que no suponga tener que vulnerar un elemento esencial de uno de los valores o derechos en presencia; o sea, de casos —casos trágicos— en los que no es posible hacer justicia de acuerdo con el Derecho. Coincido también con él en que en tales casos es inevitable que el aplicador sienta pesar (un importante sentimiento moral), justamente por encontrarse en esa situación, y aunque él no la haya creado. Pero no creo que sean (en el contexto de los Derechos del Estado constitucional) tan frecuentes como él piensa. Aquí, volviendo contra él uno de los argumentos que utiliza para rechazar el modelo irenista, me parece que cabría decir que Celano interpreta como casos trágicos muchos que pueden dar la impresión de serlo en un principio, pero que, una vez consideradas todas las circunstancias, se ve que no es así. O sea, a mí me parece que cuando se habla «en concreto» y tomando en cuenta la posición institucional del órgano aplicador (recuérdese lo que antes decía sobre la simplificación de los problemas característica de la instancia judicial) se descubren soluciones a conflictos de valores (imaginemos, en un caso de eutanasia, entre la vida y la dignidad o la autonomía) que parecen intratables cuando se consideran «en abstracto».

La segunda discrepancia tiene que ver con su falta de atención a los modelos de «ponderación» más manejados en la práctica judicial y, en particular, al de Alexy, al que solo hace una referencia muy de pasada. Yo estoy básicamente de acuerdo con él cuando afirma que el método de la ponderación (y aquí parece estar refiriéndose, pero sin entrar en ningún detalle sobre su planteamiento, al autor alemán) designa más bien un vacío o una metáfora (p. 144) y en que, desde luego, no es una «fórmula mágica». Ahora bien, no es una fórmula mágica en el mismo (o muy parecido) sentido en que no lo es tampoco el *modus ponens* o cualquier otro esquema argumentativo. La ponderación, yo creo, es justamente eso: un esquema o una especie de tópica (así es como me parece que deberíamos interpretar la «fórmula del peso» de Alexy[5]) que, simplemente, ofrece una guía que resulta de utilidad aunque, desde luego, la misma no evita la necesidad de efectuar juicios morales de carácter sustantivo. O sea, yo creo que existen ciertos criterios que guían la ponderación (el principio de universalidad, alguna idea de coherencia, etc.), respecto de los cuales no puede decirse que Celano sea exactamente escéptico, pero quizás sí elusivo. De ahí que, cuando habla de la existencia de elecciones trágicas, se apresura a aclarar que eso no quiere decir «que no existan soluciones correctas, o que no existan soluciones mejores que otras» (p. 147); o que en sus consideraciones conclusivas sobre el asunto de la indeterminación del Derecho afirme que «es oscuro si hay criterios de corrección de las operaciones de ponderación requeridas por el contenido ético sustancial de las constituciones contemporáneas» (p. 163).

Pero la discrepancia más importante afecta al argumento central que Celano da para optar por el modelo particularista y para negar en consecuencia que pueda existir, en un sentido un poco estricto de la expresión, algo así como un *método* ponderativo. Se refiere con ello, como hemos visto, a que, en su opinión, de la ponderación (que efectúa un juez para la resolución de un caso difícil) no puede surgir como resultado una regla en sentido estricto, o sea, «un condicional no revisable [derrotable] cuantificado universalmente» (p. 142).

Bueno, Celano tiene razón, en mi opinión, en una parte: el surgimiento de un enunciado con esas características es, efectivamente, imposible (o prácticamente imposible). Pero no la tiene en otra: un enunciado condicional revisable (o sea, que puede ser excepcionado —hablo, claro, de excepciones implícitas— en algún caso futuro) sigue siendo una regla. Si no fuera así, creo que tendríamos realmente muy pocas reglas (incluyendo en la categoría a las reglas legislativas). Pongo un ejemplo de lo que quiero decir. En un artículo de 1996[6], en el que trataba de explicar cómo había utilizado el Tribunal Constitucional español el método de la ponderación para resolver los conflictos entre la libertad de expresión y el derecho a la intimidad que fueron surgiendo a lo largo de diversos casos de los años ochenta, yo llegaba a la conclusión de

5. Sobre esto, puede verse mi *Curso de argumentación jurídica* (Atienza 2013, [5]2018); o la discusión que recientemente he mantenido con Juan Antonio García Amado: M. Atienza y J. A. García Amado, *Un debate sobre la ponderación*, Palestra-Temis, 2012.

6. Manuel Atienza, «Juridificar la bioética», en *Claves de Razón Práctica*; está incorporado en Atienza 2004.

que el Tribunal había ido creando una serie de reglas, una de las cuales podía formularse así: «cuando hay una contraposición entre la libertad de expresión y el derecho a la intimidad, el conflicto debe resolverse en principio a favor del derecho a la intimidad, pero la libertad de información prevalece si se trata de una información con relevancia pública y veraz». Añadía a ello algunas especificaciones que el Tribunal había ido haciendo a lo que debía entenderse por «relevancia pública» y por «veraz» y aclaraba también que esa regla había que considerarla «fragmentaria, incompleta y abierta», pues en el futuro podrían surgir nuevas circunstancias que obligaran a añadir alguna otra condición a las dos establecidas en la regla o a aclarar alguno de esos conceptos. ¿Pero por qué no habría de considerarse como una regla? ¿No podría perfectamente existir una regla legislativa con esa misma estructura y contenido? ¿No sería una regla genuina? ¿Por qué? Si no aceptáramos la posibilidad, al menos en algunos casos, de excepciones implícitas a las reglas, ¿no estaríamos incurriendo en un formalismo jurídico realmente injustificado? ¿Y no será que el escepticismo que parece traslucir Celano a propósito de la ponderación presupone una concepción de la racionalidad práctica (jurídica) inadecuada, puesto que plantea exigencias (la completa determinación) que, simplemente, no pueden darse en ese campo (en el terreno de la razón práctica), de manera que habría que considerarlas tal vez como *irrazonables*?

4.4. *Sobre la determinación...*

En relación con la cuarta tesis, yo tengo la impresión de que Celano incurre aquí en una cierta ambigüedad. Me explico.

El carácter nomodinámico del Derecho, la necesidad de articular un diseño institucional (en el Estado de Derecho y en cualquier sistema jurídico donde rija el principio de certeza jurídica) en el que existan órganos con competencia para tomar decisiones que no son ya revisables es, simplemente, algo indiscutible. Merece la pena, por supuesto, poner el énfasis en ello frente a posibles concepciones del Derecho que no lo tengan suficientemente en cuenta (aquí cabría incluir a quienes se denominan a sí mismos «neoconstitucionalistas» que, por cierto, integran una clase —al menos por lo que se refiere a países como España o Italia— casi vacía), pero nada más. Y a lo que aludo con este «nada más» es a que, si Celano insiste tanto en esa tesis, quizás sea porque la misma podría esconder otra más fuerte que, aunque no defendida explícitamente por él, en ocasiones parece que está algo así como «sugerida». Y de ahí la ambigüedad a la que me refería.

Se trata de la tesis del escéptico que niega que en el Derecho existan propiamente criterios de corrección (pensemos en un realista como

Jerome Frank o en quienes se adhieren a las teorías «críticas» del Derecho) y que, yo creo, tiene consecuencias verdaderamente deletéreas para la teoría jurídica: supone la imposibilidad de dar cuenta de la práctica jurídica, al menos en el Estado constitucional (si no hay criterios de corrección, entonces tampoco cabrá hablar de «motivación» en sentido estricto); o un conservadurismo extremo (pero generalmente no advertido), pues si no hay criterios de corrección, entonces tampoco será posible criticar propiamente las decisiones judiciales (la distinción entre decisión final y decisión correcta deja de existir). Como digo, Celano no defiende esta tesis radical, pero de algunas de sus afirmaciones quizás pudiera decirse que «coquetean» con ella. Por ejemplo, si lo único que puede hacerse institucionalmente —algo en lo que él insiste mucho— es «diferir» la toma de decisión, entonces parecería que lo que tenemos, a fin de cuentas, no sería otra cosa que un poder de decisión (sea el de un órgano o el de muchos) desnudo de justificación y revestido con un mecanismo de engaño, con una ficción. O, dicho de otra manera, la distinción entre decisión final y decisión correcta es también fundamental en relación con las decisiones que no son revisables, pues en otro caso la crítica al Derecho, a las resoluciones de los órganos aplicativos, sería imposible. La dimensión autoritativa del Derecho no puede anular (ni hacer de menos) a la otra dimensión: la valorativa. Lo que caracteriza a los derechos del Estado constitucional, yo creo, es la dialéctica entre esos dos aspectos ineliminables y con los que el jurista debe contar (con los dos) para no incurrir, para entendernos, ni en positivismo ideológico ni en neoconstitucionalismo.

4.5. *Sobre la paridad...*

Y llego ya a la quinta tesis, una tesis que comparto plenamente y que solo plantea, me parece, un problema: el de cómo articularla con otras afirmaciones que pueden encontrarse en el libro de Celano y, en particular, con las que hacen referencia a su pluralismo radical de los valores que él reconduce a autores como Berlin, Weber o Nietzsche. Pues, ¿es compatible el anclaje de los derechos humanos en los grandes ideales —valores— de la Revolución francesa con la defensa de una ética —o una metaética— de impronta nietzscheana? ¿Y no resulta al menos algo extraño basar el objetivismo moral (Celano suscribe explícitamente esa tesis metaética) en autores como los antes mencionados? ¿No hubiese sido, en algún sentido, más «coherente» buscar inspiración para el objetivismo ético en fuentes más bien kantianas, en el llamado «constructivismo ético» como, de una u otra forma, han hecho los autores postpositivistas? Si no es así en el caso de Celano, ¿no será tal vez porque él sigue aquí la vía «positivista» de autores como Scarpelli que se basa en la asunción de un compromiso moral, digamos, de carácter personal? Pero claro, si así fuera, no habría más remedio que recordar también que en el caso de Scarpelli y otros varios iusteóricos italianos (Jori, Pintore, Guastini, Comanducci...) ello va unido a un fuerte no-cognoscitivismo ético, esto es, a una posición metaética que claramente no es la de Celano.

5. CONCLUSIÓN

La conclusión que yo extraigo de todo lo anterior es que la concepción de los derechos de Celano es incoativamente postpositivista. Quizás puedan encontrarse, aquí y allá, algunos residuos de positivismo jurídico, pero esas discordancias, como ocurre con las «experiencias recalcitrantes», podrían ser eliminadas aplicando el mismo método, el equilibrio reflexivo, que él propone a la hora de llevar a cabo una «lectura moral» de la Constitución.

Un ejemplo de ese tipo de discordancia podría ser, sin ir más lejos, la adscripción al positivismo jurídico que el propio Celano ha asumido en un trabajo escrito por la misma época que el libro que estoy comentando[7]. En él, Celano entiende, lo que sería una consecuencia del carácter nomodinámico del Derecho, que «el elemento típicamente iuspositivista» es «la tesis según la cual el Derecho es un artefacto humano (un producto de actos, comportamientos, actitudes humanas)» (p. 146). Y en el apartado de conclusiones se define a sí mismo (aunque siempre con una cierta cautela) como un positivista jurídico y un cognoscitivista ético:

> Por esta razón, el Derecho positivo, a pesar de ser necesariamente expresión de valores y principios éticos, es, en gran parte, algo muy diferente de la representación (fiel o no) de un orden moral objetivo. Es un artefacto humano.
>
> ¿Por qué, pues, deberíamos ser no cognoscitivistas en ética para poder llamarnos juspositivistas? (Celano 2009, 150).

Pues bien, yo diría —contestando a su pregunta retórica— que, efectivamente, no deberíamos ser no cognoscitivistas, pero tampoco iuspositivistas. Y me parece bastante extraño que pueda pensarse (hoy) que el positivismo jurídico se reduce simplemente a concebir el Derecho como un artefacto humano. Pues quizás no convenga olvidar que el

7. Bruno Celano, «Iusnaturalismo, positivismo jurídico y pluralismo ético», en Celano (2009); la versión italiana es de 2005.

autor —por lo que yo sé— que más énfasis puso en defender que el Derecho debía verse como un artefacto (este era, precisamente, el término que usaba) y no como un pedazo de naturaleza, como una realidad inerte, fue precisamente un autor no positivista, sino iusnaturalista: Lon L. Fuller. Y lo hizo para caracterizar su posición frente a la de Kelsen.

Pero, en todo caso, postpositivista o no, de lo que no cabe duda es de que el libro de Celano *I diritti nello Stato costituzionale* posee en grado sumo la principal virtud que ha de tener una obra de teoría del Derecho: dar que pensar.

3

HOMENAJE A RICCARDO GUASTINI*

INTRODUCCIÓN

Lo primero que quiero decir aquí, en este homenaje a Riccardo Guastini, es que, aparte del afecto personal que siento por él, yo debo mucho de mi formación iusfilosófica a la lectura de sus obras. No puedo alardear de haberlas leído todas, porque ha escrito mucho. Pero sí puedo decir que estoy familiarizado con muchas de ellas y, en general, con su pensamiento iusfilosófico; que sus trabajos me han parecido siempre claros, inteligentes, agudos; y que con todos ellos he aprendido enormemente, aunque no siempre haya estado de acuerdo con los planteamientos de fondo. Incluso, y dada mi edad, puedo decir que también leí en su momento las obras del Guastini iusfilósofo marxista y promotor del *uso alternativo del diritto*, la corriente en algún sentido precursora, a comienzos de los años setenta del siglo pasado, de lo que hoy se llama «neoconstitucionalismo» (un nombre inventado en Génova por sus adversarios teóricos) y con respecto a la cual, por cierto, yo me siento sumamente distante.

Hace unos días, hablando sobre esto con Isabel Lifante, ella me animaba, más en broma que en serio, a titular mi intervención así: «Guastini, iusfilósofo marxista». Y la verdad es que quizás no me hubiese costado demasiado —creo— darle ese giro a mi ponencia en este encuentro, porque conservo los resúmenes minuciosos que hice entonces, en los años setenta del siglo pasado, de los trabajos de juventud de Guastini, en los que este defendía lo que bien podría denominarse un «marxismo analítico». Pero, en fin, no es a eso a lo que me voy a referir aquí. De lo

* Se trata, con algunos añadidos, de mi intervención en las jornadas organizadas en Génova en homenaje de Riccardo Guastini en octubre de 2016.

que quiero hablar es de la *idea* que Guastini ha defendido del Derecho en su época, podríamos decir, de madurez (el Derecho como un fenómeno lingüístico, esencialmente, como un conjunto de normas) y contraponerla a la otra gran idea que cabe adoptar en relación con el Derecho (verlo como una práctica social).

1. IDEAS Y CONCEPTOS

Y para ello debo decir antes algo sobre lo que entiendo por «idea». En alguna ocasión he polemizado con Riccardo Guastini y con otros miembros de la escuela genovesa, pero nuestras diferencias, me parece, no han sido exactamente (o fundamentalmente) sobre conceptos, sino más bien sobre ideas, sobre la idea del Derecho. Quiero decir con ello que, en esas ocasiones, yo no he tratado de poner en cuestión la solidez interna de sus planteamientos, sino su trasfondo; no he objetado el análisis de los conceptos construidos dentro de esa teoría (¡ya hay para ello bastantes *teólogos* en Génova!), sino el tipo de teoría del Derecho que él —o ellos— consideran tiene sentido cultivar. O, expresado de otra manera: yo no tengo ninguna duda de que Riccardo Guastini ha elaborado con gran competencia y brillantez muchos conceptos de la teoría general del Derecho, y que lo ha hecho de una manera que resulta además de utilidad para otros teóricos del Derecho y para los juristas en general. Si uno repasa, por ejemplo, el índice de su libro *La sintassi del diritto* (Guastini 2011) (que, me parece, es el último de los suyos que ha sido traducido al español, y al que me voy a referir repetidamente en mi intervención), puede encontrar una buena cantidad de esos conceptos: norma, principio, situación jurídica subjetiva, fuentes, actos y hechos normativos, poder constituyente, constitucionalización del ordenamiento jurídico, y muchos más. Lo que pongo en duda es que su idea del Derecho sea acertada, lo cual, en algún sentido, afecta también a los conceptos (o a algunos de ellos), pero no porque estén internamente mal construidos, sino porque, si uno partiera de una idea del Derecho diferente a la de Guastini, los construiría de otra manera, o construiría otros conceptos.

Pues bien, entiendo por «idea» una noción de carácter muy *general*, inevitablemente dotada de un considerable grado de *imprecisión* y que contiene además un importante ingrediente *valorativo*. En un trabajo reciente he tratado de aclarar el significado que le doy a estas tres notas (Atienza 2017a, cap. I), y ello me va a permitir ser aquí muy sintético.

Por supuesto, algunos conceptos pueden ser muy generales, esto es, su campo de aplicación puede ser muy amplio (tanto o más que el de una idea), pero lo que caracteriza a un concepto es que es interno a una teoría, una práctica, una disciplina (por ejemplo, el de norma secundaria en la teoría de Hart), mientras que las ideas son algo así como los presupuestos, los marcos que dan sentido a los conceptos (en Hart: la *idea* del Derecho como un conjunto de normas de diversos tipos); por eso, una cierta idea del Derecho lleva a fijarse en determinados aspectos de la realidad jurídica, y a dejar otros en la sombra, o bien a asignarles un lugar secundario. La imprecisión de las ideas es también más radical que la que puede encontrarse en los conceptos (que poseen un grado de vaguedad variable). Y esto último es debido a que la función de las ideas no es la de hacernos saber (como ocurre con los conceptos) cuál es el significado de una expresión o si un determinado ejemplar pertenece o no a tal categoría. Las ideas tratan más bien de orientar y de guiar (no son nociones-de, sino nociones-para); y esa orientación finalista, práctica, supone también una mayor apertura e indeterminación (que la de los conceptos) y hace que su caracterización no pueda serlo únicamente en términos descriptivos. Una idea contiene siempre un elemento de corrección, de valor. Y esa dimensión valorativa está presente también cuando se defiende, por ejemplo, una idea del Derecho aparentemente neutral (neutral desde el punto de vista moral), como pueda ser la de considerarlo como un conjunto de normas establecidas por la autoridad y respaldadas por la coacción. Pues parece claro que quien sustenta esa idea (positivista) del Derecho lo hace porque considera que es preferible (incorpora un valor —si se quiere, un valor epistémico— superior) a otras formas de ver el Derecho; si no fuera así, habría que decir que incurriría en una contradicción performativa.

2. LA IDEA DE DERECHO DE GUASTINI

En mi opinión, y al menos por lo que se refiere a los últimos tiempos, es posible distinguir, fundamentalmente, dos grandes ideas sobre el Derecho, que consisten respectivamente en concebirlo bien como un sistema de normas, o bien como una práctica social. Austin, Kelsen, Hart o Guastini son ejemplos de lo primero; y Ihering (el segundo Ihering), Fuller o Dworkin, de lo segundo.

En las ponencias que anteriormente han presentado Iztcovich y Del Vecchio se señalaba la existencia en Guastini de tres nociones de Derecho, o sea, que la expresión «Derecho», en la obra del autor genovés, podía hacer referencia a un conjunto de textos, de enunciados; a los significados posibles de esos textos, a un conjunto de normas; o al Derecho vigente, entendiendo por tal las normas aplicadas en el pasado y que previsiblemente serán aplicadas en el futuro. Es importante señalar que aunque las tres nociones tienen, en opinión de Guastini, alguna utilidad, sin embargo, el nivel de análisis «más profundo» de la palabra «Derecho» es este último, el Derecho como conjunto de normas vigentes. Pero las normas vigentes constituyen, de acuerdo con Guastini, un subconjunto de las normas entendidas como los significados de los textos normativos (Guastini 2014, 104 nota), de manera que el Derecho sería, en definitiva, un conjunto de normas que regulan el comportamiento humano, y también un fenómeno lingüístico. Por eso, en la obra antes citada, *La sintassi del diritto*, después de señalar que el Derecho (en sentido objetivo) aparece, a primera vista, como un conjunto de «leyes» en sentido genérico (constitución, leyes ordinarias, reglamentos, etc.), y, desde una perspectiva un poco más sofisticada, como el *contenido normativo o prescriptivo* de las leyes, Guastini precisa:

> Pero, en ambos casos, cualquiera que sea el grado de sofisticación conceptual con el que nos aproximemos al Derecho, una cosa resulta suficientemente clara: el Derecho —o, al menos, el Derecho moderno— es (esencialmente) un fenómeno lingüístico. Por decirlo de manera simple: el Derecho es un *discurso*, el discurso de las autoridades normativas o, como se suele decir, el discurso del «legislador». Ahora bien, ¿qué tipo de discurso es?
>
> Un discurso es una secuencia de enunciados. Un enunciado, a su vez, es una secuencia de palabras dotada de forma sintáctica y de sentido completo. Los enunciados de los que está compuesto el Derecho son enunciados en *lenguaje normativo*, o *prescriptivo*, o, todavía, *directivo* (Guastini 2011, 25-26).

Obviamente, Guastini (como Austin, como Kelsen o como Hart) es un autor iuspositivista, pero eso no quiere decir, al menos en principio, que un iuspositivista no pueda ser un partidario de la otra concepción, de ver el Derecho como una práctica social. Para tomar los tres ejemplos que antes indicaba: Fuller, como se sabe, fue un autor iusnaturalista (aunque, ciertamente, un tanto especial) y Dworkin un crítico del positivismo jurídico (considerar a este último como un iusnaturalista es, en mi opinión, una simplificación y un error), pero nadie parece dudar de que Ihering (el «primer Ihering» y el «segundo Ihering») es un ejemplo claro de positivista jurídico. Pues bien, para (el segundo) Ihering el Derecho es una idea de fin y, por ello, aunque él resaltara la importancia de las normas y de la coacción, esos elementos constituirían más bien la «forma externa» del Derecho, que solo adquiere sentido unida a lo que él identificó como el contenido, el fin, del Derecho: asegurar las condiciones de vida de la sociedad. De ahí su definición «exhaustiva» del Derecho: «El Derecho es el conjunto de las condiciones de vida de la sociedad en el sentido más amplio de la palabra, asegurado mediante la coacción externa por el poder público» (Ihering 1961, I, 364). Y esa idea del Derecho de Ihering, si a la misma se le añade la noción de valor (o sea, de fines indisponibles, últimos), es la que hoy sostienen los autores postpositivistas: el Derecho no consiste solo en un conjunto de normas, sino que es también (fundamentalmente) una práctica social con la que se trata de lograr ciertos fines y valores.

3. UNA CONCEPCIÓN DE LA FILOSOFÍA DEL DERECHO

Asumir una u otra idea del Derecho lleva a plantearse de manera distinta los problemas de la filosofía del Derecho y la propia filosofía del Derecho. Así, en relación con esto último, Guastini entiende que la filosofía *analítica* del Derecho (el tipo de iusfilosofía que él defiende) se basa en dos presupuestos: uno metafilosófico y otro ontológico-jurídico. El primer presupuesto es este: la filosofía no es una forma peculiar de conocimiento del mundo, sino que consiste, simplemente, en el análisis lógico del lenguaje; la filosofía no es, por tanto, una teoría, sino una actividad. Y el segundo presupuesto, como ya hemos visto, implica considerar que el Derecho no es más que un tipo particular de lenguaje. Y de esas dos premisas se sigue que «la filosofía analítica del Derecho positivo no es otra cosa que el análisis lógico del lenguaje jurídico» (Guastini 2016b, 3). Ahora bien, como Guastini entiende que el lenguaje del Derecho es tanto el lenguaje del legislador (en el sentido amplio que antes veíamos) como el de los operadores jurídicos (el de la dogmática jurídica —o Jurisprudencia—, o el de los jueces), él distingue a su vez dos maneras de practicar la filosofía analítica del Derecho positivo: la filosofía del Derecho como laboratorio conceptual, o sea, como construcción de conceptos, cuando se refiere al lenguaje del legislador; y la filosofía del Derecho como metajurisprudencia, como análisis del lenguaje de la Jurisprudencia, cuando se refiere al discurso de los juristas académicos y de los jueces. Por lo demás, en ambos casos, las «herramientas» que necesita usar el filósofo del Derecho analítico serían básicamente las mismas y se traducirían en el dominio de algunas nociones de lógica y en el manejo de una serie de distinciones; Guastini se refiere aquí (Guastini 2016a, 38-39[1]) a cosas tales como la distinción entre proposiciones empíricas y analíticas, entre proposiciones descriptivas y prescriptivas, entre motivos y razones, o entre diversos tipos de actos de lenguaje. De lo que parece seguirse que él no piensa que el filósofo del Derecho haya de poseer también (al menos, no sería una condición necesaria para desarrollar ese tipo de análisis) un

1. Hay que aclarar que aunque la obra citada como Guastini 2016b es básicamente una traducción de Guastini 2016a, sin embargo, en la primera no aparece el apartado en el que Guastini se refiere a la «caja de herramientas» de la iusfilosofía analítica.

conocimiento sobre el saber social referido al Derecho o sobre la filosofía moral y política.

Esa manera de entender el oficio iusfilosófico va unida, por lo demás, a otra característica de su forma de plantear las cosas que puede parecer sorprendente. Me refiero a que, a pesar de que Guastini subraye que la filosofía del Derecho es una filosofía del «Derecho positivo», sin embargo, la que él defiende parece tener una conexión bastante débil con el Derecho positivo. La filosofía del Derecho entendida como laboratorio conceptual, porque él la concibe como una empresa puramente conceptual que no pretende modelar el Derecho (como hacen los juristas al interpretar textos normativos), sino modelar conceptos (mediante definiciones estipulativas o redefiniciones); el objeto de estudio son, pues, los conceptos jurídicos, no el Derecho. Y la filosofía del Derecho como metajurisprudencia, porque su objeto de análisis, como antes señalaba, es el lenguaje de la Jurisprudencia (del razonamiento y de las operaciones prácticas llevadas a cabo por los juristas académicos y por los jueces), de manera que el lenguaje de la filosofía del Derecho sería aquí —como él dice— un lenguaje de «tercer orden» (en relación con el lenguaje del legislador). Ahora bien, como para Guastini las «interpretaciones» y «construcciones» que de los textos normativos efectúan los jueces y los estudiosos del Derecho forman parte del Derecho vigente, podría pensarse que, de esta forma, la filosofía del Derecho como metajurisprudencia sí que está estrechamente vinculada con el Derecho positivo (entendido como Derecho vigente). Solo que yo no veo que tenga mucho sentido considerar que el Derecho vigente (lo que Guastini entiende por tal) pueda reducirse a un fenómeno lingüístico[2]. Quizás no esté de más recordar aquí que Oliver W. Holmes (un claro precursor de Guastini) entendía el Derecho como las predicciones de lo que los jueces *harán*, no de lo que *dirán* o *escribirán* en el futuro, esto es, en lo que estaba pensando el estadounidense no era tanto en el lenguaje de los jueces como en las consecuencias prácticas que las decisiones judiciales tenían para la vida y los intereses de la gente; razón por la cual, como se recordará, el famoso juez tendía a limitar el papel de la lógica en la comprensión y el manejo del Derecho, y a incrementar el de la sociología o el de la economía (Holmes 1975): que es otra forma de decir que la filosofía del Derecho no puede verse exclusivamente como análisis del lenguaje.

2. Es posible que aquí haya un cierto «desajuste» en el planteamiento de Guastini, en el sentido de que las dos formas de concebir la filosofía del Derecho parecen estar conectadas únicamente a los dos primeros sentidos de Derecho, mientras que en relación con la ciencia del Derecho, como luego veremos, habla de tres tareas o funciones, referidas, cada una de ellas, a uno de los sentidos de Derecho (incluyendo, pues, el Derecho vigente).

Pues bien, yo creo que ese alejamiento de la filosofía del Derecho en relación con la idea más compleja del Derecho como práctica social limita de manera considerable el interés del análisis conceptual que pueda llevarse a cabo desde esos planteamientos: me refiero a los planteamientos típicamente «genoveses». Ayer tuvimos un ejemplo de ello en la discusión a propósito de las normas de competencia, en la que participaron varios seguidores de esa concepción de la filosofía del Derecho y que se pareció mucho a las disputas de los seguidores de la Jurisprudencia de conceptos (de las que se burlaba Ihering en el escrito que tituló «En el cielo de los conceptos jurídicos»). O sea, todo un ejemplo de falso problema que —yo creo— podría replantearse en términos más fructíferos si, en lugar de empeñarse en buscar una respuesta a la pregunta de ¿qué tipo de normas son las normas de competencia?, la discusión se hubiese centrado en (o completado con) la contestación a esta otra (o estas otras): ¿por qué necesita la práctica jurídica contar con ese tipo de norma?; ¿qué finalidad práctica cumplen las normas de competencia?; ¿qué funciones se satisfacen al establecer autoridades, al configurar poderes públicos y privados?; etcétera.

En definitiva, me parece que el «realismo» jurídico genovés es una concepción bastante menos realista de lo que sus promotores y defensores parecen pensar. Y esa falta de realismo tiene mucho que ver, en mi opinión, con el empeño por considerar al Derecho (únicamente) como un conjunto de normas, como un fenómeno puramente lingüístico, y no (también y sobre todo) como una práctica social, o sea, como una actividad, una empresa, un complejo artefacto social conformado por un conglomerado de medios, de fines y de valores. Cuando se adopta esta segunda perspectiva, resulta obvio, en mi opinión, que el análisis del lenguaje y de los conceptos jurídicos, aun siendo un componente importante —imprescindible— de la filosofía del Derecho, no es todo lo que la práctica colectiva en que consiste el Derecho demanda a los que participan en ella a título de «filósofos del Derecho». O si se quiere decirlo de otra manera (de una forma *pragmatista*: el pragmatismo es el tipo de filosofía que subyace a la obra del realista Holmes): el análisis conceptual no puede ser un fin en sí mismo, sino que debería verse como un medio para hacer avanzar la práctica social en la que consiste el Derecho.

4. DERECHO Y MORAL

El carácter (conscientemente) limitado de la idea de Derecho defendida por Guastini se pone también de manifiesto en su manera de abordar uno de los temas más clásicos de la filosofía del Derecho: el de la relación entre el Derecho y la moral.

Su planteamiento es muy simple (*vid.* Guastini 2011, 19-24). Tanto el Derecho como la moral son (o pueden verse como) conjuntos de normas, pero las normas jurídicas (un ordenamiento jurídico) tienen dos rasgos distintivos de los que carecen las normas morales: disciplinan el uso de la fuerza física, y disciplinan su propia creación y aplicación. Pues bien, vistas así las cosas, entre el Derecho y la moral no habría una relación conceptual o necesaria, puesto que las normas jurídicas pueden ser injustas (como sostiene el positivismo jurídico), de manera que la nota de justicia o injusticia no pertenece a la definición de Derecho (de Derecho objetivo); sino que las relaciones que pueden observarse entre el Derecho y la moral serían solo de carácter factual y contingente: el contenido del Derecho depende (en mayor o menor medida) de la moral, y el Derecho puede también influir en la moral.

Y, de nuevo, lo que cabe achacar a ese planteamiento no es que haga o que lleve a afirmaciones falsas, sino que lo que dice sobre el tema, aun siendo relevante, deja fuera aspectos esenciales del mismo, que solo pueden ser tomados en consideración cuando se parte de la otra idea del Derecho: el Derecho visto como una práctica social. Una concepción del Derecho esta última —conviene insistir en ello— que, en principio, no parece ser incompatible con el positivismo jurídico, como lo atestiguan las obras de Ihering o, para poner un ejemplo muy próximo al propio Guastini, la de Mario Jori. Este último, en efecto, ha defendido recientemente que el Derecho es una práctica colectiva: «no es algo que conozcamos, sino algo que hacemos, algo en lo que participamos. Metafóricamente, cuando nos ocupamos del Derecho, también para describirlo, no es como contemplar un bloque de mármol, sino como cantar en un coro» (Jori 2016, 12). Jori llega incluso a afirmar que «si se considera el Derecho como una práctica normativa, que sus estructuras de pensamiento no se terminan con el conocimiento sino con la guía de la acción», se puede decir que (el Derecho) «constituye una parte especial de la moral, focalizada sobre la gestión de la coacción organizada» (Jori 2016, 16). Y aunque Jori no parece estar pensando, al afirmar lo anterior, en Ihering (o en Dworkin), sino más bien en un positivismo jurídico como el de Scarpelli, yo creo que su posición está completamente en la línea del «segundo Ihering» y mucho más próxima al postpositivismo contemporáneo que al positivismo genovés.

En todo caso, lo que me parece fundamental destacar aquí es que concebir el Derecho como una práctica social resulta, como es natural, perfectamente compatible con la afirmación de que alguna norma o aspecto de esa práctica puedan ser injustos, si bien con algunos límites: un tipo de práctica que excluyera de manera radical el logro de ciertos objetivos (una mínima previsibilidad de la conducta; ciertos límites al poder arbitrario) no tendría en mi opinión mucho sentido que fuera caracterizada como jurídica lo que, por otro lado, no supone ninguna recaída en la ideología iusnaturalista: simplemente, no me parece que, de acuerdo con nuestras convenciones, resulte esclarecedor hablar de Derecho en un tipo de organización social como la descrita por Orwell en su obra *1984*. Pues una práctica social no puede entenderse desvinculada de la consecución de ciertos objetivos y valores que tienen, por así decirlo, un carácter definicional de la práctica en cuestión. Ahora bien, como los objetivos del Derecho, aunque no sean coincidentes, se solapan con los de la moral, la tesis de la separación tajante (conceptual) entre el Derecho y la moral es más bien un obstáculo para poder entender adecuadamente cada una de esas dos prácticas, que tienen (o pueden tener) entre sí relaciones tanto de antagonismo como de complementariedad. O, dicho de otra manera, para entender esa relación hay que fijarse no solo en las discontinuidades, sino también en las continuidades existentes entre uno y otro fenómeno (esto es lo que hizo también Ihering) y, en particular, en la circunstancia de que la identificación del Derecho (especialmente en el contexto de los Estados constitucionales) o la práctica de la justificación de las decisiones por parte de los órganos aplicadores no puede llevarse a cabo (ni entenderse) sin recurrir a razonamientos de tipo moral.

5. SOBRE LA INTERPRETACIÓN JURÍDICA

Uno de los temas sobre los que más ha escrito Riccardo Guastini, y al que ha hecho contribuciones de importancia, es el de la interpretación jurídica. Hace unos años me ocupé de su concepción al respecto (que comparaba con la de Dworkin: hacía una especie de confrontación entre el modelo analítico y el modelo hermenéutico, pero insistiendo en la posibilidad de complementarlos [Atienza 2010]), y ese es además el tema de la contribución de Isabel Lifante en este homenaje (con cuyos planteamientos coincido), de manera que aquí me voy a limitar a decir algo extremadamente conciso. Y es lo siguiente. Los escritos de Guastini sobre ese tema nos permiten entender la estructura de lo que es un problema de interpretación en sentido estricto: atribuir significado a un texto normativo, el paso de una disposición a una norma; nos permiten también entender que esa operación requiere la utilización de un enunciado interpretativo (una regla semántica), que se justifica recurriendo a una serie de técnicas interpretativas, de argumentos, que, según los casos, permitirán atribuir a la disposición el significado más inmediato (interpretación declarativa) o bien un significado más amplio o más restrictivo (interpretación correctiva); y, en fin, nos facilitan el manejo de una serie de distinciones sin las cuales sería imposible tener una idea clara de lo que supone interpretar en el Derecho. Pero los problemas interpretativos con los que el jurista se enfrenta en su práctica no terminan ahí, sino que ese es más bien su comienzo. Quiero decir, una teoría de la interpretación jurídica que pretenda dar cuenta de ese aspecto de la práctica jurídica (de la actividad interpretativa) y orientar el trabajo del intérprete necesita referirse también a otras cosas: a los criterios de racionalidad práctica (universalidad, coherencia, etc.) que forman parte de esa actividad (puesto que son los que, de hecho, usan los juristas); o a una teoría sustantiva y normativa de la interpretación que permita dar una respuesta a la pregunta de *para qué* se interpreta, esto es, cuáles son los objetivos que pretenden alcanzarse cuando se interpreta un texto. Pero esa no es una tarea que pueda llevarse a cabo si se asume una concepción escéptica de la interpretación, esto es, una teoría que niega precisamente la existencia de criterios objetivos de corrección (pues para Guastini la interpretación es fundamentalmente una cuestión de decisión) y que, en consecuencia, parte de que, si no en todos, al menos en relación con muchas cuestiones jurídicas (de interpretación) no existe una única respuesta correcta. De manera que el haberse limitado a mostrarnos los aspectos descriptivos y de racionalidad instrumental (el empleo de qué técnica argumentativa permite llegar a qué resultado), es otra de las (en mi opinión, lamentables) consecuencias de haber adoptado la idea de Derecho a la que antes me he referido.

6. CÓMO ENTENDER LA CIENCIA JURÍDICA

Estrechamente vinculado con el problema de la interpretación está el de la ciencia jurídica. También aquí, el punto de partida de Guastini, su idea del Derecho, le lleva a plantear el problema del conocimiento jurídico de una manera que a mí me parece poco satisfactoria. Explico por qué.

Para un realista como Guastini, la ciencia (el conocimiento científico) no puede consistir en otra cosa que en una serie de enunciados descriptivos de alguna realidad (y que pueden ser usados para explicar o predecir), pero no puede haber ciencia (conocimiento racional) que consista en prescribir o en valorar. Guastini está aquí del lado de Kelsen o de Ross: la noción de «razón práctica» es un oxímoron: si es razón, no es práctica, y si es práctica, no es razón. Ahora bien, es obvio que lo que normalmente se llama «ciencia del Derecho» o «dogmática jurídica» es una actividad que no consiste únicamente en describir; los enunciados interpretativos en sentido estricto y los constructivos (por «construcción» entiende Guastini operaciones como la de ponderar, o la de formular «normas implícitas» —lo que supone ir más allá de *in-*

terpretar un texto—) que formulan los dogmáticos y los jueces tienen, como hemos visto, fundamentalmente, un carácter decisional y forman además parte del Derecho (no del Derecho como conjunto de textos normativos, pero sí del Derecho en los otros dos sentidos). De manera que Guastini se ve abocado (como le había ocurrido también a Kelsen, a Ross y a los realistas en general) a lo que Bobbio famosamente denominó una «duplicación» de los saberes jurídicos: o sea, por un lado tendríamos la dogmática jurídica tal y como de hecho se practica (a lo que Guastini llama «doctrina jurídica») y, por otro lado, la «verdadera ciencia del Derecho», la ciencia jurídica realista, que tiene que estar conformada exclusivamente por enunciados descriptivos.

Pero ese planteamiento presenta, en mi opinión, diversos inconvenientes. Yo diría que es poco realista, no demasiado interesante y probablemente inconsistente.

Cuando digo que es poco realista quiero decir algo obvio, aunque quizás no banal. O sea, la verdadera ciencia del Derecho —de acuerdo con una visión «realista»— no sería lo que de hecho hacen los «científicos» del Derecho, sino que consistiría en un tipo de actividad que se aleja mucho de aquello en lo que «realmente» consiste la práctica dogmática. Ahora bien (y aquí viene el aspecto no banal), ¿a qué se debe esa situación, esa distancia? ¿A que la dogmática jurídica, tal y como se practica, no cumple ninguna función relevante? ¿O más bien a que, para cumplir las funciones relevantes vinculadas a la dogmática, lo que se requiere no es el modelo de saber jurídico que propone el realismo jurídico genovés? En definitiva, ¿no hay algo insatisfactorio (sospechoso) en construir una teoría de la ciencia jurídica (una meta-jurisprudencia) en términos esencialmente prescriptivos? ¿No será que, una vez más, se ha perdido de vista el tipo de práctica social en que consisten tanto el Derecho como la dogmática jurídica?

Yo creo que sí, y que esa es la razón de que el modelo realista de ciencia jurídica resulte, en mi opinión, no demasiado interesante, por su carácter limitado. Guastini, utilizando de nuevo los tres sentidos en los que habla de Derecho, parece asignar a su «ciencia realista» tres tareas. La primera consiste en llevar a cabo una «interpretación cognitiva» de los textos, o sea, construir enunciados del tipo de: «La disposición D puede expresar la norma N1 o la norma N2». La segunda sería de «Metajurisprudencia descriptiva», o sea, de «descripción o reconstrucción de las corrientes (interpretativas o reconstructivas respectivamente) presentes en la cultura jurídica (en la doctrina y en la jurisprudencia» (Guastini 2014, 112). Y la tercera, finalmente, sería la de «descripción del derecho vigente», o sea (hacia el pasado), dar cuenta de cuáles son las normas realmente aplicadas, o bien (precisa Guastini: «donde no haya tales normas vigentes»), «hacerse eco de los desacuerdos, de las áreas de incertidumbre, etc.» (Guastini 2014, 113); y (en relación con el futuro) efectuar «previsiones sobre la futura aplicación de las normas» (Guastini 2014, 114). Pues bien, la primera tarea, como el mismo Guastini reconoce, supone una contribución más bien «modesta», y las otras dos tienen una mayor enjundia, pero una y otras dejan fuera lo que, yo diría, resulta central en el contexto de una actividad práctica como es el Derecho: sugerir criterios que puedan orientar a los operadores jurídicos, o sea, criterios sobre cómo debe interpretarse, aplicarse y producirse el Derecho[3]. Una vez más, esto es algo en lo que no puede entrar el «científico del Derecho realista» (sería función de la «doctrina jurídica»), pero el precio que tiene que pagar por ello es, me parece, muy alto. Es algo así como si alguien propusiera una «verdadera ciencia médica» que, sin embargo, tuviera que renunciar en gran medida al objetivo de curar.

Y si tengo dudas en cuanto al grado de consistencia de la propuesta de Guastini, ello se debe a que él mismo no parece estar tan dispuesto a seguir las recetas que prescribe. O sea, yo no creo que Guastini piense que sea una buena cosa que los juristas académicos, los dogmáticos del Derecho, dejen de hacer «doctrina», para pasar a elaborar esa «ciencia jurídica realista» que nos propone; de hecho, hace algunos años llamé la atención sobre alguno de sus trabajos de dogmática que, obviamente, no seguían ese modelo descriptivo (la alternativa parece clara: o seguir el modelo, o tratar un problema jurídico de manera relevante). Y no parece tampoco que el propio Guastini esté dispuesto, en el fondo, a aceptar que su ciencia jurídica realista pueda reducirse a analizar o a describir algún tipo de lenguaje; las «proposiciones normativas» que describen el Derecho vigente al ser, al menos en parte, «proposiciones sobre futuros contingentes», ya no son —nos dice— «proposiciones sobre normas sino ordinarias proposiciones sobre hechos» (Guastini 2014, 114). Lo cual parecería confirmar que el Derecho vigente consiste en algo más que en textos y en significados de textos; incluye también otro tipo de entidades que no son de carácter «lingüístico». De donde se sigue que la ciencia realista del Derecho no podría consistir simplemente en análisis del lenguaje, sino que tendría que incorporar también el tipo de investigación empírica que solemos asociar a la sociología del Derecho o, en general, a los saberes sociales referidos al Derecho.

3. Expresado quizás de otra manera, Guastini deja fuera de su ciencia jurídica un tipo de enunciado que probablemente sea el más característico (al menos, el más interesante) de los que formulan los juristas académicos: «Aunque la disposición D viene siendo interpretada por los jueces en el sentido N1 (expresa la norma N1), sin embargo, su verdadero (o correcto) sentido es N2». Y, si ese tipo de enunciado no puede formar parte de la *verdadera* ciencia del Derecho, entonces eso quiere decir que esa ciencia se ve privada de cualquier función crítica: las decisiones «últimas» de los órganos aplicadores no se pueden discutir (en el contexto de esa ciencia).

7. SOBRE LOS DERECHOS FUNDAMENTALES

Y paso ahora al último ejemplo que quería poner para mostrar las insuficiencias que, en mi opinión, resultan de haber adoptado la idea normativista del Derecho. Se trata del concepto que Guastini propone de derechos fundamentales.

De nuevo, su análisis es claro y preciso pero —yo creo— insuficiente para comprender a cabalidad ese concepto. Para él, los derechos subjetivos son situaciones jurídicas subjetivas ventajosas (sitúan a su titular en una posición de ventaja en términos que podríamos llamar «normativos»), y define las situaciones jurídicas de acuerdo con el clásico esquema hohfeldiano: los derechos subjetivos pueden ser pretensiones (*claims*), libertades, poderes o inmunidades, o bien una combinación de esos cuatro tipos de situaciones. Y los derechos fundamentales no serían otra cosa que «derechos conferidos por la Constitución» (Guastini 2011, 100).

Ahora bien, esa caracterización de los derechos fundamentales en términos puramente normativos no resulta, en mi opinión, plenamente satisfactoria, porque deja fuera la noción de valor o de bien, que es la razón por la cual se articula una estructura normativa que sitúa a un sujeto en una posición de ventaja. Precisamente, resaltar ese componente de valor es algo que está muy presente en la elaboración de la noción de derechos fundamentales por parte de muchos iusfilósofos analíticos desde los años setenta del siglo XX (empezando por MacCormick), entre los cuales se encuentran iuspositivistas como Laporta o, por poner un ejemplo de alguien muy próximo a Guastini, Bruno Celano (*vid. supra*, cap. 2); pero, si bien se mira, es la misma noción de derecho subjetivo de Ihering, «un interés jurídicamente protegido»: cuando el «interés» se sustituye por «valor fundamental» o «valor constitucionalmente reconocido» tendríamos los derechos fundamentales. Así, por ejemplo, para Celano, los derechos fundamentales no son normas, ni tampoco consisten en una relación o un conjunto de relaciones entre dos o más sujetos establecidas por normas; los derechos serían más bien valores, bienes o razones que sirven de fundamento para crear una red de relaciones normativas dirigida a proteger esos valores (Celano 2013). Y esa forma de entender los derechos fundamentales, de nuevo, presupone una concepción no puramente normativista del Derecho. Su presupuesto es que el Derecho no puede entenderse adecuadamente si, a la vertiente normativa, a su consideración como un conjunto de normas, no le añadimos una dimensión valorativa, esto es, no lo consideramos como una práctica social con la que se tratan de alcanzar ciertos fines y de satisfacer ciertos valores.

A manera de excurso diré que el olvido de esta última dimensión es también lo que explica la manera como Guastini (2011, 102 ss.) resuelve el problema que parecería plantear a su concepción (de los derechos subjetivos, en general) la presencia de «situaciones jurídicas» (señaladas por la doctrina administrativista italiana) a las que se suele denominar «intereses legítimos» y que caerían fuera de las cuatro que tiene en cuenta Guastini. También aquí, Guastini tiene razón en que las dos situaciones incluidas en la categoría de «interés legítimo» (el «interés ocasionalmente protegido» y el «derecho debilitado») pueden caracterizarse como «situaciones jurídicas complejas», a partir de las cuatro categorías hohfeldianas antes mencionadas. Pero creo que su análisis hubiese sido más claro y satisfactorio si hubiese partido de la noción de Ihering, reformulada en términos que, yo creo, deben calificarse como «postpositivistas», y hubiese mostrado la dualidad que contiene la noción de derecho subjetivo: el interés o valor a proteger, y el mecanismo normativo para hacerlo.

8. CONCLUSIÓN

He dicho antes, y lo repito ahora, que nunca he leído un escrito de Guastini que me haya dejado indiferente o, más exactamente, que no me haya producido la sensación de haber aprendido algo importante. Pero con Riccardo Guastini y su obra iusfilosófica a mí me pasa algo parecido (descontada la ironía) a lo que señalaba un político italiano cuando se le pidió su opinión en relación con la unificación alemana: «Me gusta tanto Alemania, que prefiero que haya dos». Pues bien, a mí me gusta tanto la producción iusfilosófica guastiniana, que me gustaría que hubiese más de un Guastini; exactamente (por razones de realismo bien entendido), tres: el Guastini marxista-analítico, el Guastini positivista-analítico y el Guastini postpositivista-analítico.

Y como forma de incentivarle para que dé el paso de «el segundo Guastini» a «el tercer Guastini», se me ocurre que se le podría invitar a que revisase su idea del Derecho (como conjunto de normas) y la confrontase con la del postpositivismo (como práctica social). Me atrevo además a adelantar algunas razones que quizás pudiera aducir un partidario del positivismo analítico genovés para mantener aquel paradigma, pero que, en mi opinión, no pueden considerarse como buenas razones. No lo es la apelación a la libertad metodológica, entendida en el sentido de que cada uno —cada iusfilósofo— decide libremente cuál es su concepción del Derecho y de la filosofía del Derecho con independencia de que esa pueda ser considerada o no como la mejor; ya antes señalé que al pensar así se incurriría en una contradicción performativa, y añado ahora que, en todo caso, el realismo jurídico bien entendido es incompatible con una concepción «frívola» de la teoría del Derecho, esto es, con entender esa actividad simplemente como un juego intelectual. Tampoco es una razón aceptable reivindicar la importancia del método analítico y de la claridad conceptual, simplemente porque esas son características —virtudes— exigibles a cualquier tipo de iusfilosofía y que, en consecuencia, no cabe poner en cuestión; lo que sí sería cuestionable es la actitud de considerar el análisis conceptual como un fin en sí mismo, o evaluar la calidad de una teoría considerando que la claridad es el único o el más importante criterio, haciendo como el borracho del chiste que buscaba la llave que había perdido en la parte de la calle iluminada por la farola, no porque sospechara que pudiera estar ahí, sino porque ahí era donde mejor se veía. O, en fin, tampoco resulta aceptable propugnar la necesidad de separar la teoría del Derecho de la sociología del Derecho, de manera que la primera se ocuparía del Derecho como conjunto de normas (y su método sería el análisis del lenguaje), mientras que el objeto de la segunda sería el Derecho como realidad social (y su método de estudio incluiría, entre otras cosas, el recurso a investigaciones empíricas); creo que esa «ideología de la separación» choca claramente con el realismo jurídico (por algo los grandes autores realistas, como Ross o como Llewellyn, defendieron un modelo «integrado» de ciencia jurídica), y, sobre todo, impide dar cuenta adecuadamente de (muchos de) los problemas característicos de la filosofía del Derecho (recuérdese lo que antes se dijo sobre las relaciones entre el Derecho y la moral).

Y como la propuesta de «tres Guastinis» no tiene por qué ser incompatible con reconocer cierta continuidad entre todos ellos, el hilo analítico que entrelaza a los tres podría reforzarse con algo de pragmatismo que —dadas las circunstancias— bien podría recoger también un eco vagamente marxista. En definitiva, mi propuesta de adaptación de la undécima tesis marxiana sobre Feuerbach aplicada a la escuela genovesa de filosofía del Derecho diría así:

«Guastini y, en general, los iusfilósofos analíticos genoveses se han limitado a interpretar (analizar y describir) el Derecho de diversas maneras; pero de lo que se trata es de analizarlo y describirlo para transformarlo y transformar así la sociedad».

4

COMENTARIO A UN LIBRO SINGULAR. A PROPÓSITO DE *VISIÓN LÓGICA DEL DERECHO* DE LORENZO PEÑA*

1. POR QUÉ ES SINGULAR

Visión lógica del Derecho. Una defensa del racionalismo jurídico es un libro singular, y lo es por una diversidad de razones.

Lo es, desde luego, por lo que se refiere a su contenido. Lorenzo Peña defiende aquí un tipo de iusnaturalismo (él lo escribe con «j»: *jusnaturalismo*) que dice situarse en la tradición de Tomás de Aquino, Vitoria, Leibniz o Wolff (p. 22) y que se diferencia mucho de la concepción iusnaturalista que hoy cuenta con más seguidores y que tiene a John Finnis como principal referencia. Peña no escatima elogios a este último autor, y al que considera como verdadero iniciador de ese tipo de concepción, Germain Grisez, pero su versión de iusnaturalismo se alinearía más bien con la de autores críticos de los dos anteriores (pero también tomistas y pertenecientes al mundo angloamericano) como Russell Bittinger, Ralph Mcinerny, Henry Veatch y Anthonny Lisska (pp. 51-52, nota). Se trata de un iusnaturalismo, el de Peña, que nada tiene que ver con la teología, pero que no se basa tampoco en la razón, en el sentido de que para él la razón es una facultad que nos permite efectuar inferencias (o descubrir los principios del Derecho natural), pero la «naturaleza» a la que nuestro autor apela se identifica más bien con la animalidad (no con la racionalidad) de los seres humanos (*vid.* 243, nota); exactamente, con la socialidad (el vivir en sociedad), que es un rasgo que los humanos comparten con otras especies animales, como las hormigas o los elefantes. Y lo que parece ser esencial, lo más esencial, en esas especies animales es el imperativo del bien común y la necesidad de una au-

* Este capítulo ha sido publicado en *Eunomia* n.º 15, octubre de 2018-marzo de 2019.

toridad que vele por él y lo regule. Su concepción iusnaturalista se remontaría, pues, en último término, a los juristas romanos, a Ulpiano, quien, como se sabe, definió el Derecho natural como «lo que la naturaleza ha enseñado a todos los animales». Peña no suscribe del todo esa formulación[1], pero nos invita a aceptar que se pueda hablar de Derecho en relación con «sociedades de elefantes, macacos, gibones, delfines, bonobos, gorilas, equídeos, pingüinos, cuervos, etc.» (p. 58).

Es singular también en cuanto a su forma expositiva. El libro de Lorenzo Peña sigue el modelo de la *disputatio* medieval, lo que quiere decir que, después de exponer sus tesis, formula una serie de objeciones, de dificultades, que podrían ponerse a estas (y que, de hecho, por lo menos en algunos casos, se le han puesto), acompañadas de las correspondientes soluciones; un método cabalmente dialéctico que hoy podríamos considerar una rareza pero que, sin duda, resulta particularmente efectivo. Además, el libro está escrito (como toda la obra de Lorenzo Peña) en un cuidado y expresivo castellano y con un estilo intencionadamente arcaizante.

Y, en fin, resulta igualmente singular que el autor del libro comenzara siendo un filósofo a secas (conocido sobre todo por sus estudios de lógica, por haber elaborado una lógica gradualista y paraconsistente a la que denominó «lógica transitiva») para convertirse luego, en su etapa de madurez, en un entusiasta y prolífico filósofo del Derecho. Ese «reconocimiento» del valor no solo práctico sino también teórico del Derecho contrasta vivamente con la actitud de menosprecio e ignorancia hacia la cultura jurídica que, en mi opinión, es un rasgo bastante común entre los filósofos españoles.

Todo lo anterior (y quizás alguna otra circunstancia) produce en el lector una impresión de extrañeza y de dificultad a la hora de enfrentarse con el libro y de hacerse un juicio de conjunto sobre él; la academia, dígase lo que se diga, no promueve (yo diría que cada vez menos) la verdadera innovación, el ir contra corriente. Lorenzo Peña es agudamente consciente de ello, pero es obvio que ha escrito su libro con entera prescindencia de las modas intelectuales que rigen hoy en nuestras universidades, incluidos los departamentos de Filosofía del Derecho. El resultado de su esfuerzo, en todo caso, es una obra de gran valor y que, inevitablemente, rompe con los esquemas que solemos manejar para caracterizar una determinada concepción del Derecho como la que él nos presenta. Como antes he dicho, el autor se califica a sí mismo de «jusnaturalista», pero lo hace no sin algunos titubeos (por eso en ocasio-

1. Se aparta del jurista romano en estos dos extremos: el primero es que Ulpiano no tiene en cuenta el bien común; y el segundo (vinculado al anterior) es que solo se fija «en pautas de comportamiento 'naturales'» (pp. 62-63).

nes utiliza otras expresiones como «esencialismo jurídico» o «racionalismo jurídico»); aunque de lo que sí parece estar bien seguro es de que su concepción del Derecho es frontalmente no positivista, sin encajar tampoco dentro de lo que hoy se suele denominar «postpositivismo». Mi opinión, sin embargo, es que se trata de una concepción del Derecho que asume, en efecto, un rasgo que bien puede atribuirse al iusnaturalismo: el esencialismo; pero que, al mismo tiempo, acepta lo que yo considero el elemento más conspicuo del positivismo jurídico: la ideología de la separación y, en particular, la tesis de la separación entre el Derecho y la moral; y que tendencialmente habría que considerar como postpositivista. En lo que sigue, voy a tratar de desarrollar brevemente esos tres aspectos que caracterizan el pensamiento de Peña, para formular luego algunos comentarios (más bien críticos) al conjunto de la obra.

2. UNA DEFENSA DEL ESENCIALISMO JURÍDICO

Lorenzo Peña califica muchas veces su concepción del Derecho de «esencialista», y aunque esta expresión podría entenderse de diversas maneras, lo que él parece querer expresar con ello —si yo le he entendido bien— es lo siguiente: no simplemente que existan ciertas propiedades o rasgos que caracterizan a lo jurídico de manera necesaria; si así fuera, también habría que considerar como esencialista la concepción de Kelsen (sin normatividad y sin coactividad no habría Derecho) o la de Hart (para que exista Derecho —o un sistema jurídico evolucionado— se necesita contar con dos tipos de normas: primarias y secundarias); y, en fin, la tradición —más bien positivista— de lo que suele considerarse como conceptos básicos del Derecho también podría calificarse así, puesto que se trata de analizar aquellas nociones —esenciales— presentes en cualquier sistema jurídico. Sino que el esencialismo de Peña supone algo más, a saber, que el rasgo verdaderamente necesario —esencial— del Derecho no radica en la existencia de entidades (sean estas o no normas) creadas por seres humanos, sino en algo ajeno a la voluntad humana y que vendría dado por la «naturaleza», entendida esta expresión en el sentido antes señalado; o sea, la esencia del Derecho sería la de «constituir una ordenación de la vida de los miembros de una sociedad en tanto en cuanto afecte a la convivencia y con un propósito no contingente, inmutable, indeclinable, que es el bien común» (p. 436).

Ese concepto de Derecho no satisface, por lo tanto, lo que suele considerarse como una de las tesis fundamentales del positivismo jurídico: la llamada tesis de las fuentes sociales del Derecho o del carácter convencional del mismo: el Derecho es un producto de la voluntad de los seres humanos y, en ese sentido, no se le puede atribuir un carácter necesario, sino contingente, pues los sistemas jurídicos podrían ser distintos a como son. Para Lorenzo Peña (que asume aquí la definición de iusnaturalismo de Max Weber), hay normas que forman parte del Derecho, que valen, no «por provenir de un legislador legítimo, sino en virtud de cualidades puramente inmanentes» (p. 25). Su concepción del Derecho es, por tanto, dualista; el Derecho no es solo el Derecho positivo, el Derecho puesto. Y, en tal sentido, entronca con toda la tradición iusnaturalista, empezando por la invocación de la Antígona de Sófocles (para desobedecer lo ordenado por Creonte) a las normas que se sitúan por encima de las de origen humano y que «no son de hoy ni de ayer, sino que siempre han estado en vigor y nadie sabe cuándo aparecieron».

Según Peña, ese contenido esencial de Derecho natural viene dado fundamentalmente por la «lógica nomológica», por sus axiomas y sus reglas de inferencia, que están presentes en cualquier ordenamiento jurídico, esto es, valen en todos los sistemas jurídicos y tienen incluso un carácter eterno, puesto que son verdades necesarias. Para dar una idea a quien no haya leído la obra. Las reglas de inferencia son estas dos: la regla de equivalencia que «nos habilita a afectar por el mismo operador deóntico dos hechos que sean necesariamente equivalentes entre sí»; y la regla de presunción de libertad: «mientras no se demuestre la prohibición de una conducta, hay que presumir su licitud» (p. 99). Y entre los axiomas cabe citar: el principio de colicitud: lo que es lícito de manera singular, lo es también de manera conjunta (p. 100); una de las modalidades del principio de la consecuencia jurídica o del *modus ponens* deóntico: «si es obligatorio que solo se realice A en la medida en que suceda B, entonces solo es lícito A en tanto en cuanto suceda B» (p. 104); el principio deóntico de subalternación preceptiva: «es preceptivo que, en la medida en que una conducta sea obligatoria, sea lícita» (p. 111); el principio de permisividad: «solo son obligatorias aquellas conductas que sean permisiblemente obligatorias» y «son lícitas aquellas conductas que sean permisiblemente lícitas» (pp. 111-112); el principio de no impedimento o de no vulneración: «en la medida en que una conducta sea lícita, está prohibido impedirla» (pp. 115-116); el principio de la causa lícita: «los efectos causales de conductas lícitas son lícitos» (p. 118); y el fundamental principio del bien común o de la obligatoriedad del bien común (la «clave de bóveda del sistema»), que puede enunciarse de diversos modos, uno de los cuales es este: «es obligatorio que nada suceda salvo en tanto en cuanto se preserve el bien común» (p. 123).

Cualquier lector de este comentario se habrá dado cuenta de que lo anterior guarda cierto parecido con lo que Hart entendió por «contenido mínimo de Derecho natural» si bien, como sabemos, Hart no pretendía que sus principios tuvieran un carácter necesario (había que suponer su existencia solo si se pensaba en un orden jurídico con alguna permanencia en el tiempo y mientras los seres humanos poseyeran ciertos rasgos de carácter biológico o psicológico) y los principios poseían, por así decirlo, un mayor contenido empírico que los de Peña. Pero seguramente sean menos los lectores que vinculen los principios lógicos de Peña con una de las obras de García Máynez, de 1953, *Ontología formal del Derecho y su expresión simbólica*, y que podríamos considerar como precursora de esa lógica nomológica. El iusfilósofo mexicano atribuyó a sus principios un carácter puramente formal (no hay en su elenco nada parecido al principio del bien común), pero algunos de ellos vienen incluso a coincidir con los de Peña, y creo que ninguno resulta incompatible con los del iusfilósofo español[2].

Por lo demás, en la concepción de Lorenzo Peña (y para entender bien su esencialismo jurídico o iusnaturalismo) es fundamental la distinción que traza entre la esencia y la existencia del Derecho, por un lado, y lo que llama iusnaturalismo «sustractivo» y «aditivo», por el otro.

En relación con lo primero, Peña considera que el Derecho es racional en su esencia (en su función de promover el bien común), pero la esencia puede entrar en contradicción con los ordenamientos jurídicos «realmente existentes»: «en el derecho positivo, esa racionalidad funcional y esencial está a menudo desnaturalizada, alienada, viciada por normas contrarias a la propia esencia del derecho; de ahí la necesidad de reconciliar la existencia del derecho con su esencia» (p. 43). Ahora bien, para llevar a cabo esa reconciliación, Peña distingue dos vías, que serán las del iusnaturalismo sustractivo y el iusnaturalismo aditivo, a las que cabe añadir una más, una combinación de las dos anteriores:

> Mi jusnaturalismo es principalmente aditivo, no sustractivo. Es aditivo aquel jusnaturalismo que adiciona a las normas del derecho positivo una norma no promulgada (en mi caso, el imperativo del bien común). Es sustractivo el jusnaturalismo que sustrae de las normas de derecho positivo aquellas que no se ajusten a cierto canon (que podría ser el del bien común). Es mixto aquel jusnaturalismo que es, a la vez, aditivo y sustractivo (pp. 64-65).

2. Pueden sintetizarse así: quien tiene un deber tiene el derecho de cumplirlo; lo que siendo derecho es al propio tiempo deber puede jurídicamente hacerse, pero no omitirse; no todo lo que es derecho es al propio tiempo deber; lo que siendo derecho no es al propio tiempo deber, puede libremente hacerse u omitirse; ninguna conducta puede hallarse, al mismo tiempo, prohibida y permitida; todo lo que no está prohibido está permitido; todo lo que está jurídicamente ordenado, está jurídicamente permitido; no todo lo que está jurídicamente permitido está jurídicamente ordenado; lo que estando jurídicamente permitido no está jurídicamente ordenado, puede libremente hacerse u omitirse; todo derecho que no se agota en la facultad de cumplir un deber propio, puede libremente ejercitarse o no ejercitarse. *Vid.* García Máynez 1953.

Pues bien, el que sea un iusnaturalismo esencialmente aditivo significa que el Derecho (nuestros derechos) para Peña tiene(n) un carácter contradictorio: contiene(n) en sí (siempre, necesariamente) un elemento de racionalidad, de idealidad que, sin embargo, no siempre estará plasmado (o no del todo) en las normas establecidas por la autoridad. Ese Derecho natural —nos dice— que agrega a las normas del Derecho positivo las del Derecho natural (y genera —o puede generar— por lo tanto antinomias) «no suprime ni niega la vigencia y validez de la norma positiva jurídicamente defectuosa» sino que, simplemente, «la considera tendencialmente inexequible» (p. 429). De manera que el propósito político (el mensaje normativo dirigido a los juristas) que alienta en todo el libro de Peña, el de contribuir a mejorar el Derecho, viene a plasmarse en estos dos criterios: «en la medida de lo posible, interpretar siempre la norma positiva de manera que sea compatible con la norma suprapositiva»; «dar prevalencia a la norma suprapositiva cuando la conciencia jurídica lo autorice, o sea, cuando exista un consenso suficiente de los operadores jurídicos» (p. 428). A los que hay que agregar un nuevo criterio que se corresponde con el carácter «marginalmente sustractivo» de su iusnaturalismo. O sea, nuestro autor entiende que una norma (o un conjunto de normas) de Derecho positivo carece de validez (el jurista, por lo tanto, no debería tenerlas en cuenta, no tendría que aplicarlas) frente a uno de estos dos casos: 1) «el legislador incurre en una acumulación ilógica de preceptos conculcando así los axiomas de la lógica nomológica» (p. 256); 2) (un caso que Peña considera mucho más importante que el anterior) «el principio del bien común entr[a] en irreconciliable y frontal colisión, no con una norma o con varias, sino con todo el conjunto de prescripciones o con tantas partes sustanciales del mismo que ese conglomerado ya no [es] susceptible —ni siquiera estirando mucho— de interpretarse como un ordenamiento jurídico encaminado a fines de bien común» (p. 257).

3. LA TESIS DE LA SEPARACIÓN ENTRE EL DERECHO Y LA MORAL

Lo señalado en el anterior apartado permite, sin duda, calificar la concepción de Lorenzo Peña de iusnaturalista. Él atribuye en ocasiones a su iusnaturalismo un carácter «cabal y recio» (p. 52) porque (a diferencia de lo que habrían hecho Finnis o Grisez) no acepta que la razón práctica sea simplemente «paralela a la teórica e independiente de ella»; así, Peña no suscribe la tesis (asumida por los anteriores autores y que el español viene a considerar algo así como una concesión al positivismo jurídico) de la imposibilidad de derivar consecuencias axiológicas o normativas a partir de premisas fácticas: «La tesis de la presente obra es que, de la naturaleza misma de las relaciones sociales, emana (o emerge) la existencia de estados de cosas deónticos, ante todo la obligatoriedad de actuar para el bien común [...] eso significa que hay un tránsito válido del *es* al *debe*» (p. 390). Pero, por lo que se refiere a sus consecuencias prácticas, el iusnaturalismo de Peña, como hemos visto, es más bien cauto y moderado: no rechaza la posibilidad de hablar de Derecho injusto (normas que no realizan plenamente la esencia de lo jurídico), pero para él solo el Derecho extraordinariamente injusto (que se apartara completamente del bien común) no sería ya Derecho.

En todo caso, como antes decía, Peña no suscribe la primera de las dos tesis con las que suele caracterizarse el positivismo jurídico (la de las fuentes sociales del Derecho, puesto que él reconoce que hay también un Derecho suprapositivo), y lo que puede resultar extraño es que, sin embargo, sí que acepte (y de manera considerablemente radical) la segunda, la de la separación entre el Derecho y la moral. Así, por poner algún ejemplo de su adhesión a esta tesis, al final de la obra, Peña nos aclara que su concepción: «no funda el derecho en la moral. La esencia del derecho es el conjunto de axiomas, necesariamente verdaderos, del bien común, de exclusión de la arbitrariedad y de trabazón racional entre las normas y los hechos; son imperativos separados de la moral» (p. 439). Y algunas páginas antes, al plantearse la dificultad de si existe o no una moralidad objetiva, puede leerse lo siguiente:

> En conclusión, fue un avance en la concepción moderna del derecho deslindar escrupulosamente el derecho de la moral. El derecho, lo que puede y debe institucionalizarse e imponerse —en última instancia, si es menester, coercitivamente—, ha de ser independiente de las opiniones morales, sean las de un individuo, las de un grupo o incluso las de la masa de la población. Esas opiniones morales a veces pueden venirle bien al derecho y otras veces venirle mal. Mezclar derecho y moral conduce a aberraciones como la de imponer jurídicamente pensar bien y prohibir opiniones o sentimientos moralmente repugnantes (p. 314).

He hablado de extrañeza porque, curiosamente, la manera que tiene Peña de entender la relación entre el Derecho y la moral se asemeja mucho a la de uno de los más reconocidos positivistas jurídicos de los últimos tiempos, Luigi Ferrajoli. O sea, y para decirlo de manera muy concisa, para Ferrajoli (a diferencia de Peña) el Derecho es un fenómeno exclusivamente autoritativo pero, en el contexto del constitucionalismo contemporáneo, las normas provenientes de la autoridad no son solo las de carácter legal (e infralegal), sino también las constitucionales (que vendrían a ser lo equivalente al Derecho natural de Peña; Ferrajoli ha llegado a escribir que en el Derecho del Estado constitucional se produce una reconciliación entre las dos ideas de Derecho de las que son portadores Creonte y Antígona). Y eso hace que los dos iusfilósofos crean poder prescindir de la moral a la hora de identificar y de interpretar el Derecho, en mi opinión, básicamente por las mismas razones. Son estas dos. La primera es que ambos son más bien escépticos en cuanto a la posibilidad de hablar de moral objetiva: como resulta del fragmento que se acaba de reproducir, Peña entiende (al igual que Ferrajoli) que las opiniones morales no valen más allá del ámbito del individuo o del grupo que las emita, y por eso, nunca estaría justificado imponerlas a través del Derecho (pues ello podría significar imponerlas a quien no las acepta). Y la segunda, la más importante, es que los dos favorecen lo que podría denominarse como una actitud de «crítica interna» al Derecho: en el caso de Ferrajoli, la función del jurista (el teórico o el dogmático del Derecho) debería ser la de poner de manifiesto las lagunas dejadas por el legislador (al no desarrollar los derechos fundamentales de la Constitución) o las contradicciones en las que incurre (en relación con la normatividad constitucional); y en el de Peña, como hemos visto, el papel de la Constitución lo desempeñan sus axiomas de la lógica nomológica y, sobre todo, el principio del bien común. En ese sentido, cabría decir que la ventaja que Peña ve en su iusnaturalismo aditivo, la posibilidad de una crítica desde dentro del Derecho («en el interior del terreno de juego» [p. 291]), lo sería en relación con el iusnaturalismo básicamente sustractivo o con cierto tipo de positivismo, pero no con el de un autor como Ferrajoli[3]. Es más, los paralelismos entre Peña y Ferrajoli podrían seguirse incluso más allá de lo que acabo de indicar: así, la distinción a la que antes se hizo referencia entre vigencia y validez, por un lado, y exequibilidad, por el otro, viene a corresponderse con la que Ferrajoli traza entre validez formal y validez sustantiva de las normas[4]; ambos son críticos en relación con el procedimiento de la ponderación tal y como lo presenta Alexy (p. 270) y renuentes al manejo de nocio-

3. «El jurista de orientación jusnaturalista (al menos aquel que haya abrazado una orientación jusnaturalista acorde con el racionalismo nomológico) no formula tal crítica [al Derecho vigente] desde fuera del derecho, en el curso de una actividad ajena, como pensador político o moralista ni nada por el estilo. Realízala a fuer de jurista. Actúa como lo que es: un operador jurídico. La propia docencia e investigación del derecho también forman parte del quehacer jurídico» (p. 70).

4. «Para que una norma jurídico-natural sea exequible (o sea, para que legítimamente sea aplicable por el juez postergando normas positivas) no es menester ni que las normas jurídico-naturales anulen o invaliden a las positivas ni siquiera que posean superioridad jerárquica.

La condición necesaria y suficiente para la exequibilidad judicial de las normas juridiconaturales es que haya prendido la *opinio juris seu necessitatis* a favor de tales normas en la conciencia pública, particularmente en la conciencia de los operadores jurídicos (o de un amplio e influyente sector de los mismos)» (p. 253). Una idea esta última que parece aproximarse mucho a lo que Alf Ross consideraba como una de las fuentes del Derecho: «la tradición de cultura» (*vid.* Ross 1963).

nes valorativas como la de dignidad, que consideran más bien vacías de contenido[5]; los dos autores parecen haber construido una teoría dirigida fundamentalmente al legislador, más que al juez[6]; etcétera.

4. UNA CONCEPCIÓN TENDENCIALMENTE POSTPOSITIVISTA

El parecido entre las concepciones de Peña y de Ferrajoli llega, de todas formas, hasta donde llega. Ambos han construido una concepción dualista del Derecho (el Derecho está integrado por dos componentes: el suprapositivo y el positivo; el constitucional y el legal) y, en ese sentido, ambos se aproximan al postpositivismo. Pero, en mi opinión, la concepción de Peña es más tendencialmente postpositivista que la de Ferrajoli, porque este último está anclado en el positivismo jurídico de manera firme, quiero decir, Ferrajoli solo ve el lado autoritativo del Derecho, mientras que Peña reconoce también plenamente su carácter valorativo, si bien en una forma que, en mi opinión, no resulta completamente satisfactoria. Luego me referiré a esto último, pero antes querría decir algo sobre el postpositivismo de Peña. Y es lo siguiente. Su crítica al postpositivismo y el alejamiento que muestra en su obra en relación con esta concepción del Derecho se debe, en mi opinión, a estas dos razones. La primera es que la noción que maneja de postpositivismo resulta, a mi juicio, inadecuada: el postpositivismo no es lo que él piensa que es. Y la segunda razón es la que ya antes he mencionado: que Peña no ha logrado desprenderse completamente del positivismo jurídico, como lo muestra su tesis de la separación entre el Derecho y la moral.

En diversos momentos de la obra, Peña contrapone su concepción a lo que entiende por «postpositivismo» y hace algunas referencias a dos de sus más conspicuos representantes: Alexy y Dworkin, si bien, de manera un tanto sorprendente, los otros dos grandes nombres de esa corriente (al menos en mi opinión), Nino y MacCormick, están completamente ausentes (como, por otro lado, lo está también Ferrajoli). Y aunque no exista una caracterización muy precisa de lo que sería el postpositivismo según Lorenzo Peña, la idea central que él parece tener al

5. Según Peña, el sentido en el que se emplea «dignidad» en la Declaración Universal de 1948 es «totalmente antikantiano», pero además se trata de un vocablo «de contenido semántico... etéreo y escurridizo» (p. 170). En otra ocasión, habla de «latiguillos posiblemente hueros, como los de autonomía y dignidad humana» (p. 244). Y, en fin, antes que de «dignidad humana», Peña dice preferir «hablar del valor del ser humano» (p. 273, nota).

6. «De todos modos, los principios del derecho natural se dirigen más al legislador que al juez, puesto que la actuación legislativa no es un acto escueto de arbitraria voluntad» (p. 434).

respecto es la de que se trata de un nuevo tipo de positivismo, de un «positivismo afinado» (p. 15):

> Estas [las corrientes llamadas «postpositivistas»], sin renunciar en absoluto a lo esencial del positivismo jurídico (la tesis de que no hay más derecho que el positivo, o sea, de que la única fuente del derecho es la emanación de una autoridad), a la vez que se mantienen firmísimas en cualquier rechazo a todo lo que sea o parezca un retorno al derecho natural, quieren paliar algunos de los inconvenientes del positivismo estricto mediante un recurso a la moral (p. 30).

Bueno, las cosas, en mi opinión, no son así. He escrito algunos trabajos tratando de precisar qué es lo que habría que entender por «postpositivismo» (y por qué esa es una corriente que nada —o muy poco— tiene que ver con lo que se acostumbra a llamar «neoconstitucionalismo»: en mi opinión una expresión esta última absolutamente confundente con la que se pretende designar un concepto, simplemente, mal construido: la denotación y la connotación del mismo van por caminos distintos), pero no voy a entrar aquí en esa cuestión (Atienza 2017a, cap. V). Me limito a señalar que la característica central de esa concepción del Derecho (una característica que se puede formular de diversas maneras) es precisamente la de negar que el Derecho pueda verse exclusivamente como un conjunto de normas emanadas de una autoridad. Para el postpositivismo, el Derecho, fundamentalmente, es una práctica social orientada al logro de ciertos fines y valores. Es una actividad (no un objeto, una cosa) y, por ello, su «esencia», si se quiere utilizar esa expresión, radica en su función. O sea, la misma idea de Derecho defendida por Peña e introducida en el debate jurídico hace aproximadamente un siglo y medio por Rudolf von Ihering, un autor (positivista) también ausente en el libro de Peña, y al que yo considero como el precursor del postpositivismo. Lo que Peña escribe en el capítulo de conclusión de *Visión lógica del derecho*, recapitulando lo que él considera como «la cuestión básica», podría haber sido escrito perfectamente por el alemán (aunque este último hablaba de «las condiciones de vida de la sociedad», en lugar de «el bien común»): «Es la función [el postulado del bien común] sin la cual carece de sentido que haya un ordenamiento. El derecho es esencialmente funcional; igual que les sucede al arte náutico, a la ingeniería, a la medicina, a la arquitectura o al arte bélico» (p. 430).

Y, por lo que se refiere a la separación entre el Derecho y la moral, tampoco me es posible entrar aquí a discutir una cuestión tan compleja, de manera que no tengo más remedio que incurrir en cierto dogmatismo y limitarme a hacer algunas afirmaciones abruptas (que, creo, podrían verse atemperadas con la lectura de mi libro *Filosofía del Derecho y transformación social*, en donde he elaborado con cierto detalle lo que aquí voy a decir). Me limito, pues, a afirmar lo siguiente: la moral, para los postpositivistas, está, por un lado, fuera del Derecho (hay instituciones jurídicas injustas, contrarias a la moral; y hay cuestiones de moral personal que no afectan —no deben afectar— al Derecho[7]), pero también hay una moral interna al Derecho, que forma parte del Derecho, y juega un papel esencial en las tareas de su identificación e interpretación: por eso no se puede separar de manera radical —ni desde el punto de vista del contenido ni desde el metodológico— el Derecho de la moral. La existencia de una *continuidad* entre el Derecho y la moral (puesta en cuestión por Peña: p. 312) es un hecho perfectamente explicable: la moral (la moral pública) es también una práctica social[8], cuyos fines y valores coinciden en parte con los del Derecho: cuando se ve el Derecho como una actividad y no simplemente como un conjunto de normas, se aclara mucho el problema de la separación y de la conexión (que en ambos casos tiene un carácter *necesario*) entre el Derecho y la moral. La existencia, al lado de la moral positiva, de la moral crítica, justificada, es una necesidad para dar cuenta de la práctica del Derecho (por ejemplo, de la práctica de la motivación de sus decisiones por parte de los órganos públicos) y resulta sorprendente que esa objetividad resulte cuestionada por alguien que sí reconoce un valor objetivo (o incluso más que objetivo) al postulado del bien común. Y, en fin, los postpositivistas defienden la unidad de la razón práctica (a la que Peña se opone radicalmente: pp. 332-333), pero no se trata con ello de afirmar que lo correcto (lo bueno) jurídicamente sea equivalente a lo correcto moral o que la corrección jurídica sea un tipo de corrección moral; en mi opinión, como debe entenderse esa tesis es en el sentido de que el razonamiento justificativo de un juez o de un legislador descansa en último término en la moral (aunque la moral, en ocasiones, puede justificar la toma de una decisión no basada en lo que serían «las mejores razones morales consideradas en abstracto»).

5. UN JUICIO DE CONJUNTO

Voy a formular ahora un juicio de conjunto de la obra (apoyándome en buena medida en todo lo anterior) que, para facilitar la discusión, ar-

7. Es por ello un error pensar que la idea de que exista una moral objetiva tiene las consecuencias negativas a las que se refiere Peña.

8. Pero Peña considera que «Si es jurídicamente vinculante el dictamen de esa 'ética pública' —sea lo que fuere—, entonces es derecho natural. Si no es jurídicamente vinculante, si solo constriñe en otro ámbito, trátase de un orden normativo disjunto del derecho» (p. 317).

ticularé en una serie de puntos. Tendré que hacerlo de manera muy escueta, pero espero que lo que sigue resulte comprensible para el lector.

1) El núcleo de la obra de Lorenzo Peña, en mi opinión, no reside en la defensa de un tipo peculiar de iusnaturalismo, sino en haber elaborado una concepción del Derecho que combina elementos del iusnaturalismo, del positivismo jurídico y del postpositivismo.

2) La parte iusnaturalista de esta (el esencialismo jurídico) supone una crítica que puede considerarse justificada frente a quienes sostienen que el Derecho es puramente producto de la voluntad de seres humanos. Pero esa crítica, a mi juicio, va demasiado lejos, en el sentido de que le lleva a Peña a situar el Derecho no tanto (o no solo) en el terreno de lo social y de lo histórico (en el que, sin duda, hay muchos componentes que no son de carácter voluntario o convencional) sino (o también) en el de la metafísica. En este punto, yo diría que la visión del Derecho de Peña (como se sugiere, por otro lado, en el título de su libro) es más bien la de un lógico (que de alguna forma parte de que la lógica y el Derecho pertenecen a una misma región ontológica) que la de un jurista involucrado en la experiencia jurídica. Así, es posible que tenga sentido hablar de «platonismo matemático» y que «no se pued[a] comprender la matemática sin postular esencias eternas, entes supraindividuales transempíricos que descubrimos por la razón»; pero hablar de «platonismo jurídico», o sea, que sea imposible «habérselas con el derecho sin postular una inmutable esencia transempírica del mismo, a saber: el derecho-en-sí, el cual engloba, además de la finalidad o función del derecho, también las pautas esenciales de su trabazón racional o lógica» (p. 438), me parece, como decía, llevar las cosas demasiado lejos. O, si se quiere decirlo de otra manera, los problemas que tiene que resolver un jurista son de naturaleza muy diferente a aquellos a los que se enfrentan los matemáticos o los lógicos (aunque, por supuesto, en los problemas jurídicos haya siempre un componente lógico).

3) La llamada tesis de las fuentes sociales del Derecho me parece justificada si se entiende en el sentido de que el Derecho es un fenómeno social e histórico, o sea, que no es algo natural, sino artificial, parte de la cultura. Pero no es una tesis aceptable si lo que quiere decirse con la misma es que el Derecho es puramente convencional, o sea, que puede reducirse a un conjunto de normas establecidas por la autoridad. Esta última es la interpretación que los positivistas suelen hacer de esa tesis, y a la que se opone Peña en su libro y también los postpositivistas; para estos últimos, como es bien sabido, el Derecho no consiste únicamente en reglas, sino también en principios (que pueden ser explícitos o implícitos), o sea, hay normas que el jurista encuentra dentro del Derecho y que no han sido puestas por ninguna autoridad, aunque ese Derecho implícito tenga un límite en lo establecido por la autoridad

(el Derecho implícito tiene que ser coherente con el Derecho explícitamente establecido). La apelación de Peña al Derecho *natural* parece significar, en principio, que él no reconocería ni siquiera ese límite (la referencia a la autoridad parecería serlo a un elemento de artificiosidad que se opondría a la esencia —a la naturaleza— del Derecho), pero ya hemos visto que las consecuencias prácticas del iusnaturalismo fundamentalmente aditivo de Peña no difieren en realidad gran cosa (o no difieren en absoluto) de las que suscribiría un postpositivista. Lo que antes (al final del punto 1) señalaba como criterios normativos dirigidos a los juristas (él sí que hace «exhortaciones» a los juristas, diga lo que diga [*vid.* 333]) es aproximadamente lo mismo que se contiene en la famosa «cláusula de Radbruch»; algo que resulta perfectamente aceptable para un postpositivista (recuérdese que Alexy apoyó su uso por parte de tribunales alemanes en relación con los llamados «tiradores del muro» [*vid.* Alexy 2000]), pero un recurso que no es necesario utilizar (este punto me parece que es muy importante resaltarlo) en los Derechos del Estado constitucional, puesto que el principio en cuestión («lo extraordinariamente injusto no es Derecho») forma simplemente parte de nuestros ordenamientos jurídicos. A mí me gusta señalar el paralelismo que existe entre la frase de Ernst Bloch de que la escuela histórica (una de las primeras direcciones positivistas) «crucificó al Derecho natural en la cruz de la historia» (que aparece en diversos escritos de González Vicén al explicar el paso del Derecho natural al positivismo jurídico) con lo que hoy cabría decir a favor de una concepción postpositivista (y constitucionalista) del Derecho: «el constitucionalismo contemporáneo crucificó al positivismo jurídico en la cruz de la Constitución».

4) El haber (relativamente) postergado la naturaleza social e histórica del Derecho tiene algunas consecuencias en la obra de Peña que a mí me parecen negativas. Quiero decir, al fijar la esencia del Derecho en un rasgo que las sociedades humanas comparten con otras especies animales, el foco no se pone en el conflicto social (o en cierto tipo de conflicto social) que es lo que históricamente ha dado lugar a la existencia de sistemas jurídicos. Pero esto supone, en mi opinión, un error de perspectiva. Y no es que a mí me parezca inaceptable lo que Peña dice sobre los derechos de los animales (en términos generales comparto sus tesis) o que rechace expresiones del tipo de «el bien común de un hormiguero» (p. 384) (puede ser un uso metafórico comprensible de la expresión «bien común»). Soy muy consciente también de que, aunque Peña piensa que «las normas jurídiconaturales» no son exclusivas de las sociedades humanas, sin embargo, él no deja de establecer diferencias entre las diversas especies animales y establece una clara jerarquía en favor de la nuestra, de los seres humanos. El problema es que ese cambio de perspectiva supone una visión del Derecho que resulta inaceptable,

si es que queremos construir un concepto de Derecho que esté razonablemente próximo a lo que usualmente (los juristas, los científicos sociales, etc.) entienden por Derecho. Y, en ese sentido, creo que puede hablarse de un consenso en la antropología social (o jurídica) que reconoce la existencia de sociedades humanas organizadas en forma no jurídica, o sea, el Derecho, lo que normalmente entendemos por tal, surge en un cierto momento de la evolución de las sociedades, está ligado a cierto tipo de conflicto que no se da en cualquier tipo de sociedad, y ni siquiera en cualquier tipo de sociedad humana. El planteamiento de Peña lleva por ello, yo creo, a una visión idealizada de lo jurídico, precisamente porque desconoce el anclaje histórico y social (humano) del Derecho. El Derecho, en definitiva, no «existe necesariamente mientras exista una sociedad de animales con características como las de los seres humanos»[9]; no es cierto el proverbio romano de que *ubi societas ibi ius*.

5) La visión «excesivamente» lógica que del Derecho tiene Peña le lleva también, en mi opinión, a situarse en ocasiones en un plano demasiado abstracto, lo que ha acarreado el desenfoque de algunas cuestiones.

Por ejemplo, yo creo que él da una importancia excesiva a lo que llama «lógica nomológica» y a sus axiomas a la hora de construir una visión general del Derecho, de la práctica jurídica[10]. No digo que carezca de interés para el jurista, pero el manejo de problemas jurídicos exige usualmente contar con principios mucho menos abstractos y que puedan resultar operativos. Es sintomático, en ese sentido, que cuando (como veíamos antes) Peña se plantea la eventualidad de que un sistema jurídico vulnere alguno de los axiomas de la lógica nomológica, no pueda poner ningún ejemplo tomado de la experiencia jurídica (los suyos son ejemplos imaginarios); y por lo que se refiere a la noción (clave) de bien común, me parece que esta necesita de un análisis también en términos menos abstractos y que eso es algo, además, que no puede hacerse sin recurrir a la filosofía moral, o sea, sin cuestionar la separación entre el Derecho y la moral[11].

Y considero que también incurre en un desenfoque de este tipo cuando critica, por innecesaria, la categoría hohfeldiana de *privilege* (libertad). Es un tema que sale recurrentemente en el libro y que es abordado en términos excesivamente abstractos y que, por ello, no captan el

9. «Aunque el derecho positivo de tal o cual sociedad es fruto contingente de la historia y de las circunstancias, el derecho existe necesariamente mientras exista una sociedad de animales con características como las de los seres humanos (cada uno de los cuales tiene su propio entendimiento y su propia voluntad)».

10. Y téngase en cuenta que Peña considera —en mi opinión acertadamente— que la teoría o filosofía del Derecho en cierto modo también forma parte del Derecho.

11. Peña considera que «el bien común es mucho más concreto que la justicia» (p. 291), pero yo no veo que eso quede demostrado en su obra.

sentido que la noción tiene en Hohfeld; pues la perspectiva desde la que este último escribe no es en absoluto la de un lógico, sino la de un jurista que trata de construir categorías adecuadas para habérselas con problemas jurídicos reales. De manera que en lo que Hohfeld estaba pensando no era en banalidades (a las que tan aficionados son ciertos iusfilósofos analíticos; no, por cierto, Lorenzo Peña) del tipo de que uno es libre (tiene el «privilegio») de sentarse en un banco de un parque siempre y cuando esté vacío, o cosas por el estilo; de lo que quería dar cuenta Hohfeld era del tipo de relación que se establece, por ejemplo en un interrogatorio cruzado, entre el abogado de una parte y el testigo o el abogado de la otra parte; en la traducción que hizo Carrió de ese texto (Hohfeld 1968) ponía, como ilustración de la idea, la situación en la que se encuentran dos púgiles en un combate de boxeo: cada uno es *libre* de golpear al otro (respetando ciertas reglas), pero ninguno de los dos boxeadores tiene el *deber* de dejarse golpear o de contribuir a satisfacer el *derecho* del otro. Es un tipo de relación que difiere mucho de la que se entabla, pongamos, entre el individuo que tiene *derecho* a una cierta prestación de salud y el sanitario (o la Administración) que tiene el *deber* de proveérsela; y esa es la razón por la que, en mi opinión, está justificado introducir esa categoría con la que, por lo demás, los juristas de nuestro ámbito no suelen contar.

6) Lo que a mí me parece más cuestionable (en parte, por lo extraño que resulta) de los planteamientos de su libro es el que tiene que ver con la separación tajante que establece entre el Derecho y la moral, y al que ya antes me he referido.

Yo creo que esa es la tesis del positivismo jurídico que resulta más cuestionable (la otra, como antes indicaba, puede ser interpretada en una forma satisfactoria), y quizás también la más característica de esa concepción del Derecho: el empeño por trazar límites estrictos entre las diversas dimensiones del mundo (en nuestro caso, del mundo social), olvidándose de que la realidad está hecha también de continuidades. Y digo que esto resulta particularmente extraño que lo sostenga alguien como Lorenzo Peña que ha construido una lógica gradualista y que concibe además «las relaciones lógicas como relaciones entre las situaciones, o sea, como relaciones ontológicas» (p. 300). Y alguien que, como hemos visto, no niega la posibilidad de pasar lógicamente del ser al deber ser y que entiende (también como los postpositivistas) que «el derecho que es no es independiente del derecho que debe ser» (p. 318). Ya sé que a lo anterior añade: «mas ese *deber* es jurídico no moral», pero imagino que a cualquier lector ha de resultarle extraño que, si cabe pasar del ser al deber ser, resulte sin embargo imposible el paso de un deber ser a otro deber ser, o sea, que lo que justifica en último término el deber ser jurídico sea el deber ser moral.

Supongo que a lo anterior (a la extrañeza que acabo de mostrar) puede replicarse simplemente recordando la forma como Peña concibe la ética (o la moral: él usa los dos términos como sinónimos): como un conjunto de normas cuya base no es otra que la conciencia personal (la de cada individuo o cada grupo) y que, por tanto, no estaría en condiciones de ofrecer criterios objetivos (claros y vinculantes) de orientación. Pero esto no hace más que llevarnos, en mi opinión, a una nueva extrañeza: ¿Por qué la moral no alcanza para más y, sin embargo, el Derecho natural sí que es capaz de establecer esas normas objetivamente vinculantes?[12]. Y la única respuesta que se me ocurre, que podría explicar esa actitud de Peña, es la necesidad de ser coherente con una de las tesis anteriores: la que basa el Derecho (y el Derecho natural) en un rasgo que compartimos con otras especies animales, mientras que la ética sí que sería una realidad exclusivamente humana. Pero si es así, entonces eso constituiría, en mi opinión, una razón más para abandonar el esencialismo jurídico que él defiende.

7) La lectura de las obras de quienes nadan contra corriente puede ser de gran valor porque nos permite darnos cuenta de aspectos de la realidad (de la realidad del Derecho o de las teorizaciones existentes sobre el Derecho) en las que no habíamos reparado hasta entonces. En ese sentido, es muchísimo lo que uno puede aprender (lo que yo he aprendido) con la lectura reflexiva de este libro. Pero hay también un riesgo en ese tipo de pensamiento: el de tender a exagerar algunos de esos elementos, o a prescindir de algunos datos «incómodos», como forma de defender una tesis que se sabe heterodoxa. Así, me parece que Peña tiene razón al señalar que hay mucha más continuidad de lo que suele pensarse entre el iusnaturalismo de Tomás de Aquino y de los autores de la escuela española, por un lado, y el llamado «Derecho natural racionalista», por el otro; pero parece algo exagerado contraponer a Locke, como defensor de la esclavitud (y que se lucró con ella), a Tomás de Aquino, que la habría condenado (p. 166). No sé en qué basa Peña su afirmación, pero lo que yo tengo entendido es que Tomás de Aquino sí que defendió la esclavitud, aunque no considerara que fuera una institución de Derecho natural primario, sino secundario. También me parece inexacta su apreciación de que el fundamento ontológico del Derecho natural que él defiende va en la misma línea que el de Fuller, solo que a este último le habría faltado algo: «Solo le faltaba dar ese paso ul-

12. Y no vale tampoco pensar que el Derecho natural viene a ser una parte de la moral (de la moral pública): «si es jurídicamente vinculante el dictamen de esa 'ética pública' —sea esta lo que fuere—, entonces es derecho natural. Si no es jurídicamente vinculante, si solo constriñe en otro ámbito, trátase de un orden normativo disjunto del derecho» (p. 317, nota). O sea, la ética y el Derecho, en opinión de Lorenzo Peña, están condenados a llevar vidas separadas.

terior de comprender que no basta regular la conducta humana en general, sino que tiene que ser con vistas a un fin» (p. 241). Fuller sí que dio ese paso (está muy bien explicado en el libro que le dedicó Robert Summers [Summers 1984]) que, por otro lado, ya había dado con mucha anterioridad Ihering. No creo que tenga razón en las apreciaciones negativas que hace (antes me he referido a ellas) en relación con el concepto de dignidad humana (el fundamento, según opinión muy extendida, de los derechos humanos) y dirigidas, claro está, contra la filosofía moral kantiana que usualmente se contrapone a la de raíz tomista. Y, en fin, sorprende su insistencia en considerar que la prohibición de la tortura tiene un carácter absoluto, que incluso una «tortura leve sigue siendo tortura» (p. 272)[13], pero, sin embargo, sí que está dispuesto a aceptar «que la esclavitud antigua estuvo —al menos en alguna medida— justificada por su necesidad para la utilidad pública» (p. 268). ¿Habría que concluir entonces que Espartaco actuó mal al encabezar una rebelión de esclavos? ¿O quizás actuó bien moralmente, pero en contra del Derecho natural (del bien común)? Y, en fin, ¿cómo es posible que la noción de bien común sea, en su opinión, mucho más concreta que la de justicia cuando existen semejantes disparidades a la hora de interpretar ese concepto?; ¿qué explicación podría dar Lorenzo Peña al hecho de que quienes en nuestros días más reivindican el bien común (el iusnaturalismo de raíz tomista) defiendan en la práctica posiciones que se alejan de manera bastante radical de cómo él interpreta el bien común?

8) Finalmente, me gustaría aclarar que la perspectiva desde la que estoy haciendo estas consideraciones es la de un postpositivismo que se sitúa básicamente en la línea abierta por los autores antes mencionados (Dworkin, Alexy, Nino y MacCormick), pero que se aparta algo de ellos en estos cuatro puntos: la concepción de estos últimos de la moral está excesivamente escorada hacia el individualismo y eso plantea dificultades en relación con el peso dado a los derechos sociales; las teorías del Derecho que han construido no toman suficientemente en cuenta el saber social disponible; propenden a una visión un tanto idealizada del Derecho; sus concepciones del Derecho y de la filosofía del Derecho no están adecuadamente orientadas hacia la transformación social. Como varias veces he dicho en las anteriores líneas, la obra de Lorenzo Peña puede considerarse también que se sitúa tendencialmente en el postpositivismo. Y aporta además elementos que podrían contribuir a desarrollar esa concepción en el sentido que acabo de indicar. A mí me parece, por ejemplo, muy oportuna la clasificación que propone de los

13. O sea, que la tortura (causar dolor para obtener una información) nunca podría integrar un caso de legítima defensa o estado de necesidad (por ejemplo, un acto de tortura leve para conseguir salvar la vida de muchos inocentes).

derechos humanos en derechos de bienestar y derechos de libertad, ambos basados en la noción de bien común que, en mi opinión, no es otra cosa que una manera de entender la justicia. Y en esa idea de justicia, yo también estoy de acuerdo con él en que, al lado de los valores de imparcialidad y neutralidad (vinculados con el individualismo) (*vid.* pp. 284-285), habría que poner también (o darle más peso) al elemento social o colectivo: llámesele bien común, intereses generales o como se quiera.

5

LA CONCEPCIÓN POSTPOSITIVISTA DEL DERECHO DE MIGUEL ÁNGEL RODILLA*

1. SOBRE EL AUTOR

Obviamente, la importancia de la labor de un intelectual, de un profesor universitario (y esto es algo en lo que conviene insistir, dados los nuevos usos académicos), no se puede medir por la cantidad (la abundancia y la extensión) de sus escritos, sino por su calidad y por la influencia que sus trabajos (hayan sido o no publicados) y, en un sentido general, su obra, hayan ejercido sobre sus estudiantes, sus discípulos, sus colegas... Por lo que a mí respecta, tengo que decir que todo lo que he leído de Miguel Ángel Rodilla a lo largo de bastantes años me ha parecido siempre de calidad excelente, por no decir excepcional. Y a ello debo añadir que su producción escrita no es tampoco precisamente escasa, puesto que alcanza varios miles de páginas.

Ahora bien, si a mí se me pidiera que, de entre todos esos escritos, eligiera un solo título, mi opción sería muy clara: *El contrato social. De Hobbes a Rawls* (Rodilla 2014), un libro en dos volúmenes que supera las 800 páginas y que no dudo en calificar de «obra maestra». Había leído hace un cierto tiempo algunos de los trabajos precursores de este libro que reelabora y sistematiza temas de los que se había ocupado Rodilla a lo largo de bastantes años, pero ahora, en las últimas semanas, me he dado a la tarea de una lectura completa y minuciosa del mismo que, sin embargo, aun no he podido terminar. Entre otras cosas, porque la lectura la he ido haciendo poco a poco, meticulosamente, tratando de absorber toda la sustancia intelectual que ahí se encuentra, y

* El texto reelabora la intervención del autor en el *Homenaje al profesor Miguel Ángel Rodilla* que tuvo lugar en la Facultad de Derecho de la Universidad de Salamanca el 9 de junio de 2017. Ha sido publicado en *Doxa* 41 (2018).

para lo cual no conviene tener prisa; de otra manera, uno correría el riesgo de no apreciar (o no apreciar adecuadamente) los muchos y valiosos matices que uno puede encontrar prácticamente en cada párrafo. Por lo demás, se trata de un libro de admirable precisión conceptual, de amplísima erudición, y escrito con un estilo particularmente claro. En suma, y como antes decía, una obra maestra, profundamente clara y claramente profunda. Uno estaría tentado a añadir que «de lectura indispensable» para quien esté interesado en la filosofía del Derecho y la filosofía política. Pero dada la tendencia a la inmediatez, a la instantaneidad, a la elaboración de productos (materiales o intelectuales) de usar y tirar, que también parece haberse instalado en nuestro campo, es bastante posible que a más de uno se le pueda dispensar de enfrentarse a un texto que anima a todo lo contrario: a una reflexión pausada y a encontrar en la historia de las ideas —en la permanencia y evolución de ciertas ideas— muchas de las claves para entender el presente. Aunque, en cualquier caso, no puede dejar de decirse que esa obra de Miguel Ángel Rodilla es una prueba fehaciente del alto nivel alcanzado en los últimos tiempos por la filosofía del Derecho en nuestro país. No soy un especialista en filosofía política ni, por tanto, en los autores estudiados por Rodilla como grandes hitos en el desarrollo de la idea de contrato social, pero me extrañaría mucho que existiera algún otro libro, escrito en cualquier lengua, que, con semejante maestría, permita al lector adentrarse en una serie de temáticas y de conceptos que son verdaderamente centrales en el pensamiento jurídico y político de la modernidad y de nuestros días.

2. MÁS ALLÁ DEL POSITIVISMO JURÍDICO

No voy, sin embargo, a comentar aquí, en este acto de homenaje a Miguel Ángel con ocasión de su jubilación, ese libro; aunque haré alguna referencia a él, pero de manera más bien tangencial. Sino que he elegido, para hablar sobre su obra, dos trabajos suyos más o menos recientes y en los que defiende una concepción del Derecho que bien se puede calificar de «postpositivista». Él no usa esa expresión, pero creo que se puede decir que, de alguna manera, da a entender que ese rótulo puede aplicarse a su concepción del Derecho. De hecho, el segundo de los trabajos que voy a comentar lo subtitula así: «Más allá de una concepción positivista del Derecho»; el título es: «Los presupuestos de la práctica judicial y la idea de sistema jurídico» y está publicado en 2014, aunque su origen —como lo explica en nota a pie de página— es una lección dictada en esta Facultad de Derecho de Salamanca en el curso 2006-2007 (Rodilla 2013). El otro trabajo, el primero que voy a analizar aquí, constituye su presentación escrita a una sesión del Coloquio Jurídico Europeo, celebrada en Madrid en 2007, dedicada a discutir el libro de Francisco Laporta *El imperio de la ley. Una visión actual*, y en la que habían participado este último y Juan Ruiz Manero (Rodilla 2009).

Si he querido centrarme en este aspecto de la obra de Rodilla es porque me parece muy significativo del cambio que se está produciendo en la cultura jurídica en lengua española, y no solo: la superación del positivismo jurídico y también de la clásica contraposición entre positivismo jurídico y yusnaturalismo (Rodilla escribe esta última expresión siempre con «y»). O, dicho de otra manera, si queremos entender lo que son hoy nuestros Derechos y operar con sentido en el seno de nuestras realidades jurídicas, me parece (al igual que a Rodilla) que no podemos ser otra cosa que postpositivistas: tenemos que ir más allá del positivismo jurídico, pero no para regresar a alguna concepción del Derecho natural, del tipo que sea.

Personalmente estoy muy de acuerdo con la manera como Rodilla aborda la cuestión y lo que voy a hacer aquí es sintetizar (o recordar) en qué consiste su posición, para presentar luego algunos comentarios a esta que realmente no son discrepancias sino, todo lo más, propuestas o incitaciones para futuros desarrollos.

3. IMPERIO DE LA LEY Y PRINCIPIOS

En el primero de esos trabajos, «Imperio de la ley y principios. Presentación de un debate» (Rodilla 2009), la concepción del Derecho de Rodilla (su postpositivismo) está más que nada insinuada, dadas las características del trabajo.

Rodilla arranca ahí de considerar que el trasfondo del debate (sobre la certeza jurídica) es la crítica de Dworkin al positivismo jurídico, que se inicia a finales de los años sesenta del siglo pasado. Reconoce la importancia del análisis de Laporta y los riesgos que para la certeza y predecibilidad de las relaciones jurídicas supone la nueva realidad del Derecho (la importancia creciente de los principios), pero en esa contraposición entre *positivismo jurídico* (el de Laporta sería un iuspositivismo normativo o axiológico) y *postpositivismo* (más o menos, el tipo de concepción que representa Dworkin y, en aquel debate, Juan Ruiz Manero, quien defendía tesis que habíamos sostenido conjuntamente en una serie de trabajos anteriores: básicamente, *Las piezas del Derecho* e *Ilícitos atípicos*), Rodilla se alinea en este segundo bando y le reprocha a Laporta (aunque no emplee ese lenguaje: habla simplemente de «expresar dudas», p. 10), esencialmente, que la apelación a los principios o, dicho de otra manera, la defensa de una concepción de «reglas más principios», no debe verse como un factor de inseguridad, sino que los principios constituyen un ingrediente indispensable para dar cuenta de nuestros derechos: los del Estado constitucional.

En su análisis, Rodilla señala de qué manera la concepción de Dworkin de los principios afectó a la teoría del sistema jurídico (frente a «un modelo de sistema jurídico integrado exhaustivamente por un conjunto finito de *reglas convencionales*, se abría paso un 'modelo de reglas más principios'», p. 13); a la teoría del razonamiento jurídico (el Derecho es «fundamentalmente el producto de una práctica argumentativa», p. 14; la interpretación del Derecho exige «un tratamiento holista y coherentista del material jurídico con vistas a su aplicación», p. 15); y a la teoría del Estado y de la Constitución (la teoría del Derecho de Dworkin que facilitó «la interpenetración de argumentos de teoría del Derecho y argumentos de teoría político-constitucional», p. 15, habría sido determinante en relación con la discusión sobre la configuración jurídico política del Estado constitucional).

Rodilla da cuenta de la «conmoción» que supuso en las filas del positivismo situar en el centro del sistema jurídico a los principios: «una clase de normas que expresan una idea moral de rectitud y que no son propiamente 'puestas' sino 'encontradas' en el proceso de aplicación del derecho, normas, por lo demás, que se identifican como parte del sistema no mediante los criterios de validez que se aplican a las normas positivas sino por su fuerza justificatoria» (p. 16). Y que ponía en cuestión las dos tesis que suelen considerarse (y que consideraba Hart) características del positivismo jurídico: la tesis de las fuentes sociales del Derecho y la tesis de la separación entre Derecho y moral» (p. 17).

A partir de ahí, nuestro autor se centra en la cuestión de si esa concepción del Derecho (o sea, reivindicar el papel de los principios) supone una amenaza para la certeza jurídica y, por tanto, para el ideal del Estado de Derecho, del imperio de la ley. Y, sobre eso, las tesis que defiende (frente a las de Laporta) serían estas cuatro:

1) Laporta, «de forma muy selectiva» parece hacer recaer sobre todo en los jueces la responsabilidad por las incertezas del Derecho, pero —afirma Rodilla— «las fuentes del creciente deterioro de la certeza en las relaciones jurídicas se encuentra ante todo, creo yo, en las condiciones bajo las que opera el legislador en nuestras complejísimas sociedades» (p. 25). Me parece que, en relación con esta tesis, no hay realmente muchas discrepancias entre Rodilla y Laporta, dado que este último ha criticado también en diversas ocasiones la manera tan defectuosa como se producen las leyes y es, por tanto, agudamente consciente del fenómeno de la crisis de la ley; pero eso no afecta mucho a la argumentación que sigue.

2) Lo que a Laporta le preocupa es «la exagerada apelación a los principios» (p. 30), «el peso [excesivo] que ciertas teorías atribuyen a los principios» (p. 32), pero, frente a ello, Rodilla piensa que no cabe descartar una utilización «*moderada*, razonable o simplemente correcta» de los principios: «¿Por qué sentir aprensión —se pregunta— hacia los principios y no más bien hacia su invocación abusiva?» (p. 38), de tal manera que el recurso a los principios podría estar justificado, pues no tendría por qué significar un «activismo judicial irrestricto».

3) Un sistema jurídico que operara únicamente con principios sería manifiestamente indeseable, pero de ahí no se sigue que fuera posible (o deseable) un sistema jurídico sin principios, aunque Rodilla tiene cuidado en no atribuir a Laporta esta última tesis. «En un mundo sin principios las reglas habrían de aplicarse en todo caso haciendo caso omiso de su justificación subyacente [...] El sueño de un mundo de reglas sin principios termina en la pesadilla del formalismo y el reglamentismo a ultranza» (p. 37).

4) La concepción de Laporta parecería en todo caso estar muy próxima a una concepción «convencionalista» del Derecho, en el sentido en que usa esa expresión Dworkin: «el derecho está integrado [exhaustivamente] por un conjunto de reglas convencionales, y los órganos de aplicación del derecho están rigurosamente sujetos a ellas, independientemente de su contenido y de su justificación subyacente, mientras su contenido explícito no sea controvertido» (p. 40). Pero se trata de una teoría (la de Laporta) iuspositivista no meramente descriptiva, sino que pretende ofrecer apoyo a estas dos ideas: «el valor moral de la *autonomía* personal, por un lado, y el ideal político del *imperio de la ley*, por otra» (p. 40). Rodilla no pone, por supuesto, en cuestión la importancia de esos dos valores, ni la necesidad de que el núcleo del ordenamiento jurídico esté compuesto por reglas (para que pueda haber certeza jurídica). Pero le parece que el énfasis que Laporta pone en las reglas y su tendencia a relegar los principios no es la mejor manera de defender esos dos ideales. En relación con la autonomía personal, porque esta «no depende solo de la existencia de reglas» (p. 42). El valor de la autonomía no podría realizarse sin la definición y garantía de derechos fundamentales, cuya formulación «adopta en muchos casos la estructura de los principios» (p. 43). Y el imperio de la ley no puede excluir los principios sino que más bien los exige, o sea, el imperio de la ley no puede reducirse a imperio de las reglas. Y aquí Rodilla llama la atención sobre la importancia de reparar en «la variedad de los componentes que integran la clase genérica 'principios'»:

> En el desempeño de su función jurisdiccional los tribunales han de observar no solo principios morales sino también principios políticos formales,

> de carácter organizativo y procedimental: no deben decidir solo sobre la base de consideraciones materiales de justicia y de equidad, sino tomando en consideración también principios formales —como el principio de irretroactividad y el principio de legalidad en materia penal— y, de forma particularmente pertinente en este contexto, principios organizativos y procedimentales como los principios de jerarquía y competencia vinculados a la idea de división de poderes (p. 52).

4. UN MODELO DE REGLAS MÁS PRINCIPIOS

El otro trabajo (el de 2014) supone una defensa ya no incidental sino directa del postpositivismo. Rodilla pretende ahí «avanzar» hacia una concepción del Derecho que se encuentra más allá de la disyuntiva entre yusnaturalismo y positivismo jurídico, y que «sin aceptar la existencia de un derecho superior 'al lado' (o 'por encima') del derecho positivo, ni la fuerte tesis de que la concordancia con principios de justicia forma parte de las condiciones de validez de las normas jurídicas, admite, sin embargo, que la práctica jurídica —de forma especialmente notable la práctica jurisdiccional— se levanta sobre ciertas pretensiones de racionalidad a propósito del derecho vigente a las que solo puede hacerse justicia mediante una concepción del sistema jurídico que dé entrada a principios de moralidad política. Esos principios, que no son propiamente razones convencionales ni pueden considerarse creados deliberadamente, tienen sin embargo un papel decisivo en la interpretación de las normas y en la determinación de lo que en cada caso establece el derecho vigente» (Rodilla 2014, 568).

Pues bien, para esa concepción, la caracterización de lo que es el Derecho no radica en la noción de norma, sino en la de sistema normativo. Más exactamente, un sistema normativo de carácter jurídico no se caracterizaría únicamente por la coactividad, sino también (sobre todo) por ser dinámico e institucionalizado, a diferencia de la moral o de los usos sociales. Las notas de dinamicidad y de institucionalización no tienen además un carácter puramente estructural, sino también funcional, y Rodilla se refiere aquí a los problemas de estatismo, incertidumbre e ineficacia que aquejarían a un sistema compuesto únicamente por normas primarias (en el sentido de Hart), y que la existencia de las normas secundarias (o sea, de un sistema propiamente jurídico) permite resolver. El Derecho supone en ese sentido «un incremento de racionalidad» (p. 573) (en relación con una sociedad que no hubiese diferenciado el Derecho de las otras normatividades sociales), pero Rodilla aclara también que la regla de reconocimiento hartiana no puede descansar solo en la aceptación de los funcionarios y, sobre todo, que esa aceptación tiene necesariamente un carácter moral: «solo una razón moral —escribe siguiendo a Delgado Pinto— puede ofrecer una fundamentación coherente de la conducta de los jueces y autoridades al aceptar y usar la práctica como una regla vinculante a la que pueden invocar para justificar dicha conducta» (p. 575).

Pero, además, la institución de la jurisdicción implica ciertos presupuestos de racionalidad (que el sistema ofrece una solución a todos los casos —que no hay lagunas— y que hay una sola solución correcta en términos del sistema —que no hay contradicciones—), lo que lleva a una concepción del sistema jurídico en el que no solo hay reglas, sino también principios:

> [...] también forma parte indisoluble del sistema jurídico un conjunto no numerable exhaustivamente de principios que no son propiamente normas «creadas» sino encontradas en el proceso mismo de aplicación del derecho [...] de búsqueda de la respuesta correcta [...]. Hablando con rigor esas normas no pueden catalogarse como normas positivas, porque ni son propiamente creadas ni (siempre) es posible identificarlas aplicando los criterios recogidos en la regla de reconocimiento, pero tampoco pueden ser consideradas exógenas porque guardan una relación justificativa con el material jurídico existente. [Se trata de] principios no convencionales que expresan una cierta idea de rectitud moral y política, y mediante cuya ponderación pueden satisfacerse las exigencias de racionalidad bajo las que se desarrolla la actividad jurisdiccional (p. 579).

A partir de aquí, Rodilla hace frente a una serie de objeciones que suelen plantearse a ese modelo de reglas más principios.

La primera se refiere al alcance de la operatividad de los principios. O sea, si los principios solo operaran en los casos difíciles, entonces su relevancia sería menor de lo que parece y, en realidad, consistiría solo en una cuestión verbal, en si los principios suponen una forma de autointegración o de heterointegración del sistema. Dicho de otra manera, si en los (pocos) casos en los que no hay una pauta específica, una regla, para resolver la cuestión, el juez tiene que acudir a principios que forman parte del sistema, o bien goza de discrecionalidad y puede usar, en consecuencia, criterios extrajurídicos no identificables a través de la regla de reconocimiento.

En relación con ello, lo que sostiene Rodilla es que «la distinción entre casos fáciles y difíciles es interna al proceso mismo de aplicación del derecho y solo puede trazarse por referencia a principios» (p. 581), lo que supone también la idea de que los principios no operan únicamente en los intersticios del sistema jurídico, sino que son «ubicuos [...] porque subyacen a todo proceso de interpretación del derecho y regulan todos los casos de aplicación de las normas, aunque por lo general no sea necesario invocarlos explícitamente» (p. 582).

La segunda objeción se refiere a las consecuencias negativas a que llevaría esa concepción de reglas más principios, o sea, a si promueve o no el activismo judicial. Planteada en su mejor versión, la objeción diría así: el modelo de reglas más principios pretende (frente al de las reglas) proscribir la discreción judicial (inevitable en el modelo de las reglas) mediante la vinculación de los jueces a los principios. Pero ese tipo de vinculación no es real, sino que supone más bien «una forma encubierta de universalizar» la discreción, pues en ese modelo, «el poder de creación de derecho tendería a desplazarse hacia los tribunales, de modo que resultaría problemático afirmar que las personas tienen 'derechos' reconocidos jurídicamente antes del pronunciamiento de los tribunales» (p. 585).

Frente a esta objeción, Rodilla aduce tres argumentos. El primero es el mismo que había introducido en el otro trabajo: los principios no son solo los principios morales sustantivos, sino también los de carácter formal y procedimental. El segundo viene a decir que afirmar que los jueces pueden justificar sus decisiones invocando principios «no significa atribuir a los jueces libertad para elegir los principios» (p. 586). Los principios que puede invocar un juez son «o explícitamente reconocidos por el legislador (constitucional u ordinario) o implícitos en el ordenamiento jurídico porque 'informan y fundamentan' las normas del sistema» (p. 586). Y el tercer argumento es que, aunque esa concepción de reglas más principios no pueda eliminar toda incertidumbre en el Derecho, o sea, los principios no conducen (o no siempre) a resultados inequívocos e indisputables, y de ahí la «persistencia de desacuerdos entre los jueces y entre los científicos del derecho», como cuestión de hecho, sin embargo, «el desacuerdo se levanta sobre la presuposición de que existe una respuesta correcta en términos del sistema. Sin esa presuposición la discusión jurídica se despojaría de su condición genuinamente discursiva y se transformaría en una actividad puramente estratégica» (p. 587).

La tercera objeción puede formularse así. Esa concepción de reglas más principios parece convenir a una configuración jurídico-política como la del Estado constitucional de Derecho, pero «¿puede pretender erigirse en la concepción del derecho *tout court*, sin adjetivos?» (p. 588). Y la respuesta de Rodilla es que sí, en el sentido de que la presencia de principios no es un rasgo exclusivo del Estado constitucional. O sea, no es posible imaginar un sistema jurídico en el que «el derecho está integrado exhaustivamente por reglas convencionales» y en el que «se ha proscrito el recurso de los jueces a los principios en ausencia de reglas convencionales inequívocas» (en tales supuestos, los jueces tendrían que remitirse al legislador), simplemente porque «no es posible determinar cuándo un juez debe pronunciar un *non liquet* y abstenerse de fallar sin consultar —expresa o tácitamente— los principios subyacentes» (p. 590).

Y, en fin, la última objeción se refiere al tipo de conexión que la concepción reglas más principios establece entre el Derecho y la moral. O sea, los jueces tienen inevitablemente que recurrir a los principios, pero si estos son «aquellos que 'informan' y 'fundamentan' el conjunto de las normas de un determinado sistema», entonces parecería que tanto los principios explícitos como los implícitos podrían considerarse como «convencionales» y no tendrían la «pretensión de validez incondicional y universal que de forma característica atribuimos a la moral en sentido genuino». «En suma, se diría que, en el mejor de los casos, los principios establecen solo la conexión del derecho con una cierta moral 'positiva' o 'convencional', una cierta moral particular encarnada en un determinado sistema jurídico» (p. 591).

A lo que Rodilla replica que la concepción del Derecho que él defiende «no establece la conexión entre derecho y moral por el camino de la identificación o la (con)fusión entre ambos» (p. 591). A diferencia de lo que pretendía el yusnaturalismo, la justicia no sería ahora una propiedad definitoria del Derecho, sino meramente cualificatoria, de manera que esa concepción «admite que no por ser justo algo es jurídico, ni por ser injusto deja de serlo» (p. 592).

Para mantener la diferenciación y, al mismo tiempo, la relación interna entre Derecho y moral, Rodilla acude a la idea de integridad de Dworkin, y a algunos trabajos de Delgado Pinto en los que se desarrolla esa idea. Pues bien, ese «ideal de la integridad» exige a los jueces y al resto de los funcionarios «disciplinar sus propias concepciones morales» y adoptar decisiones «a la luz del esquema de principios que sinceramente creen que concuerdan mejor con el conjunto de decisiones legislativas, administrativas y judiciales y les prestan una mejor justificación», de manera que el esquema de principios «permite contemplar el derecho no como un mero agregado de decisiones discretas y de convenciones caprichosas, sino como una unidad dotada de un sentido capaz de reclamar obediencia por razones morales». Los jueces no pueden «invocar sus convicciones morales particulares», pero el discurso jurídico no se abandona «a una moral meramente convencional» (p. 593). El Derecho no se identifica con la moral, pues la presencia de la moralidad en el Derecho se entiende más bien en términos de «pretensión de rectitud que se actualiza de diverso modo (y con diversas formas de exigencia) en cada acto de creación y de aplicación del derecho». Con lo que se hace justicia al hecho de que «a diferencia de los juegos, los sistemas jurídicos no son convenciones puras sino que les es inesquivable una pretensión de rectitud que les hace estar crónicamente sujetos a la presión de la justificación y permanentemente abiertos a la crítica moral» (p. 594).

5. TRES COMENTARIOS

He dicho antes, y lo repito ahora, que coincido plenamente con ese planteamiento de Rodilla y que, por lo tanto, no tengo propiamente críticas que hacer, sino simplemente algunas sugerencias sobre cómo seguir desarrollando esa concepción postpositivista del Derecho. Las concreto en forma de tres comentarios.

5.1. *Del Derecho como sistema normativo al Derecho como práctica social*

El primero es una cuestión de perspectiva y se conecta con una de las tesis centrales que he defendido en un libro reciente, *Filosofía del Derecho y transformación social* (Atienza 2017a). Diría incluso que constituye para mí casi una obsesión teórica.

Se trata de que yo creo que la cultura jurídica del mundo latino ha estado —y sigue estando— inmersa en un paradigma de carácter normativista, mientras que a mí me parece que debería asumir uno de tipo distinto y consistente en ver el Derecho como una práctica social: una práctica dirigida a obtener ciertos fines y valores. Para entendernos, Kelsen, al igual que Hart y, en general, el positivismo jurídico anglosajón de inspiración analítica, se inscriben en ese paradigma normativista (el Derecho consiste en un conjunto de normas: bien se trate de normas de un solo tipo o de distintos tipos). Mientras que von Ihering (el «segundo Ihering»), Holmes, Pound y los realistas americanos en general, Fuller o Dworkin pertenecerían al segundo paradigma: el Derecho es una actividad, una práctica con la que tratamos de obtener ciertos propósitos.

Mi tesis es que el rasgo fundamental del postpositivismo consiste en ver el Derecho como una práctica social, lo cual no significa olvidarse de que el Derecho es también (puede verse también como) un sistema normativo. Más exactamente, el Derecho es una práctica social de carácter autoritativo, y de ahí la importancia que tiene el sistema de normas. Pero las normas no constituyen, por así decir, el elemento fundamental del Derecho. Para emplear terminología de Ihering y de Dilthey: las normas —y la coacción— constituyen la forma externa del Derecho o la organización externa de la sociedad, esto es, el elemento organizativo, burocrático, necesario para satisfacer los fines del Derecho. Pero el Derecho es, fundamentalmente, una idea de fin (Ihering), un sistema cultural (Dilthey) ligado a una organización externa.

Me parece que esta última forma de ver el Derecho significa algo así como un cambio ontológico: el Derecho no sería ya (o no es simplemente) un objeto, una realidad que está ahí fuera y que la teoría ha de describir y explicar; sino más bien una empresa, una actividad, en la que lo esencial es fijarse en los fines y valores que ha de perseguir, y, naturalmente, los medios, los instrumentos que han de usarse para ello; el Derecho, en definitiva, consiste en un conjunto enormemente complejo (un artefacto construido para ciertos propósitos, no en un objeto natural) de medios y de fines.

Y todo eso lleva a ver los problemas de la teoría del Derecho de una manera peculiar y distinta a la que caracteriza al modelo normativista. Por ejemplo, los derechos no pueden ser considerados simplemente como normas (o como modalidades deónticas al estilo de Hohfeld), sino más bien como valores, fines, bienes que se tratan de satisfacer, para lo cual se hace necesario establecer una red normativa adecuada. Y el problema de las relaciones entre el Derecho y la moral tendría que plantearse no como si se tratase simplemente de tipos distintos (o más o menos distintos) de normas, sino en términos de cómo se relacionan entre sí dos prácticas cuyos fines (e instrumentos para lograrlos) en parte se superponen y en parte no, de manera que entre el Derecho y la moral hay necesariamente tanto continuidades como discontinuidades: son «conceptos conjugados», para emplear una expresión de Gustavo Bueno.

Pues bien, en los dos trabajos de Miguel Ángel Rodilla a los que me he referido está presente sin duda esta idea del Derecho como práctica social. Por ejemplo, cuando señala que el modelo de Alexy es más rico que el de considerar el Derecho simplemente como reglas más principios, porque Alexy incluye también —nos dice— el ingrediente del procedimiento (digamos, la consideración del Derecho desde una perspectiva dinámica, como una actividad). Cuando al mostrar el carácter precisamente dinámico de los sistemas jurídicos, indica que ese cambio estructural (la incorporación de las normas secundarias que conlleva un «incremento de racionalidad») supone también modificaciones de carácter funcional. O, quizás sobre todo, cuando, para describir y justificar la concepción del Derecho a la que denomina «reglas más principios», se sitúa precisamente en la perspectiva de la práctica judicial.

De manera que mi sugerencia aquí se refiere a que, a la hora de desarrollar esa concepción del Derecho que nos presenta y con la que yo estoy muy de acuerdo, se ponga el acento más que en la noción de sistema jurídico, en la de práctica social. Y quizás también (este, creo, es un defecto de concepciones como la de Dworkin o la de Alexy) que se considere que la práctica jurídica no es solo la de carácter judicial y, menos aún, la de los tribunales supremos y constitucionales. Me parece que cuando se contempla todo ese inmenso continente que visiones como las de Dworkin o Alexy tienden a ocultar, lo que resulta es una imagen más compleja y menos idealizada del Derecho que la que ellos proponen, y que incita a construir la teoría del Derecho no solo acercándola a la filosofía moral y política, sino también a las ciencias sociales; no solo a nociones como la de rectitud moral, sino también a otras como la de conflicto social. En mi opinión, por ahí es por donde deberían discurrir las propuestas de renovación de la teoría del Derecho, si bien, como antes anticipaba, no creo que con ello esté diciendo nada distinto a lo que el propio Rodilla piensa.

5.2. *¿En qué sentido es «convencional» el Derecho?*

El segundo comentario (o la segunda sugerencia) se refiere a una cierta necesidad que yo he sentido, al leer esos trabajos de Rodilla, de precisar la caracterización (usual) del positivismo jurídico, en particular, a propósito de cómo ha de entenderse la tesis de las fuentes sociales del Derecho o del carácter convencional del Derecho: ¿estamos hablando de lo mismo, o se trata de dos maneras distintas de entender la que suele considerarse como la primera tesis del positivismo jurídico (la segunda, como se sabe, es la de la separación conceptual entre el Derecho y la moral)?

Pues bien, la noción de «convención» es considerablemente imprecisa y de ahí, me parece, el interés de efectuar un análisis de esta que permita aclarar suficientemente hasta qué punto o en qué sentido puede decirse que el positivismo jurídico es una concepción convencionalista del Derecho, mientras que el postpositivismo no lo sería. Yo creo que pocos (y, desde luego, yo no sería uno de ellos) estarían en mejores condiciones que Miguel Ángel Rodilla para llevar a cabo ese análisis. A pesar de lo cual me voy a atrever aquí a hacer algunas sugerencias al respecto.

Probablemente una de las mayores ambigüedades de «convención» tiene que ver con que no está claro a qué otro término o concepto lo oponemos. O, mejor dicho, no siempre lo manejamos como opuesto a un mismo concepto. Fundamentalmente, yo creo que tiene dos antónimos: *natural* y *no-intencional*. Y de ahí derivan dos distintas nociones de convención o de convencional: como algo simplemente artificial (una creación humana) o, además, como algo creado intencionalmente.

Por ejemplo, solemos decir que el lenguaje es una convención, o que el significado de las palabras es convencional, en el sentido de que no existe algo así como un significado natural, intrínseco, esencial, inmodificable. Aplicado al Derecho, se puede decir también que el Derecho es convencional, esto es, algo construido y modificable, un artefacto social, parte de la cultura y opuesto, por lo tanto, a los fenómenos naturales que no han sido creados por la acción humana. En este sentido, parece claro que tanto el positivismo jurídico como el postpositivismo serían concepciones convencionalistas y opuestas a la idea del Derecho natural, al menos, a las concepciones iusnaturalistas clásicas. Ser convencionalista en esta acepción del término supondría ser consciente de lo que González Vicén consideraba que había sido una de las mayores cesuras en la historia del pensamiento jurídico: la que tiene lugar hacia finales del XVIII, cuando el Derecho empieza a entenderse como un fenómeno social e histórico, como Derecho positivo, lo que significaba desterrar la idea del Derecho natural, de la existencia de una ordenación de la conducta humana con validez para todo tiempo y lugar (González Vicén 1979). Esa es una de las maneras de entender la tesis positivista de las fuentes sociales del Derecho, y así es como yo suelo entenderla.

Pero cuando Rodilla habla de «convencional» (en los dos artículos examinados) no lo hace, me parece, en ese sentido, sino que «convencional» (siguiendo, creo que sobre todo, a Dworkin) se opone más bien a no-intencional, de manera que el Derecho, entendido como una convención, se generaría a partir de lo que solemos llamar fuentes de origen deliberado o fuentes-acto (las leyes y los precedentes); o sea, es un producto de la voluntad, algo creado intencionalmente, puesto, positivo, y no (también) algo que se encuentra y cuyo origen, por tanto, no estaría en ese tipo de fuente. Me parece que eso explica las referencias antes recogidas en las que Rodilla insistía en que la introducción de los principios significaba reconocer que del Derecho forma parte un material (normas) que no son positivas, creadas, sino encontradas en el proceso de aplicación, pero que, por otro lado, no están fuera del Derecho. Dicho de otra manera, el Derecho tendría para él (según ese sentido de «convencional») un aspecto convencional (las reglas) y otro no convencional (los principios). Asumir una concepción puramente convencional del Derecho significaría entonces reducir el Derecho a un conjunto de reglas, a un mero producto de la voluntad, y de ahí que, en relación con la aplicación, los jueces, al menos en la medida en que el contenido explícito de esas reglas no sea controvertido, no podrían ir más allá, esto es, no podrían atender a las razones subyacentes a las normas (a las que no se llega simplemente tratando de averiguar la intención de sus autores). O dicho todavía de otra manera, para un positivista, interpretar una norma significaría acudir a las convenciones lingüísticas (la interpretación literal) o, en su caso, a la intención del autor, pero, si esos dos recursos fracasan (o son insuficientes) lo que queda es la creación discrecional de Derecho: salirse del Derecho establecido para dar solución al caso. Esta es, en efecto, una manera de entender lo de las fuentes sociales del Derecho, distinta desde luego de la anterior y asumida al menos por muchos positivistas jurídicos.

Así, un ejemplo interesante de esta última concepción del Derecho lo encontramos en uno de los últimos trabajos de Carlos Alchourrón, destinado a dar cuenta de la nota de derrotabilidad que caracteriza a las reglas jurídicas y, en general, a los enunciados condicionales (Alchourrón 1993). Sin entrar en detalles, lo que Alchourrón sostiene ahí es que las reglas jurídicas pueden tener excepciones implícitas, esto es, pueden surgir circunstancias que conforman el antecedente de las mismas y que el legislador no previó, de tal manera que una norma explícita que tuviera la forma «si *p* entonces debe ser *q*», puede transformarse en esta otra: «si *p* y *r* entonces no debe ser *q*». Se trata, la de Alchourrón, de una concepción del Derecho (y de la interpretación jurídica) que es más amplia que la que algunos iuspositivistas suelen suscribir (pienso, por ejemplo, en autores como García Amado o Ferrajoli, que no parecen admitir tal cosa, esto es, para ellos, la aceptación de una excepción implícita significaría salirse del sistema), pero el límite para Alchourrón vendría dado por lo que él llama la «concepción disposicional de la derrotabilidad» (Alchourrón 1993). O sea, la excepción implícita podría aceptarse únicamente si tenemos razones para pensar que el autor de la norma, de haberse planteado la existencia de la nueva circunstancia, *r*, no habría derivado la consecuencia *q*. Lo que significa (no hace falta que me detenga en este punto) que la concepción de la interpretación de Alchourrón se correspondería con lo que Dworkin llamaba «intencionalista» y que, como es sabido, contraponía a la suya: la «constructivista».

Pero no está ya tan claro que esa concepción convencionalista (intencionalista) del Derecho se les pueda atribuir a todos los positivistas jurídicos. Creo que no se puede aplicar (o no claramente) a Francisco Laporta y a otros iusfilósofos de la Universidad Autónoma de Madrid, como Liborio Hierro o como Juan Carlos Bayón. Laporta, en concreto, ha defendido provocativamente la conveniencia de una interpretación «formalista», «literalista», del Derecho, pero lo ha hecho de una manera ambigua, o sea, lo que yo creo que viene a decir, en el fondo, es algo así como lo siguiente: «en la medida de lo posible, si no surge una circunstancia excepcional, las normas jurídicas deben interpretarse de manera formalista, literal» (*vid.* Laporta 2007). Pero eso es algo, claro está, con lo que también Miguel Ángel Rodilla (y yo mismo) estamos de acuerdo; una propuesta que, en realidad, es equivalente a la de no hacer una utilización abusiva de los principios o, dicho de otra manera, al reconocimiento de que en la medida de lo posible, en la mayoría de los casos jurídicos, estos deben ser resueltos mediante la aplicación de reglas.

Tampoco me parece que pueda aplicarse a positivistas jurídicos como Schauer o a los positivistas incluyentes, como Josep Joan Moreso, aunque aquí es posible que esté entrando en terrenos movedizos, pues a mí me parece muy dudoso que a alguien como a Moreso se le pueda calificar de positivista jurídico, por más que él reivindique ese rótulo. De manera que la cosa puede quedarse en que no todos los autores que se consideran iuspositivistas parecen suscribir la tesis de la convencionalidad del Derecho, entendida esa propiedad en el sentido de intencionalidad.

Y si ahora quisiéramos, en relación con esa tesis de las fuentes sociales, precisar en qué consistiría la diferencia entre los autores positivistas y los postpositivistas, me parece que puede resultar clarificador introducir una distinción que alguna vez ha utilizado Josep Aguiló (Aguiló 2007, 673 ss.). Según él, lo que caracteriza a los autores positivistas es la distinción entre casos regulados (por reglas) y no regulados; estos últimos son los que se resuelven mediante discrecionalidad, esto es, saliéndose del Derecho. Mientras que para los postpositivistas la distinción crucial es la que tiene lugar entre casos fáciles y difíciles: en los dos tipos de casos hay una presencia de los principios, y los principios presuponen la tesis de la única respuesta correcta, pero la diferencia estriba en que los casos fáciles, a diferencia de los difíciles, no exigen una deliberación. Aguiló se refiere también a que es típico de los autores postpositivistas el no quedarse en un plano meramente convencional (en el sentido en que Kohlberg o Habermas hablan de moral convencional), sino que ellos dan el paso al nivel postconvencional de la moral; lo cual es otra manera de decir que no se quedan, al manejar el material jurídico, en la fase que Dworkin llamaba «interpretativa», sino que llegan hasta la «postinterpretativa» o «constructiva» en la aplicación del Derecho.

Bueno, yo creo que esta última es aproximadamente la misma idea que encontrábamos en Rodilla cuando este decía que los principios jugaban un papel también en los casos fáciles. Y que los sistemas jurídicos no son convenciones puras como los juegos, puesto que les es inesquivable una pretensión de rectitud, razón por la cual —añadía— el recurso de los jueces a la moral no puede ser simplemente a la moral convencional o positiva o a sus propias convenciones morales personales, sino a la moral justificada, esto es, a la moral «postconvencional» que mejor pueda dar cuenta de las convenciones en que (al menos en parte) consiste el Derecho. Y me parece que a lo que nos lleva todo lo anterior, de nuevo, es al Derecho en cuanto práctica social de carácter autoritativo (quizás sea esta una manera de traducir «convencional», y con la que yo podría estar de acuerdo: los materiales autoritativos, aunque interpretables, marcan un límite infranqueable a la labor de aplicación del Derecho) con la que se trata de perseguir ciertos fines y valores. Esos fines y valores peculiares del Derecho es lo que distingue el Derecho de otros juegos, algunos de los cuales, por cierto, quizás requieran también de principios para ser adecuadamente comprendidos y jugados. O sea, la clave está en la noción de práctica social, más bien que (simplemente) en la configuración del Derecho como un conjunto de reglas y de principios.

5.3. *Conciliar a Hobbes con Kant*

Mi último comentario supone, quizás, más que una sugerencia, una llamada a tomar en consideración algunas de las cosas que Miguel Ángel Rodilla ha escrito sobre Hobbes, que es bastante: aparte de lo que figura en el libro *Contrato social*, dos introducciones a otras tantas obras de Hobbes, de las que Rodilla es también traductor: *Behemoth* y *Diálogo entre un filósofo y un jurista del «common law»*. Leyendo esos trabajos, uno se da cuenta de que Hobbes es un autor que realmente le fascina pero, sin embargo, Rodilla ha sido capaz también de resistirse a esa fascinación, o sea de tomar la adecuada distancia del filósofo inglés, lo que quizás no pueda decirse de muchos otros autores contemporáneos muy influidos por Hobbes.

Pienso, por ejemplo, en un libro reciente de José Luis Pardo, *Estudios del malestar*, en el que se presenta a Hobbes como el gran teórico del Estado de Derecho (Pardo 2016). Pero no lo ha sido, y Rodilla explica muy bien por qué. Pues Hobbes es el primer gran teórico del Estado moderno, cuyas tesis no sería acertado aproximar a las del Estado totalitario, al tiempo que en su obra pueden encontrarse algunos de los principios del liberalismo y, en particular, el principio de legalidad. Pero en Hobbes no hay una racionalización interna del poder del Estado, y por ello no puede considerársele como un teórico del Estado de Derecho ni, menos aún, de su forma más avanzada, del Estado constitucional: de Hobbes no puede extraerse, por ejemplo, la diferencia entre ley constitucional y ley ordinaria, de manera que el poder político no es, en la concepción hobbesiana, susceptible de una articulación constitucional.

Pienso también en la obra de Ferrajoli, uno de los teóricos del Derecho más destacados (e influyentes) en los últimos tiempos y que ha reivindicado mucho la obra de Hobbes, entre otras cosas, para defender una concepción iuspositivista (y constitucionalista) del Derecho (Ferrajoli 2011). Ferrajoli suele acudir para ello a un célebre pasaje del *Diálogo entre un filósofo y un jurista del «common law»*, en el que el filósofo (que representa la posición de Hobbes) afirma, frente al jurista (un defensor de la concepción «racionalista» del Derecho de Coke), que es la autoridad y no la razón lo que crea el Derecho: *auctoritas non veritas facit legem*. A lo que Ferrajoli añade que, cuando se pasa del nivel de la legislación al de la jurisdicción, los términos se invierten: *veritas non auctoritas facit iudicium*, de manera que la actividad jurisdiccional es vista por Ferrajoli en términos meramente cognoscitivos: el juez no puede crear Derecho, el «poder dispositivo» del juez es siempre ilegítimo aunque en alguna ocasión (como consecuencia de los defectos de las leyes) al juez no le quede otro remedio que hacerlo (se trata del poder discrecional al que antes se hacía referencia). Pues bien, sin entrar en un análisis propiamente comparativo entre la interpretación que de Hobbes hacen Rodilla y Ferrajoli, yo creo que se podría decir también aquí (me parece que es lo que diría Rodilla) que Ferrajoli no es consciente de que la concepción del Derecho de Hobbes está indisolublemente ligada a una serie de presupuestos que son incompatibles con el Estado constitucional. O sea, Ferrajoli parece pasar por alto que la concepción de Hobbes está lógicamente vinculada con el positivismo ideológico, esto es, con la tesis de que las leyes (las leyes positivas) no pueden ser injustas. Me temo también que el no-cognoscitivismo de Ferrajoli en materia moral, que le lleva a no poder propiamente fundamentar los derechos fundamentales, lo que supone dejar en el aire toda su teoría (dirigida precisamente a la defensa, a la protección y al desarrollo de los derechos fundamentales), puede tener mucho que ver con Hobbes y con una concepción puramente convencionalista de la justicia. Los derechos fundamentales —la ética— no tendrían otro fundamento que las convenciones, y esta, por cierto, es una tesis que caracteriza no solo a muchos autores positivistas, sino también a los de inspiración marxista, a los «críticos» (como Juan-Ramón Capella), pero no a postpositivistas como Rodilla.

Hobbes, como sabemos, ha vuelto a tener un gran predicamento en esta época de la globalización, fundamentalmente entre quienes tienen una percepción más bien negativa de ese fenómeno. En un Congreso de la IVR que se celebró hace cosa de una década (en Granada), tanto Ferrajoli como Capella y Laporta se refirieron en sus ponencias a Hobbes, a su manera de entender el estado de naturaleza, para describir la situación actual o la situación a la que podría llevarnos la globalización[1]; y nos recordaron la célebre y terrible frase del *Leviathan* con la que se caracteriza la situación del hombre en el estado de naturaleza: «una vida solitaria, pobre, desagradable, brutal y corta». En un reciente libro, una obra póstuma, de Zygmunt Bauman, *Retrotopía*, el sociólogo polaco parece haber dado una nueva vuelta de tuerca al planteamiento hobbesiano: «[N]os encontramos en una situación de guerra de todos contra todos no por la *ausencia* de un todopoderoso Leviatán, sino por la presencia coincidente de numerosos (demasiado numerosos) Leviatanes» incapaces de realizar la tarea para la que había creado Hobbes esa figura: «El Leviatán propiamente dicho [...] ha desaparecido por completo de nuestro panorama» (Bauman 2017, 53).

Pues bien, yo creo que así como el futuro de la especie quizás dependa de que se cree algo así como un momento hobbesiano[2], o sea, se

1. *Vid. Anales de la Cátedra Francisco Suárez* 39 (2005).

2. Como me lo ha señalado el propio Miguel Ángel Rodilla, en realidad, ya vivimos en ese momento, de manera que lo que haría falta es que «los actores implicados» fuesen

llegue a la idea compartida (especialmente por los más poderosos, por el poder financiero, etc.) de que nadie es invulnerable, de que hay un gran mal que nos amenaza a todos (también a ellos) y que solo puede evitarse si también ellos están dispuestos a ceder algo de sus privilegios (por ejemplo, a contribuir en forma de impuestos al bienestar de la inmensa mayoría); la teoría del Derecho podría también beneficiarse mucho (quizás incluso asegurar su supervivencia) si es capaz de asumir, de desarrollar, algunas de las ideas hobbesianas que Miguel Ángel Rodilla nos ha explicado de manera magistral en sus escritos. Yo destacaría estas tres:

1) El Derecho, como el Estado, no es algo natural, sino una invención, un artefacto —una convención, en uno de los sentidos de esta expresión— creados para satisfacer ciertos propósitos. De ahí la necesidad de establecer normas dotadas de coacción y un aparato de tipo burocrático, aunque el Derecho no sea solamente eso.

2) Lo que genera la existencia de esos artefactos es el conflicto, la necesidad de encontrar una solución a la insociabilidad humana o, como lo decía Kant, a la «insociable sociabilidad» de los hombres, que es para lo que surge la noción de contrato social, que Hobbes teoriza por primera vez. Y como Rodilla ha sintetizado perfectamente: «Expresándolo en términos de teorías de los juegos, podríamos decir que el Estado es un artificio que transforma un juego no cooperativo y de suma cero o de suma negativa, en un juego cooperativo y de suma positiva, en el que todos los participantes salen ganando» (Rodilla 2014, I, 113). Como antes decía, muchos autores postpositivistas, como Dworkin o Alexy, tienden a poner mucho el acento en la pretensión de rectitud y a descuidar el elemento de conflicto. Una perspectiva más hobbesiana podría contribuir por ello a lograr un adecuado equilibrio entre esas dos dimensiones inesquivables del Derecho: su origen en el conflicto social y su propósito de encontrar soluciones justas a este.

3) La tercera idea que tomar de Hobbes se dirige más bien a los autores «críticos» y, en general, a quienes tienen una actitud escéptica hacia el Derecho, hayan pasado o no por Marx. Pues bien, Hobbes se equivocó al afirmar que ninguna ley puede ser injusta, pero acertó al considerar el Derecho y el Estado como condiciones para que pueda haber moral: el estado de naturaleza, como nos dice Rodilla, es prejurídico, prepolítico y premoral. No quiere ello decir, claro está, que cualquier forma de Derecho o de Estado está justificada, pero sí que la idealidad social requiere de una organización jurídica y política de la so-

lo «suficientemente (egoístas) racionales como para no dejarse ofuscar por las ganancias inmediatas o para preferir la aniquilación del contrario aun a riesgo de empeorar la situación de uno mismo».

ciedad. Esta, creo, es una de las ideas más importantes del libro de Habermas *Facticidad y validez*, y aunque es posible que este último autor se haya excedido algo al subrayar tanto las relaciones de complementariedad entre el Derecho y la moral, no me parece que lo haya hecho al poner de manifiesto que, en el contexto de nuestras sociedades, solo el Derecho puede hacer posible la moralidad.

Y, en fin, a esas tres tesis hobbesianas habría que añadir esta otra que, me parece a mí, viene a ser el principal *leit motiv* del trabajo intelectual de Rodilla: la necesidad de construir la teoría del Derecho y del Estado aunando la racionalidad instrumental y estratégica hobbesiana con la racionalidad práctica, comunicativa o como queramos llamarla, de inspiración kantiana. Necesitamos, de alguna manera, conciliar a Hobbes con Kant, y seguramente eso es lo que ha llevado a Rodilla a dedicar sus mayores esfuerzos al estudio de la obra de un autor al que aquí no he hecho ninguna referencia: John Rawls.

6

EL POSITIVISMO JURÍDICO DE AGUSTÍN SQUELLA*

1. UNA CONCEPCIÓN DEL DERECHO

Hace cosa de una década, Agustín Squella escribió un libro que tituló *¿Qué es el Derecho? Una descripción del fenómeno jurídico* (Squella 2007) y que contiene de manera sintética lo que bien podríamos llamar su concepción del Derecho. Él dice que no aspira más que a ofrecer «una descripción del derecho, que es algo menos que un concepto de este» (p. 9) y que su libro está dirigido fundamentalmente a los estudiantes de Derecho. Pero, en realidad, lo que Squella entiende por «descripción» viene a ser una respuesta articulada a los principales interrogantes en torno al Derecho: en qué consiste, cuáles son sus componentes fundamentales; qué funciones cumple y qué fines pueden alcanzarse a través del Derecho; en qué consiste el conocimiento jurídico; cómo está relacionado el Derecho con el poder o con la moral; por qué el Derecho es un fenómeno interpretable y argumentable; etc. En suma, lo que aquí se nos ofrece es lo que ordinariamente entendemos por una concepción del Derecho, lo cual supone algo más que una simple definición; si se quiere: una definición a la que se añade una serie de comentarios (de «descripciones» teóricas) en relación con cada una de las propiedades definitorias. Y buena prueba, yo creo, de que estamos en efecto ante toda una concepción del Derecho es que el propio Squella se siente en la necesidad de buscar un nombre para ese conjunto articulado de respuestas a las grandes preguntas que plantea el Derecho, y de ahí que el último apartado de su obra se titule precisamente así: «¿Es positivista esta descripción del derecho?».

* Se trata de mi contribución a un libro-homenaje a Agustín Squella, ahora en vías de publicación.

Conozco desde hace algún tiempo a Agustín Squella y he tenido alguna ocasión de discutir con él sobre temas iusfilosóficos y de otra índole. Siempre he tenido la impresión (que la lectura de este libro ha agudizado) de que nuestras coincidencias son prácticamente totales desde una perspectiva que podríamos llamar «político-moral», y muy amplias por lo que se refiere a la manera de entender la filosofía del Derecho. Discrepamos, sin embargo, en un punto que seguramente no carece de relevancia: él es un iuspositivista, y yo no. Lo cual me lleva a pensar que mi participación en este homenaje a un admirado intelectual y generoso amigo bien podría consistir —algo a lo que siempre nos ha invitado Agustín— en desarrollar esa discrepancia teórica. Pero antes de hablar de positivismo (y no positivismo) jurídico, merece la pena pararse un momento para exponerle (o recordarle) al lector, de forma muy breve, en qué consiste esa concepción (o descripción) del Derecho.

2. LOS RASGOS CENTRALES DE LA CONCEPCIÓN

En las primeras páginas del libro (escrito, por cierto, con una elegancia, claridad y soltura que el lector no puede más que agradecer) se encuentra lo que bien puede calificarse como una definición de Derecho:

> Tengo para mí que uno puede afirmar que el derecho es un fenómeno cultural, de carácter preferentemente normativo, sustentado en el lenguaje, que regula su propia creación, interpretable a la vez que argumentable, que rige las relaciones de hombres y mujeres que viven en sociedad y cuya nota identificatoria más específica consiste en la coercibilidad, esto es, en la legítima posibilidad de auxiliarse de la fuerza socialmente organizada para conseguir el cumplimiento de sus normas y, sobre todo, para conseguir una eficaz aplicación de las sanciones o consecuencias adversas o negativas que deban seguir para los sujetos normativos cada vez que el derecho sea incumplido por algmo de estos (p. 14).

El resto del libro (hasta llegar al último apartado) está dedicado a desarrollar lo que Squella llama «palabras claves» de la definición: «fenómeno», «cultural», «normativo», etc. Yo voy a señalar aquí algunas de las apreciaciones que efectúa al respecto, centrándome precisamente en aquellas que más tienen que ver con el punto que me interesa analizar: el positivismo jurídico.

Que el Derecho es un *fenómeno* significa para Squella, simplemente, «que es algo que está ahí, que se nos muestra, y que puede ser percibido en la experiencia de cualquier individuo» (p. 15). Y es además *cultural* «en cuanto se trata de algo producido por el hombre en la historia para conseguir ciertos fines, tales como paz, orden, seguridad jurídica y, en la medida que le corresponde, justicia» (p. 18). A propósito de esto último, el autor subraya la existencia no de uno, sino de múltiples ideales de justicia que sirven de base a «juicios de justicia acerca del derecho» y que «no pocas veces se encuentran en abierta contradicción entre sí» (p. 22). Eso da lugar a una «taxonomía de los temperamentos morales» que le lleva a distinguir las nueve siguientes posiciones o concepciones acerca de la justicia[1]: 1) La de los *indiferentes*: quienes ante un asunto moral relevante no muestran ninguna preferencia; 2) los *desinteresados*: el problema moral involucrado carece de interés para ellos; 3) los *desinformados*: teniendo interés en el asunto, no emiten juicios por carecer de información suficiente; 4) los *neutrales*: tienen interés e incluso un juicio formado sobre el asunto, pero prefieren no darlo a conocer; 5) los *relativistas*: todos los juicios morales —incluido el suyo— tendrían la misma justificación, de manera que ninguno de ellos sería preferible desde un punto de vista racional; 6) los *escépticos*: prefieren su juicio moral al de los demás «y están dispuestos a ofrecer algún tipo de argumentación a favor del juicio que tienen, aunque admiten que ni ellos ni nadie cuenta en último término con métodos propiamente racionales y concluyentes que permitan probar con certeza el mayor valor de verdad de uno cualquiera de los distintos juicios morales que puedan encontrarse en conflicto en un caso o momento dados» (p. 23); 7) los *falibles*: «personas con convicciones fuertes en el terreno moral y que, a diferencia de los escépticos, consideran posible demostrar racionalmente la corrección o mayor valor de verdad de las que profesan, pero que, a la vez, reconocen su propia falibilidad... consciente y deliberadamente, entran en diálogo... y se muestran dispuestos tanto a convencer a los demás como a dejarse convencer por estos» (p. 24); 8) los *absolutistas*: en principio, están en la misma posición que los anteriores, pero «no admiten la posibilidad de estar equivocados» (p. 24); y 9) los *fanáticos*: son iguales a los absolutistas, pero «buscan a los que piensan distinto no para convertirlos, sino para eliminarlos» (p. 24). Pues bien, según Squella, los únicos «temperamentos morales» «reprobables» serían los de los indiferentes y los fanáticos, pero «ninguna persona responde probablemente a una sola de tales categorías» (de las restantes): «es perfectamente posible que ante determinadas cuestiones morales nos comportemos como escépticos, mientras que frente a otras lo hagamos como falibles y aun como absolutistas» (p. 24).

1. La tipología recuerda mucho a la efectuada por James Fishkin y que en alguna ocasión he utilizado para subrayar que las posiciones posibles en materia de ética (o de meta-ética) van desde el absolutismo al amoralismo, pasando por el rigorismo, el objetivismo mínimo, el subjetivismo universalista, el relativismo y el personalismo. *Vid.* Fishkin 1984; y Atienza 2017a, 210 ss.

El Derecho es también una realidad preferentemente normativa, pero el Derecho no consiste únicamente en normas[2] (de diversos tipos), sino que contiene también «otros estándares, distintos de las normas y que no funcionan como normas, tales como principios y valores, los cuales, por lo demás, cobran cada vez mayor importancia teórica y práctica» (p. 38). El origen y el contenido de tales principios y valores puede ser moral, pero eso no contradice la tesis de la separación metodológica o conceptual entre el Derecho y la moral, pues los principios o valores extrajurídicos no forman parte del Derecho:

> [C]uando un texto constitucional incorpora principios y también valores de orden moral, él no se transforma en moral, sino en «la manifestación más alta del derecho positivo». [...] Y si lo he de poner en términos de la disputa entre positivistas y iusnaturalistas, un positivista no tiene que dejar de ser tal porque admite la presencia de principios en el derecho, puesto que estos, si bien distintos de las normas, son también partes o piezas del derecho positivo, del derecho puesto o producido por actos de voluntad humana. Un positivista no es lo mismo que un normativista. [...] Y en apoyo de una postura como la aquí descrita, puede afirmarse que no todos los principios son siempre principios jurídicos [...] y que, a la vez, no todos los principios jurídicos son siempre morales [...]. Lo cual, en otros términos, pone de relieve que no existe una relación necesaria entre unos y otros principios (p. 43).

Como consecuencia de lo anterior, y en relación con lo que la Constitución española llama —en el art. 1.1— «valores superiores» (la libertad, la justicia, la igualdad y el pluralismo político), Squella manifiesta su desacuerdo con Peces-Barba, cuando este último afirma que esos cuatro criterios éticos denotan el esfuerzo «por superar el positivismo jurídico que se cierra a consideraciones éticas de contenido» e incluso por superar «la antítesis iusnaturalismo-positivismo». Por lo demás, para Squella, los valores superiores habría que verlos más que como «objetivos o fines del respectivo ordenamiento jurídico», como «condicionantes de las instancias, procedimientos y contenidos de los cauces formales de aplicación, interpretación y producción del derecho»; pueden servir para fundamentar y criticar decisiones normativas, pero solo «parcialmente»: «los valores superiores no ofrecen por sí solos cobertura suficiente para fundamentar una decisión» (p. 49).

Que el Derecho (o sea, las normas y los otros estándares que lo componen) se halla sustentado en el lenguaje es una afirmación que para Squella (y supongo que para cualquiera) no ofrece dudas. Pero lo que sí

2. Squella utiliza la expresión «normas» con el mismo significado que a veces se atribuye a «reglas»; según esta segunda terminología (que es la que yo suelo usar), las normas pueden clasificarse en reglas y principios.

puede resultar problemático es señalar en qué sentido el Derecho es *interpretable*. En este punto, Squella parece decantarse por una concepción de la interpretación próxima a la de Kelsen («el derecho es siempre un marco abierto no a una, sino a varias posibilidades de interpretación» [p. 54]) o, en un plano más general, a la de Vattimo («no hay hechos, solo interpretaciones»; «en algún sentido son los intérpretes los que tienen la sartén por el mango» [p. 59]). Da gran importancia a la distinción conceptual entre los *enunciados normativos* y las *normas* (el significado atribuido a los enunciados), para subrayar la indeterminación del Derecho, puesto que las normas no son un dato previo a la interpretación, sino el punto de llegada, el significado que le atribuye el intérprete: «lo que aquí llamamos 'enunciados normativos' no solo son interpretables, sino que son también susceptibles de distintas interpretaciones» (p. 60). Lo que le lleva, en definitiva, a una manera de ver la interpretación próxima a la de la escuela genovesa (a autores como Guastini) y que estaría más bien en las antípodas de la que, como se sabe, han defendido recientemente autores no positivistas como Dworkin:

> La búsqueda del correcto sentido y alcance de los enunciados normativos, o de la única respuesta correcta, es solo una ilusión, o, si se quiere, otra de las tantas ficciones que abundan en el campo del derecho. Por eso es que no resulta extraño que distintos jueces, en el marco de unos mismos enunciados normativos, interpreten estos enunciados, o bien los hechos del caso, de maneras diferentes que, a su vez, les conducen a adoptar decisiones también diferentes entre sí. No siempre es ignorancia, torpeza ni menos corrupción lo que hay detrás de fallos disímiles de distintos tribunales ante casos similares (p. 60).

También resulta de pacífica aceptación otro de los rasgos (verdaderamente esenciales) del Derecho que Squella subraya: el Derecho regula su propia creación, si bien dentro de las fuentes formales (los métodos de producción de normas establecidos por el propio Derecho) él señala la existencia tanto de fuentes heterónomas como autónomas; con esto último, lo que quiere significar es que los deberes establecidos por el Derecho incluyen una apertura hacia la autonomía política (la democracia), moral (reconocimiento en algunos casos de la objeción de conciencia) o jurídica (como ocurre en relación con la mediación o la costumbre). De donde resulta la tesis de que «el derecho es predominantemente heterónomo».

Por lo que se refiere al carácter *argumentable* del Derecho, Squella parte de una distinción entre lo que sería *razonar* y *argumentar*:

> Razonar es discurrir razones, esto es, llegar a formarse razones a favor de la verdad de algo o de la corrección de una preferencia, decisión o curso de

acción determinado, mientras que argumentar es aducir razones, o sea, dar a conocer aquellas que nos hemos llegado a formar (p. 65).

Entiende la interpretación como un aspecto del razonamiento o de la argumentación jurídica; y de ahí que el Derecho sea tanto interpretable como argumentable. Considera el razonamiento jurídico como un tipo de razonamiento práctico y, en ese sentido, abierto: «tratándose de razonamientos prácticos, las premisas hacen inevitable la *conclusión*, pero no hacen inevitable la *acción*» (p. 69) (Debo, o tengo una razón para, realizar *X* —como conclusión de una inferencia práctica— no quiere decir que realice *X*). Pero rechaza que el razonamiento jurídico sea una clase de razonamiento moral, al igual que la tesis de la unidad de la razón práctica:

> Lo anterior [que el razonamiento jurídico no sea una versión del razonamiento moral] quiere decir que el razonamiento práctico, quiérase o no, es un razonamiento fragmentado, y que el razonamiento jurídico, como un tipo de razonamiento práctico, es insular, esto es, distinto del razonamiento moral, lo cual no significa perder de vista las relaciones existentes entre derecho y moral. [...] Lo que a mi juicio corresponde hacer entre derecho y moral es no confundirlos, tampoco separarlos, aunque sí distinguirlos (p. 70).

No cree que el razonamiento jurídico (especialmente el judicial) pueda verse en términos puramente deductivistas, sino que se inclina por considerarlo como un razonamiento *sui generis* (ni deductivo ni inductivo «en el sentido ordinario que tienen esos dos términos» [p. 71]): «el razonamiento jurídico es un asunto de pesar y considerar todos los factores que variadamente cooperan a favor de una conclusión determinada y balancearlos con los factores que apoyan la conclusión contraria. Al final se llega a la conclusión sobre un balance de razones antes que por inferencias desde premisas a conclusiones» (p. 71). Y, en fin, muestra la necesidad de que los jueces motiven, justifiquen, sus decisiones:

> [...] que los jueces deban razonar, esto es, tener razones a favor de lo que deciden, y, sobre todo, que los jueces deban argumentar a la hora de decidir, esto es, aducir o comunicar de un modo inteligible las razones de sus fallos, constituye ni más ni menos que la expresión de esa mínima exigencia que toda sociedad democrática formula a las autoridades que adoptan decisiones públicas» (pp. 71-72).

En relación con los tres últimos rasgos de la definición (y que terminan de componer su concepción del Derecho), me limito a señalar lo siguiente. Según Squella, el Derecho en cuanto orden normativo (preferentemente normativo) rige en sociedad, en cualquier sociedad («donde hay hombres hay sociedad, así como donde hay sociedad hay derecho» [p. 73]); y vivir en sociedad significa reconocer la existencia del conflicto, que no debe ser considerado como una patología social, aunque no todas las relaciones sociales sean de conflicto: «vivimos en relaciones recíprocas y permanentes de intercambio, de colaboración, de solidaridad y de conflicto» (p. 73). El Derecho es coercible y la coercibilidad es la característica «que tiene mayor capacidad identificatoria respecto del derecho» (p. 76): «la idea de un derecho no coercible, inerme, desarmado, es tan absurda como la de cuadro redondo o la de cuchillo sin mango ni hojas» (p. 78); pero coercibilidad no es lo mismo que coacción o sanción: lo que designa es «la legítima posibilidad que el derecho tiene de auxiliarse de la fuerza socialmente organizada» (p. 76); «el derecho se vale de la fuerza... pero no por ello se confunde con la fuerza» (p. 77). Y con la fuerza está ligada la eficacia que, según Squella, es un fenómeno doble: «por un lado está lo que podríamos llamar *eficacia principal*, consistente en el obedecimiento habitual del derecho o de alguna o algunas de sus normas, y, por el otro, la *eficacia consecuencial*, es decir, la habitual aplicación que el derecho y sus normas encuentran en parte de los órganos jurisdiccionales» (p. 78). La eficacia es, además, para Squella, «no *fundamento* de la validez, sino *condición* de esta» (p. 80). Y aquí se aparta de Kelsen, en cuanto el iusfilósofo chileno entiende que el fundamento último de validez (de la primera Constitución histórica) no es una norma: «la llamada 'norma' básica pasa a no ser otra cosa que el disfraz normativo que oculta el hecho de la eficacia» (p. 80).

Y con ello llegamos ya al último apartado del libro, aquel en el que Squella se plantea (más bien retóricamente) la pregunta de si la «descripción» del Derecho que nos presenta es o no positivista. Para él, la disputa entre iusnaturalistas y positivistas concierne fundamentalmente a la existencia o no de un Derecho natural: «el núcleo duro de ambas doctrinas es que una afirma el dualismo derecho positivo-derecho natural y la otra lo niega [...] una ve una realidad dual y la otra una realidad única» (p. 82). Squella es claramente un monista, un positivista. No cree que «haya nada que podamos llamar con propiedad 'derecho natural', sin perjuicio de que tras una expresión como esa uno pueda ver o descubrir la idea o criterio que acerca de lo justo profesa quien o quienes la utilizan» (p. 89). Pero llamar «Derecho natural» a esas ideas de justicia le parece inaceptable por razones de claridad terminológica y porque la invocación del Derecho natural «en apoyo de una creencia, por aceptable que esta sea, es un modo solapado de eludir toda discusión» (p. 90). En fin, Squella es plenamente consciente de que la discusión hoy se ha complicado porque hay autores (cita el caso de Alexy) que se declaran no positivistas pero que tampoco son iusnaturalistas, sin olvidar tampoco «a quienes no se declaran ninguna de las tres cosas y consideran que la disputa carece de sentido o que, en el mejor de los casos, se trataría de una discusión sobre palabras» (p. 82). Pero, insisto, no parece tener dudas sobre el carácter positivista de su «descripción» del Derecho. Lo que deja abierto en su libro es la cuestión de «en cuál o cuáles sentidos o significados del positivismo jurídico esta descripción puede ser calificada de positivista». Y eso es algo cuya respuesta —nos dice— «preferiría dejar librada [...] a la evaluación de los propios lectores» (p. 90).

3. DOS COMENTARIOS

Acepto entonces (como lector atento de su libro) la invitación, pero se me permitirá que vaya más allá de esa específica cuestión y que me plantee también el interrogante más general de si esa concepción (positivista) del Derecho es la que mejor permite dar cuenta (y operar dentro) de los sistemas jurídicos de nuestros días.

3.1. *El carácter positivista de la concepción*

Como Agustín Squella lo señala en su texto, no es fácil precisar en qué consiste el positivismo jurídico y, en todo caso, existe toda una variedad de tipos de positivismo jurídico. En cuanto a lo primero, sin embargo, parece haberse llegado a un amplio consenso, en el sentido de considerar que los autores iuspositivistas son aquellos que sostienen estas dos tesis: la de las fuentes sociales del Derecho y la de la separación entre el Derecho y la moral. Es, sin duda, el caso de Agustín Squella quien, de todas formas, parece tomar como fundamental característica del positivismo jurídico (en el último apartado de su libro) la primera: la identificación del Derecho con el Derecho positivo y la negación de que exista algo así como un Derecho natural. Si bien es obvio que también suscribe la segunda: cuando sostiene —como hemos visto— que los principios y los valores también son componentes del Derecho, pero precisando que no todos los principios (morales) pertenecen al Derecho y que no todos los principios jurídicos son conformes con la moral. El Derecho, en definitiva, puede ser injusto.

A mí me parece claro, por lo demás, que la discusión contemporánea en torno al positivismo jurídico no concierne tanto a la primera tesis como a la segunda, a la de la separación. De hecho, ni siquiera los autores iusnaturalistas de nuestros días suelen negar que el Derecho sea una realidad histórica y social, y la idea del Derecho natural, por lo general, tienden a hacerla coincidir con la de justicia, con lo que debería ser el Derecho. Ahora bien, como igualmente hemos visto, esto último es algo que Squella rechaza radicalmente: su crítica a los autores que pretenden identificar Derecho natural y justicia parece incluso reproducir el conocido exabrupto de Alf Ross referido a la justicia sin más: invocar la justicia en una discusión —escribió el autor danés— equivale a dar un puñetazo sobre la mesa, a abandonar el discurso racional y sustituirlo por uno puramente emotivo; y esto es precisamente lo que Squella piensa que ocurre cuando se apela al Derecho natural en las discusiones contemporáneas sobre la disponibilidad de la vida o la indisolubilidad del matrimonio:

> Invocar el derecho natural en apoyo de una creencia, por aceptable que esta sea, es un modo solapado de eludir toda discusión... puesto que si algo es por naturaleza, ¿qué sentido tiene debatir acerca de si decisiones normativas contingentes... pueden o deben ser de otra manera...? (p. 90).

Sin embargo, y esto es algo que me parece importante destacar, Squella no considera que eso mismo pueda decirse de cualquier referencia a la justicia (recordemos su tipología de temperamentos morales). O sea, él no parece ser (o no del todo) un emotivista ético; pero sobre esto hablaré un poco más adelante.

En cuanto al tipo de positivismo jurídico defendido por Squella, parece claro que, en términos de la clásica tricotomía bobbiana, el suyo sería un positivismo metodológico y no teórico o ideológico. O sea, su teoría del Derecho no es legalista, puesto que él no identifica para nada Derecho con ley, o Derecho con Derecho del Estado, ni suscribe las otras características del positivismo legalista o formalista; siguiendo a Kelsen, Agustín Squella piensa que todo acto de aplicación del Derecho implica un elemento de creatividad, también que el Derecho no está previamente fijado (o no del todo) por el legislador, y que la interpretación del Derecho no consiste simplemente en «declarar» el significado que se hallaba ya previamente en el texto o en descubrir las intenciones vertidas en él por su autor. No se trata tampoco de un positivismo ideológico, pues Squella no defiende que el Derecho positivo deba ser obedecido simplemente porque es Derecho. Sino que su positivismo (metodológico) consiste en una manera de aproximarse al fenómeno jurídico basada en la distinción entre lo que es y lo que debe ser el Derecho, entre el Derecho y la moral.

Y, en fin, si utilizáramos la distinción entre positivismo incluyente y excluyente, habría que decir también que el de Squella encaja más bien en el primer grupo, de manera parecida a lo que cabe (suele) decirse en relación con el de Hart: nuestros sistemas jurídicos constan no solo de reglas («normas» en su terminología), sino también de principios y valores, pero lo que hace que todos esos elementos pertenezcan al Derecho son criterios establecidos por el propio Derecho, por la regla de reconocimiento (o la norma fundamental). El propio criterio de identificación puede hacer referencia a nociones de moralidad, de manera que la moral jugaría un papel tanto en la identificación como en la interpretación del Derecho. Pero la relación entre el Derecho y la moral tendría en cualquier caso un carácter no necesario, sino meramente contingente; sin olvidar que —como antes veíamos— los valores solo podrían contribuir «parcialmente» a fundamentar una decisión.

3.2. *Por qué el positivismo jurídico no es una concepción aceptable del Derecho*

Sentado lo cual, lo que me parece que debe plantearse ahora es si Squella tiene razón al sostener esa concepción (positivista) del Derecho. Como al comienzo decía, coincido en muchos puntos con la «descripción» teórica que nos presenta, pero tengo también algunas discrepancias con su texto, que ahora voy a formular, para pasar luego a indicar —de manera muy breve— por qué, en mi opinión, el positivismo jurídico no es una concepción aceptable del Derecho.

3.2.1. No creo que haya nada que reprochar a la tipología de temperamentos morales antes recogida, si uno la interpreta en términos puramente descriptivos; al contrario, yo diría que es una clasificación útil y perspicaz. Pero ocurre que su creador no parece verla únicamente de esa manera, puesto que él nos dice que las únicas posturas «reprobables» son las dos de los extremos (la indiferencia moral y el fanatismo), mientras que en relación con las otras siete habría que mostrarse tolerantes, en el sentido de que no podrían ser objeto de ningún reproche o, cuando menos, tendríamos que aceptar que hay situaciones en las que alguien (un agente moral) podría optar tanto por el escepticismo como por el absolutismo, etc. Y esto no me parece de recibo. Quiero decir, es posible que una misma persona se comporte en ocasiones como un escéptico, en otras como un absolutista... o que en una misma situación diversos agentes adopten posturas también diversas (incompatibles entre sí). Pero esto es simplemente un hecho, si se quiere, una descripción de la realidad, y a partir de ahí (Agustín Squella, por supuesto, no discrepa en esto de mí), no se puede inferir nada sobre lo que debe ser o sobre lo que es valioso. Para emitir al respecto juicios morales (por ejemplo, juicios de reproche) se necesita añadir alguna otra premisa de carácter moral (normativa o valorativa), y yo no creo que esta pueda ser una que atribuya el mismo valor a las otras siete posiciones (que considere que adoptar cualquiera de las siete es un comportamiento moralmente permitido). No voy a entrar aquí en detalles, pero, en mi opinión, un agente moral que fuera a ratos escéptico, a ratos absolutista, etc. (en relación con cuestiones moralmente relevantes, que le conciernen, etc.) actuaría mal, y tendríamos razones para pensar que existe algún tipo de falla en la construcción de su personalidad moral. De hecho, no creo que eso sea nada frecuente (insisto, cuando se dan las circunstancias adecuadas para emitir un juicio moral) y, desde luego, no es el caso del propio Agustín Squella. Aunque él no lo manifiesta de manera explícita, el lector del libro es llevado a pensar que su autor pertenece a la categoría de los escépticos: alguien que erige la pretensión de que sus juicios morales son preferibles a los de los otros y está dispuesto a dar argumentos a favor de ellos, aunque en último término (llegados a los fines últimos) él diría que no cabe ya aducir propiamente razones, argumentos concluyentes: lo que hay ahí es una simple elección.

Pero el escepticismo moral (o ese tipo de escepticismo moral) no es, a mi juicio, una opción ética (o meta-ética) que pueda considerarse justificada. Y no lo es, entre otras cosas, porque es incompatible con esa «mínima exigencia que toda sociedad formula a las autoridades que adoptan decisiones públicas» a la que se refería Squella, o sea, con la obligación de justificar racionalmente las decisiones. No puedo entrar aquí en detalles (que he tratado de dar en otros lugares [Atienza 2017a, cap. VIII]), pero un juez que no suscriba un objetivismo moral mínimo (más o menos, lo que Squella entiende por «falibilismo» moral) no podría motivar en serio sus fallos, dado que el razonamiento jurídico —judicial— de tipo justificativo incluye necesariamente alguna premisa de carácter moral. Sobre esto volveré en seguida.

Otra de las tesis (o «descripciones») de Agustín Squella que no comparto es su manera de entender la interpretación jurídica. Yo no creo que el Derecho sea «interpretable», o sea, que esté indeterminado de la manera (tan radical) como él supone que lo está, y la tesis de la única respuesta correcta (de que, en relación con los casos que se les presentan a los jueces, «casi siempre» hay una única respuesta correcta) me parece perfectamente aceptable; casi diría que banal. Pues lo que quiere decirse con esto último (lo que ha querido decir, por ejemplo, Dworkin) es que, una vez que se ha deliberado a fondo sobre alguna de esas cuestiones judiciales controvertidas que —esto es importante subrayarlo— se plantean casi siempre en términos bivalentes, siempre o casi siempre será posible decir que las razones a favor de una de esas dos opciones *pesan* más que las que existan en sentido contrario (en favor de la otra opción). Y si las cosas son así (y casi siempre lo son), entonces sí que hay una única respuesta correcta, dada la existencia de un principio (difícilmente discutible) de racionalidad práctica que nos dice que, tras un proceso de deliberación, debemos optar por la decisión a favor de la cual existan las mejores razones. Y, también aquí, el que *de hecho* existan discrepancias (entre diversos órganos judiciales que se hayan pronunciado al respecto o entre los miembros de un mismo tribunal) no es ningún argumento en contra, puesto que la tesis de la única respuesta correcta tiene un carácter normativo, en el sentido de que no describe lo que los jueces hacen o dicen que hacen.

En fin, tampoco me parece aceptable lo que Agustín Squella escribe en relación con la racionalidad práctica: que se trata de una racionalidad fragmentada y que el razonamiento jurídico es un razonamiento insular. Yo considero que lo que Carlos Nino defendió al respecto, hace ya bastantes años (*vid.* Nino 1992), sigue siendo básicamente acertado. De acuerdo con Nino, las razones jurídicas no tienen por sí mismas valor justificativo (para él, esta era la tesis iusfilosófica más fundamental), sino que necesitan estar apoyadas en razones morales. Él hablaba aquí del «imperialismo» de la moral, y la expresión puede dar lugar a malentendidos, a pensar que el razonamiento jurídico no es otra cosa que un tipo de razonamiento moral. Pero lo que quería decir no era exactamente eso, sino que el razonamiento justificativo —por ejemplo, de un juez—, como antes decía, descansa en último término en razones morales (en eso consiste la *unidad* de la razón práctica), pero sin que eso signifique que el juez haya de (pueda) optar para justificar su decisión por las razones que, en abstracto, tengan las mejores credenciales morales. Su idea (que, desde hace tiempo, he hecho mía) es que ese razonamiento jurídico justificativo tiene lugar en dos niveles: en el primero (no hace falta que se trate de un razonamiento explícito, consciente) se justifica (moralmente) el Derecho que ha de aplicarse al caso, lo que supone que existen buenas razones para seguir la Constitución; y una vez aceptado eso, en un segundo nivel, el juez deberá utilizar únicamente las razones que sean compatibles con su sistema jurídico, aunque esas razones no sean las mejores que pudieran encontrarse desde un punto de vista moral. De manera que el razonamiento jurídico tiene una relativa autonomía en relación con el de carácter simplemente moral: depende de razones morales, pero no es un tipo de razonamiento moral.

3.2.2. Y ahora ha llegado el momento de hacer una evaluación de conjunto del positivismo de Agustín Squella. Se trata, como antes decía, de un positivismo metodológico y abierto (inclusivo), que nada tiene que ver con el formalismo jurídico y que, añado ahora, resulta internamente bastante coherente: las tres tesis que acabo de criticar se conectan claramente entre sí y se apoyan incluso mutuamente. Solo que yo creo que el positivismo jurídico (en cualquiera de sus versiones) no es la mejor concepción del Derecho que tenemos a nuestra disposición y, en consecuencia, no es el tipo de visión del Derecho que un jurista debería adoptar.

Como el propio Squella lo señala en algún momento de su libro, las opciones teóricas que se le ofrecen al jurista no se limitan al positivismo jurídico y al iusnaturalismo. He escrito hace poco un libro sobre esto, defendiendo una posición que suele denominarse «postpositivismo» (en la que cabría incluir a autores como Dworkin, Nino, Alexy o el último MacCormick), y no voy, por lo tanto, a entrar aquí en detalles (*vid.* Atienza 2017a). Pero sí quiero hacer una alusión a lo que podría considerarse como la idea central. Sería esta: de la misma manera que el iusnaturalismo dejó de tener sentido hace tiempo (más o menos, desde la «positivización» del Derecho que tuvo lugar en algunos países europeos hacia finales del XVIII), el paradigma positivista ha sido destruido como consecuencia del cambio que en nuestros sistemas jurídicos se ha producido con el fenómeno de la constitucionalización. El Derecho del Estado constitucional, yo creo, no puede entenderse simplemente como un sistema de normas (de reglas y principios) establecidas por la autoridad, sino que es también, esencialmente, una actividad, una práctica social, con la que se trata de lograr ciertos fines y valores. Esto último, me parece, es perfectamente compatible con la concepción que del Derecho tiene Agustín Squella, pero la realización de esos fines y valores (que quizás convenga entender en términos más bien modestos: como hace él) exige acabar con la tesis de la separación (aunque sea una separación conceptual, metodológica) entre el Derecho y la moral, sostener un objetivismo moral mínimo o entender la interpretación jurídica aproximadamente en los términos en los que lo hace Dworkin, y no como nos la presentan los autores genoveses o el propio Kelsen. Soy consciente, por lo demás, de que la cultura jurídica del mundo latino es mucho más positivista que postpositivista, e imagino que las cosas van a seguir siendo así por algún tiempo. Pero en esto mi actitud es también bastante semejante a la de Agustín, o sea a la de un ferviente seguidor de un club de fútbol como el Santiago Wanderers[3], que sabe muy bien que no todo consiste en ganar.

3. Es el nombre de un equipo de fútbol de Valparaíso, fundado en 1892, y que juega ahora (en 2018) en la Primera B de Chile. Fue nombrado Patrimonio Intangible de Valparaíso.

7

IL FUTURO DEL DIRITTO DE FRANCESCO VIOLA: ACUERDOS Y DESACUERDOS*

1. ¿QUÉ ALTERNATIVA AL POSITIVISMO JURÍDICO?

Como suelen recordarnos los filósofos hermenéuticos, la lectura de un texto no se hace en el vacío, sino a través de muchas precomprensiones, pre-juicios, expectativas, propósitos, etcétera que introduce el lector y que explican, entre otras cosas, que una misma obra pueda ser interpretada de maneras muy distintas por sus lectores, o incluso por un mismo lector, pero en momentos —en situaciones— diferentes. Yo he leído varias veces, y con la mayor atención posible, el escrito de Francesco Viola titulado «Il futuro del diritto» e, *inevitablemente*, mi lectura ha estado guiada por una idea principal: examinar hasta qué punto su concepción del Derecho (la que resulta de ese texto) es o no coincidente con la mía.

Me doy cuenta de que corro el riesgo de incurrir en egocentrismo y, como consecuencia de ello, de escribir algo, algunas páginas, que quizás solo puedan ser de interés para mí y, a lo más, para el propio Viola. Pero como digo (y de ahí el anterior subrayado de «inevitablemente») no he podido (ni querido) sustraerme a mi condición de filósofo del Derecho empeñado también, como Viola, en ofrecer una alternativa a la que seguramente es la principal corriente iusfilosófica de nuestros países: el positivismo jurídico normativista y de raigambre analítica. En mi caso (quizás también en el de Viola), la situación tiene algo de paradójica, en el siguiente sentido. La base de mi formación es (si no completamente, al menos en buena medida) analítica, pero progresivamente me he ido alejando de ese paradigma jurídico por su compromiso con una

* El título se corresponde con la *Lectio magistralis di commiato*, leída por Viola en el Aula Magna de la Facoltà di Giurisprudenza de Palermo en noviembre de 2012. Mi comentario aparecerá en un próximo número de *Persona y Derecho*.

concepción del Derecho, el positivismo jurídico, que, en mi opinión (y en todas sus variantes; en especial en la dominante entre nosotros: el positivismo normativista), es una manera empobrecida y, en consecuencia, inadecuada de aproximarse al Derecho. Ahora bien, la alternativa al positivismo normativista, a mi juicio, no puede ser otra que considerar al Derecho como una práctica social, como una actividad dirigida a la consecución de ciertos fines y valores. Pero de esa manera se produce, sin duda, una aproximación hacia autores como Fuller, como Finnis o como el mismo Viola que, sin embargo, provienen de una tradición, el iusnaturalismo, que obviamente no es la mía: ni lo fue en el pasado, ni lo es ahora. Se trata, yo diría, de una coincidencia con esos autores (que, por cierto, no son tampoco *todos* los iusnaturalistas) en cuanto a la idea general del Derecho, pero no en cuanto a cuáles debieran ser los fines y valores que definen y justifican la práctica. O sea, en relación con cuestiones concernientes a la «política jurídica», a los contenidos que debieran tener nuestros derechos, mis afinidades con iuspositivistas *recalcitrantes* como Guastini, Comanducci o Ferrajoli son muy grandes (por no decir, totales), mientras que esa coincidencia —creo— no se da tanto con Francesco Viola, y no se da en absoluto con autores como Fuller o como Finnis (ambos, extremadamente conservadores en materia política) y, en general, con quienes hoy representan a esa dirección del pensamiento jurídico: el iusnaturalismo.

Alguien como Gerald Postema, que también suscribe la idea del Derecho como práctica social, podría pensar que las discrepancias en este segundo plano no son relevantes, porque el objetivo de la teoría del Derecho (lo que él llama «Jurisprudencia filosófica») no es cambiar el mundo, el mundo jurídico, sino comprenderlo: «no hacer buen Derecho o buenos abogados, buenos juristas o buenos ciudadanos, al igual que el objetivo de la filosofía de la religión no es hacernos más piadosos, sino profundizar en nuestra comprensión de un aspecto fundamental de la experiencia humana y de la vida social» (Postema 2015, 895). Pero me parece que esto, claramente, no puede aplicarse a Viola y, de hecho, en el escrito objeto de este comentario se advierte que su autor no está únicamente interesado en comprender cuáles son los grandes cambios que están produciéndose —y se producirán— en el Derecho y en la ciencia jurídica, sino también en cómo hacer para que la teoría jurídica del futuro sea capaz de canalizarlos, de «preservar la identidad del Derecho» (p. 1); el discurso de Viola se mueve en un plano preferentemente abstracto, pero a mí no me cabe ninguna duda de que su objetivo es el de contribuir (aunque no sea de manera inmediata, claro está) a hacer «buenos juristas» (buenos jueces, buenos teóricos del Derecho, buenos legisladores) y «buenos ciudadanos». De manera que mi interés por confrontar la concepción de la iusfilosofía de Viola con la mía no podría reducirse tampoco a la constatación de que compartimos un mismo paradigma jurídico, considerado *en abstracto*, si bien nuestras formas de aplicarlo a la hora de decidir, *en concreto*, cómo moldear nuestras instituciones jurídicas o cómo operar dentro de ellas podría dar resultados muy distintos. Si las cosas fueran así, entonces habría que aceptar también una tesis que, me parece, ninguno de nosotros dos estaría dispuesto a suscribir: la existencia de una disociación bastante radical entre la teoría y la práctica del Derecho. Dicho de otra manera, yo creo que las diferencias en el terreno de la praxis concreta tendrían que corresponderse con diferencias en el plano teórico, en el de la concepción más o menos abstracta del Derecho. ¿Pero es así?

2. EL «NEOCONSTITUCIONALISMO» IUSNATURALISTA

Rodolfo Vigo, en un trabajo reciente (Vigo 2016), se ha planteado de alguna manera esta misma cuestión. A propósito de lo que muchos denominan hoy «neoconstitucionalismo»[1], él defiende la tesis de que existirían tres tipos de neoconstitucionalismos: el positivista crítico (donde incluye, fundamentalmente, a Ferrajoli); el no positivista (aquí cita los nombres de Alexy, Dworkin, Nino, Zagrebelsky y también el mío); y el iusnaturalista (donde —entre los juristas del *civil law*— se sitúa él mismo y sitúa también a Francesco Viola). Según Vigo, los neoconstitucionalistas no-positivistas «coinciden en lo sustancial con posiciones que desde siempre enarbolaron los iusnaturalistas» (p. 419). Y enuncia las siguientes tesis «tradicionalmente iusnaturalistas» y en las que coincidirían con los no-positivistas (obviamente, de ese consenso queda fuera el positivismo jurídico, en cualquiera de sus versiones):

> *a*) reconocen un límite moral dilucidado racionalmente para el derecho; *b*) se apartan de las visiones que reducen el derecho a reglas, y reclaman en el mismo principios y valores; *c*) confían en la existencia de una razón práctica idónea para resolver conflictos morales por medio de ponderaciones; *d*) prestan atención privilegiada a los casos concretos, y no solo a los casos genéricos y fáciles; *e*) sin perjuicio de conceptos «descriptivistas» del derecho, entienden que la definición más explicativa incluye necesariamente valoraciones; *f*) el análisis de la validez de una norma jurídica no puede reducirse a la dimensión justificatoria formal o lógica, pues debe incorporar el contenido; *g*) importa la racionalidad práctica sustancial, pero también

1. La expresión, en mi opinión, es enormemente confusa y ha dado lugar a muchísimos malentendidos. He propuesto, por eso, no utilizarla para referirse a los autores que no se autodenominan así. *Vid.*, de nuevo, Atienza 2017a, cap. V. Me referiré a ello más adelante.

> importa la racionalidad procedimental; *h*) la filosofía jurídica constituye un saber jurídico específico diferenciado de la ciencia jurídica, y es imprescindible para operar el derecho; *i*) el concepto del derecho termina siendo interpretativo o argumentativo; *j*) el sistema jurídico que puede postularse requiere apertura, dinamismo, pluralidad y flexibilidad, poniéndose a prueba en los casos resueltos; *k*) defienden una teoría amplia de las fuentes del derecho no atada a soberanías nacionales, a nóminas exhaustivas ni a jerarquías apriorísticas; *l*) asumen una preocupación orientada a la vigencia de la democracia y los derechos humanos; *ll*) reconocen el papel decisivo de los jueces a la hora de controlar la validez jurídica de todas las normas; *m*) admiten que el contenido moral de los derechos impregna a todo el derecho; *n*) postulan controlar desde una moral racional a las morales sociales vigentes; *o*) defienden una filosofía o razón práctica con sus dimensiones morales, políticas y jurídicas; etcétera (pp. 419-420).

Ahora bien, a pesar de esas coincidencias, Vigo constata que entre esas dos concepciones se detectan «controversias en el terreno de las fundamentaciones» que terminan proyectándose en propuestas diferentes especialmente en lo que se refiere a «problemas típicos de la ética social contemporánea» (como aborto, eutanasia, dignidad humana, matrimonio homosexual, etc.) y esas diferencias «concluyen muchas veces neutralizando las significativas coincidencias que se comprueban en el campo de la teoría jurídica» (p. 420). A Vigo le parece que esa contraposición (entre el neoconstitucionalismo no-positivista y el iusnaturalista) tiende a exagerarse en los medios académicos por la «irracionalidad y los prejuicios» que suelen acompañar a esas discusiones morales, pero entiende también que podría existir una explicación para ello (para esa discrepancia) que remitiría «a la visión gnoseológica que tiene un significativo impacto en la teoría antropológica y en la ética». Por lo que se refiere a la gnoseología, la diferencia estaría entre el realismo aristotélico que promueve una teoría de la verdad como adecuación, frente al constructivismo kantiano. En cuanto a la antropología, los iusnaturalistas partirían de un «personalismo ontológico» que lleva a considerar que todo miembro de la especie humana es persona, mientras que los no-positivistas introducirían como requisito del concepto de persona la «capacidad o posibilidad de desarrollar ciertas funciones». Y en cuanto a la ética, aunque los no-positivistas hablen de «algún cognitivismo y objetivismo» moral, eso no les liberaría del todo de cierto individualismo que les lleva «a una cierta desconfianza con lo vinculado a bienes comunes»; mientras que en el realismo iusnaturalista se parte de que «la naturaleza humana es [...] individual y es social», lo que permite hablar tanto de bienes individuales como de bienes comunes «aunque adviertan que el bien es siempre de la persona de carne y hueso, pues la sociedad no es una sustancia sino que está en el plano accidental» (p. 421).

3. LAS TESIS DE VIOLA

Y vayamos ya al texto de Viola. Lo primero que debo decir de él tiene la forma de una advertencia que me aplico a mí mismo y que puede formularse así: se trata de un trabajo sumamente rico en ideas y en matices, que supone al mismo tiempo una síntesis de muchos otros escritos del autor, y de ahí el riesgo de incurrir en simplificaciones o en malinterpretaciones; o sea, de no captar bien el significado de esas ideas, pues para ello sería necesario recurrir prácticamente a toda la obra del autor, lo que yo no estoy en disposición de hacer.

En cualquier caso, y dado que el pensamiento de Viola no me es del todo desconocido, sí que creo que se puede aceptar sin más que la concepción del Derecho que se trasluce en su texto encaja en principio bastante bien dentro de lo que Vigo llamaba «neoconstitucionalismo iusnaturalista». En particular, los elementos novedosos que Viola destaca en *Il futuro del diritto* son los seis siguientes (que vienen a coincidir con algunos de los que serían rasgos comunes entre los «iusnaturalistas» y los «no-positivistas») que dan lugar a otros tantos epígrafes de su texto: los derechos humanos; el proceso de constitucionalización del Derecho; el caso concreto y el primado de la persona; el Derecho internacional y el pluralismo jurídico; la noción de espacio jurídico frente a la de sistema jurídico; y el entendimiento del Derecho positivo como *corpus iuris*. En relación con cada uno de esos rasgos, lo que a mí me parece más destacable, sería lo siguiente.

3.1. *Los derechos humanos*

En relación con los derechos humanos, Viola subraya que en nuestros días no son ya una realidad prejurídica o metajurídica, sino que forman parte del Derecho. Pero su inserción no deja de plantear problemas a la ciencia jurídica tradicional: no se ajustan del todo a la categoría de derecho subjetivo; deben interpretarse en forma teleológica; atraviesan todo el ordenamiento jurídico; su fundamento no está en la voluntad del soberano, sino en el estatus moral del sujeto; y para su interpretación y aplicación se requieren complejas doctrinas de carácter político y moral altamente controvertidas, al igual que juicios empíricos, lo que hace que las razones de carácter político, moral y científico sean ahora internas al Derecho positivo y a la ciencia jurídica. De ahí que «la prescripción jurídica dependa cada vez más de la solidez de las razones (relativas a hechos o a valores) sobre las que se apoya [la prescripción] y cada vez menos de la fuerza imperativa de la autoridad» (pp. 4-5); por lo demás, esas razones no son incontrovertibles, puesto que se sitúan «en el campo abierto de la razón práctica» (p. 5).

3.2. *La constitucionalización del Derecho*

El proceso de constitucionalización del Derecho supone una profunda transformación del Derecho y de la ciencia jurídica, en cuanto cuestiona el carácter autorreferencial del Derecho positivo, la clausura del ordenamiento jurídico. La gran novedad es la ley constitucional que, siendo artificial (construida por el hombre), tiene también algo de natural: «es un artificio que supone un desarrollo de la naturaleza» (p. 6); eso quiere decir que la ley constitucional no tiene carácter relativo «porque las culturas, a pesar de sus profundas diferencias, se comunican entre sí precisamente por el hecho de ser todas, de algún modo, interpretaciones de la común humanidad» (p. 6). La ley constitucional no es simplemente un grado superior en la tradicional jerarquía de las fuentes. Se sitúa «entre el Derecho natural y el Derecho puramente artificial de la ley ordinaria» (p. 6). Por eso, puede ser injusta (a diferencia del Derecho natural) y objeto de crítica ético-política, pero (a diferencia de la ley ordinaria) «no se manifiesta propiamente mediante reglas de comportamiento, sino mediante principios de acción, esto es, orientaciones encaminadas a realizar valores que dan forma a la convivencia civil» (p. 7). Con la constitucionalización del Derecho, la práctica de los principios se convierte en prioritaria y eso lleva también a que «el método jurídico fundamental de la ciencia jurídica del futuro es [sea] el de la razonabilidad, no el de la deducibilidad o de la racionalidad» (p. 7).

Ahora (con el constitucionalismo), la regla jurídica (a diferencia de lo ocurrido en la época de la codificación) no es algo ya previamente confeccionado por el legislador, sino que «los jueces y los juristas, y con ellos la ciencia jurídica, son llamados a contribuir a la formación de la regla» (p. 7). «Los principios constitucionales no son producto de la voluntad humana, sino el signo de una adhesión a valores que los respaldan» (p. 8). La interpretación constitucional es una actividad deliberativa y no meramente aplicativa, de manera que «su distinción con la actividad deliberativa (o política) del legislador no es entre dos géneros diversos, sino entre dos especies de la misma actividad» (p. 8). «La interpretación jurídica parte del uso autoritativo, pero después tiene un carácter deliberativo que construye la regla para el caso concreto» (p. 9). No hay así «un único significado de la regla», sino que el significado depende de las circunstancias de la aplicación.

Además, «la Constitución asume, cada vez más, una prioridad con respecto al propio Estado» (p. 9), el cual va perdiendo soberanía en el plano interno (por el incremento de los poderes subestatales y locales) y en el externo (por la expansión de los poderes supraestatales e internacionales). Ahora, el fundamento de la comunidad «reside en la propia constitución que, sin embargo es, a su vez, fuente de conflicto» (p. 10).

«La constitución expresa y valida el conflicto latente en una sociedad pluralista y multicultural, pero al mismo tiempo pretende ser un modo de gobernarlo correctamente» (p. 10).

3.3. *El caso concreto y el primado de la persona*

Con la constitucionalización del Derecho se vincula también el tercer rasgo: el caso concreto y el primado de la persona. El paso que Viola cree advertir desde la norma general abstracta al caso concreto supone, en su opinión, una recuperación de la especificidad del Derecho en relación con la política: «si esta [la política] mira a la justicia de las instituciones o de la sociedad en general, el otro [el Derecho] debe responder a la exigencia de justicia que proviene del caso concreto. El Derecho no mira directamente a una sociedad justa, sino a lo justo en concreto, a la acción justa, a la relación justa» (p. 11). Y detrás de esa demanda de justicia del caso concreto estaría el respeto a la dignidad de la persona. La constitucionalización de la dignidad presenta, sin embargo, aspectos «problemáticos y potencialmente contradictorios»: pues, por un lado, habría comportamientos que son males absolutos y suponen una vulneración de esa dignidad (como la esclavitud o la tortura), pero, por otro lado, estarían «las exigencias de reconocimiento de identidad y de libertad de elección» que suponen derechos que, al menos *prima facie*, derivarían del respeto a la dignidad humana. La primera perspectiva podría reconducirse «al ámbito de la tradición de la ley natural y de los valores fundamentales de la persona» (p. 12); mientras que la segunda, «la del respeto a la conciencia de las personas, puede ir en contra de la primera y poner a la persona en conflicto con el *ethos* de la comunidad y con los mismos principios de una moralidad crítica» (p. 12).

Por lo demás, el primado del caso pone en crisis «el concepto tradicional de *legalidad*», en el sentido de que este supone una pérdida de generalidad de la ley. Pero ello no tendría que significar también pérdida de objetividad: «la regla que se aplica al caso concreto debe ser válida para todos los casos pertenecientes a la misma categoría» (p. 12).

3.4. *El Derecho internacional y el pluralismo jurídico*

Los cambios que han tenido lugar en el Derecho internacional le llevan a Viola a considerar que las diferencias que tradicionalmente existían entre ese ordenamiento jurídico y el Derecho interno tienden hoy a disminuir: «Por una parte, la constitucionalización del Derecho y la crisis de la soberanía estatal están desestructurando la compacidad tradicional del sistema jurídico nacional y, por otra parte, en el Derecho internacional el papel de la autoridad y de las normas imperativas tiende a reforzarse» (pp. 15-16); en relación con esto último, Viola subraya la importancia del principio de *ius cogens* ligado a los derechos humanos. El Derecho internacional viene a ser hoy «un laboratorio jurídico del pluralismo» (p. 16), entendiendo por tal «una situación normativa en la que diferentes órdenes jurídicos concurren y compiten en la regulación del mismo curso de acción o de conjuntos de acciones que tienen el mismo objeto. Las respectivas competencias en línea de principio no son exclusivas, y dan lugar a superposiciones normativas sin jerarquías distinguibles de las fuentes del Derecho y de los ordenamientos implicados». Los sistemas jurídicos nacionales «afrontan con frecuencia problemas semejantes», cuyas soluciones «son diferentes modos de responder a los mismos problemas prácticos. Y sabemos que en el campo práctico no existe una única respuesta justa y que la variedad de las soluciones normativas depende de factores diversos, como la propensión cultural a subrayar algunos valores respecto de otros, la orientación proveniente de particulares formas de vida común y, no en último lugar, de las circunstancias históricas» (p. 17).

3.5. *La noción de espacio jurídico*

Una consecuencia de lo anterior es que el Derecho del futuro, según Viola, «se presenta como la existencia de regímenes jurídicos muy diferentes entre sí, pero comunicantes y porosos» (p. 19). El Derecho contemporáneo no es un orden ya realizado y concluso, sino «un orden que se hace y rehace incesantemente». Los criterios de juridicidad se extraen de múltiples factores, lo que lleva consigo, entre otras cosas, «el carácter móvil y elástico de la jerarquía entre las fuentes» y «la participación de los destinatarios de las normas jurídicas en su formación e implementación». Eso supone también que el Derecho «no requiere necesariamente del uso de la coacción física»; esa es solo una de las opciones posibles, pero hay otras modalidades sancionatorias a veces más eficaces, que afectan a valores como «la confiabilidad, la confianza, la credibilidad, el prestigio» (p. 20).

El defecto principal del concepto moderno de sistema jurídico es que no resulta ya operativo, pues este no permite por sí solo identificar las normas pertenecientes al sistema. Y cuando para esa operación se necesita recurrir a ordenamientos normativos diferentes «se vuelve más importante la noción de 'espacio jurídico'» que sería «el resultado de la interconexión de órdenes jurídicos diferentes»: «en consecuencia, lo que tradicionalmente considerábamos como un sistema o un orden jurídico viene relegado a 'lugar' de realización o de concreción de un Derecho que se ha identificado en otra parte» (p. 21). Para individualizar y determinar la regla jurídica habría que tener en cuenta ahora un «doble punto de vista interno»: el del «espacio jurídico», o sea, la delimitación de la pluralidad de ordenamientos jurídicos interesados, y el del orden jurídico particular, es decir, el del 'lugar' en el que se concreta el Derecho. De manera que la noción estática de ordenamiento jurídico se abandonaría por una noción dinámica y cuyo principio de unidad no se basaría simplemente en la soberanía del Estado: la configuración del ordenamiento sería ahora «una obra conjunta de los legisladores, de los jueces y de los juristas, mientras que en el pasado estaba presidida por el rol prioritario del legislador» (p. 22).

3.6. *El Derecho positivo como* corpus iuris

Y esta obsolescencia del concepto de sistema jurídico es lo que lleva al entendimiento del Derecho positivo como un *corpus iuris*; o sea, «el Derecho comprende no solo los mandatos y las decisiones de la autoridad política, sino también las doctrinas y los conceptos elaborados por los juristas, las interpretaciones y las decisiones de los jueces. Eso significa que el Derecho como práctica social posee en su interior los criterios para su propia sistematización y su propia valoración» (p. 23).

Ese *corpus iuris* está compuesto «por principios comunes de cultura jurídica, como los derechos humanos y los principios del *rule of law* y del constitucionalismo, pero también de la comunicación intercultural de formas jurídicas de vida que han dado buena prueba de sí consolidándose en instituciones jurídicas, y sobre todo por prácticas interpretativas y argumentativas, que tienen una relativa independencia de los lugares en los que se ponen en práctica y pueden comunicarse a otras partes del mundo» (p. 24).

De manera que, para Viola, el Derecho de nuestros días es más un producto de la razón que de la voluntad, como lo pone de manifiesto diversos fenómenos jurídicos contemporáneos como el proceso de mundialización de la función judicial o la frecuencia cada vez mayor con la que el Derecho extranjero es usado por los tribunales nacionales para interpretar el Derecho doméstico y llenar las lagunas. El Derecho, en definitiva, «debe ser tratado como una actividad guiada por la razón práctica» (p. 27).

4. COMENTARIOS A LAS ANTERIORES TESIS

Pues bien, yo estoy de acuerdo, desde luego, con muchas de las tesis de Viola; o, mejor dicho, coincido prácticamente con todas ellas consideradas en abstracto, pero tengo —creo— algunas diferencias con él en cuanto a su interpretación, o sea, mis discrepancias surgen cuando se pasa a un plano de mayor concreción. Veámoslo.

4.1. *Sobre los derechos humanos*

Parece obvio que los derechos humanos constituyen hoy una realidad interna a nuestros Derechos y que, en consecuencia (aunque esto ya no sería obvio para muchos), la identificación e interpretación del Derecho no puede llevarse a cabo prescindiendo de consideraciones de carácter político y moral. Esta última es, de hecho, la razón principal para oponerse al positivismo jurídico, y en esto, mi acuerdo con Viola es completo. También, por supuesto, estoy de acuerdo con él en que la fundamentación de los derechos humanos no puede ser más que moral: esa fundamentación no puede proporcionarla el propio Derecho positivo. Pero precisamente por ello, la manera de entender los derechos humanos (y su papel en el Derecho positivo) depende en muy buena medida de cuál sea la filosofía moral y política en que se base su fundamentación; y aquí es donde —creo— la concepción de Viola y la mía divergen, aunque en *Il futuro del diritto* él no plantee esa cuestión (que, sin embargo, ha abordado en otros escritos). En concreto, a mí no me parece que se puedan fundamentar los derechos humanos en el Derecho natural, del tipo que sea; los derechos humanos —los derechos fundamentales— no tienen nada de naturales, sino que son simplemente creaciones —invenciones— humanas, aunque en su proceso de construcción puedan detectarse elementos —acciones— que no son intencionales, y de ahí que no tengan tampoco un carácter puramente convencional. Esta manera de entender los derechos humanos (insisto, como una realidad puramente artificial, aunque no sea sin más una convención) puede tener que ver con mi tendencia a atribuir un mayor peso del que le reconoce Viola (hablo en términos relativos) a la dimensión prescriptiva (frente a la valorativa) de los derechos; las razones que subyacen a las normas jurídicas (en general) son esenciales para su interpretación, pero yo no creo que por eso puedan situarse esas razones «en el campo abierto de la razón práctica».

4.2. *Sobre la constitucionalización del Derecho*

Algo parecido ocurre con la manera de ver la constitucionalización de nuestros Derechos. Yo estoy plenamente de acuerdo con Viola en que eso ha supuesto una gran transformación en cuanto al objeto de estudio de la ciencia jurídica y que con ello ha surgido la necesidad de un nuevo paradigma teórico para poder tratar adecuadamente con esa nueva realidad. También coincido con él en la idea de que lo que caracteriza a la ley constitucional no es simplemente la posición jerárquica que esta ocupa en el ordenamiento jurídico, sino también (sobre todo) que representa los valores básicos del ordenamiento. Y, en fin, me parece acertado y clarificador por su parte señalar que la ley constitucional puede ser injusta, o sea, que esos valores constitucionales pueden criticarse porque pueden no coincidir con los de la moral justificada.

Pero, para empezar, yo no interpreto que esa moral justificada sea precisamente la del Derecho natural; o sea, no creo que la mejor teoría de la justicia —como antes señalaba— sea la iusnaturalista; ni tampoco que los propios principios constitucionales sean principios de Derecho natural. Además, me parece que mi concepción de los principios no coincide del todo con la de Viola, pues para mí los principios son también (como las reglas) *normas de comportamiento*, y tanto los principios como las reglas están encaminados a la realización de valores, de manera que no creo que exista entre esos dos tipos de enunciados jurídicos la diferencia tajante que parece suponer Viola y que le lleva a identificar sin más enunciados constitucionales con enunciados de principio. Considero, como él, que la razonabilidad juega un papel de gran importancia en nuestros derechos y en el razonamiento práctico (lo ha jugado siempre), pero no me parece que la razonabilidad sea exactamente un *método*, sino que yo la veo más bien como un límite, como un principio que marca una frontera que, por cierto, la Iglesia católica suele franquear (apelando para ello al Derecho natural) cuando sienta doctrina respecto a las cuestiones que hoy se suelen incluir en el campo de la bioética (aborto, eutanasia, matrimonio entre personas del mismo sexo o uso de técnicas de reproducción asistida). Tampoco creo que se pueda contraponer sin más la razonabilidad a la deducibilidad o a la racionalidad, y quizás por eso no entiendo bien en qué pueda consistir la diferencia que Viola dice tener con Alexy (p. 13) en relación a la prioridad que el primero establece de la razonabilidad sobre la proporcionalidad; yo diría que la proporcionalidad alexiana no es otra cosa que un nombre distinto para referirse a la razonabilidad: ser razonable significa ponderar adecuadamente las razones que, en un caso de conflicto entre derechos, existen a favor y en contra de cada uno de ellos, o sea, esforzarse por encontrar un equilibrio aceptable.

Considero, por lo demás, que los jueces y los juristas contribuyen *en algunos casos* a la formación de las normas jurídicas (o sea, los jueces sí crean Derecho, al menos en ocasiones, y está justificado que lo hagan), pero me parece que Viola aproxima excesivamente el papel de unos (los legisladores) y de otros (los jueces y los juristas teóricos). Si se quiere, en relación con los dos tipos de actividad que los legisladores y los jueces llevan a cabo se puede hablar de «deliberar»; pero se trata, en mi opinión, de formas muy distintas de deliberación, o sea, los límites de la deliberación judicial son —deben ser— mucho más estrictos, menos dúctiles, que los característicos del legislador: pertenezcan o no al mismo género, se trata de operaciones esencialmente distintas.

Y, en fin, en relación con la prioridad que él señala de la Constitución frente al Estado, me parece que aquí hay algo importante que Viola no tiene en cuenta. O sea, no se trata simplemente de que el Estado esté perdiendo soberanía (lo que, sin duda, es cierto), sino de que esa pérdida de soberanía significa también, al menos en muchos casos, una pérdida de vigencia de la Constitución, de los valores constitucionales; y no al contrario. La pérdida de soberanía del Estado en nuestras sociedades contemporáneas no ha tenido como consecuencia que la Constitución haya sustituido al Estado en relación con lo que solemos llamar ejercicio de la soberanía; lo que ha ocurrido más bien es que ahora hay un nuevo soberano — un «soberano difuso» como lo ha calificado Capella (*vid.* Capella 2008), que se identifica con los poderes que rigen el mundo de la globalización— que no está sometido ya a ningún tipo de constitución; o, dicho de otra manera, es un poder con ningún límite democrático, o con muy pocos.

4.3. *Sobre el caso concreto y el primado de la persona*

Yo no creo que se haya producido, en el Derecho del constitucionalismo, el paso que advierte Viola y que supondría que el énfasis no se pone ahora en la norma general abstracta, sino en el caso concreto. Me parece que se trata, simplemente, de una cuestión de perspectiva, esto es, de si el Derecho lo contemplamos desde el punto de vista del legislador, o bien del aplicador del Derecho, del juez; pero esa es una dualidad de planos que ha existido siempre. Por eso, no me convence la afirmación de Viola —que parece, por cierto, inspirada en el iusnaturalismo «realista» de Villey: alguien poco propenso a asumir los valores del constitucionalismo— de que el Derecho no mira a la sociedad justa, sino a lo justo en concreto; simplemente, yo diría que la primera es la perspectiva del legislador, y la segunda, la del juez. Y el remedio que él sugiere para evitar la pérdida de generalidad de la ley no es ni más ni menos que el principio de universalidad (o sea, que las excepciones a las normas generales deben dar lugar a reglas que serán menos generales, más específicas, pero que tienen que valer siempre que se den las circunstancias en las que se basó la excepción) que, como Viola sabe muy bien, está ya presente en la equidad aristotélica, en la caracterización que Aristóteles hace de la justicia del caso concreto que «rectifica» lo que sería la justicia puramente abstracta, formal, que se obtendría de la aplicación sin más de la ley general.

Y por lo que se refiere a la manera de entender la dignidad humana, es posible que haya aquí alguna diferencia entre nosotros, si bien yo no identifico, como tampoco lo hace Viola, la dignidad con la autonomía entendida esta última, digamos, en un sentido puramente liberal. No puedo extenderme en esto (he escrito recientemente sobre el particular [Atienza 2017b]) y me limito a señalar que, en mi opinión, la dignidad (el imperativo de los fines kantiano) es efectivamente el fundamento último de los derechos y de la moral si bien, adecuadamente entendida, la dignidad integra, junto con la igualdad y la autonomía, una unidad, una misma ley moral.

4.4. *Sobre el Derecho internacional y el pluralismo jurídico*

Estoy de acuerdo con Viola en que la estatalidad no es condición necesaria para que se pueda hablar de Derecho, de juridicidad y, en consecuencia, en la necesidad de defender algún tipo de pluralismo jurídico: el Derecho no es solo el Derecho estatal. Pero creo que hay también aquí, por su parte, una cierta exageración al teorizar la tendencia a la confluencia entre el Derecho internacional y el Derecho interno de los Estados. O, más exactamente, el que se estén borrando las diferencias entre esos dos tipos de ordenamientos podría ser cierto en relación con determinadas materias o ramas del Derecho, pero no estoy tan seguro de que esa tesis se pueda sostener de manera general. Piénsese, por ejemplo, en el Derecho penal y en la vida más bien mortecina que está llevando el Tribunal Penal Internacional. Por lo demás, su afirmación de que no existe una única respuesta correcta (justa) en el campo práctico no me parece aceptable, al menos sin matices. O sea, yo sí que creo que (casi) siempre hay una única respuesta correcta desde el punto de vista de un juez que opera en el contexto de un Estado constitucional, si bien esa tesis no puede extenderse a la actividad legislativa: nunca o casi nunca tiene sentido decir que tal ley es la única ley justa (considerando todo el articulado que suele integrarla) que podía dictarse en relación con tal situación. Como se ve, un argumento más para no aproximar demasiado la función judicial y la legislativa.

4.5. *Sobre la noción de espacio jurídico*

Coincido igualmente con Viola en que los límites de lo jurídico no pueden trazarse de una manera nítida (como siempre han pretendido los positivistas) y en que las fuentes de lo jurídico pueden no estar siempre perfectamente jerarquizadas. Pero también aquí tengo la impresión de que Viola exagera el carácter «abierto» y «poroso» de nuestros Derechos, al tiempo que, en mi opinión, minusvalora la importancia de la coacción en el Derecho. Como recientemente ha escrito Schauer (*vid.* Schauer 2015 y el cap. 8 de este libro), es posible que la nota de la coacción no tenga un carácter necesario para fijar el concepto de Derecho (de obligación jurídica), pero el tipo de realidad que conforma los casos centrales de Derecho no podría ser entendida sin la coacción. Otra cosa supondría, en mi opinión, incurrir en una visión idealizada de lo jurídico.

En este mismo sentido, no creo que el concepto de espacio jurídico pueda sustituir al de sistema jurídico. Por supuesto, la noción de sistema jurídico ha de verse en un sentido dinámico (mejor dicho, no debe considerarse únicamente de manera estática), pero si el «pluralismo jurídico» significara que el Derecho ha perdido la dimensión autoritativa que, necesariamente, lleva consigo un grado considerable de rigidez y de jerarquía (en otro caso, no habría autoridades), entonces me parece que, simplemente, dejaría de haber Derecho. O sea, yo estoy de acuerdo con Viola en que la configuración del ordenamiento es obra conjunta de los legisladores, los jueces, los juristas teóricos y el resto de operadores jurídicos (incluida la gente en general, quienes no ejercen una profesión jurídica); siempre ha sido así. Pero esa «obra conjunta» no es (o no es en aspectos muy relevantes de esta) el resultado de algo así como un gran «diálogo jurídico» que tendría lugar entre todas esas instancias; los diversos órganos —las diversas fuentes— no están situados en un plano de igualdad, sino que están ordenados jerárquicamente: no se trata simplemente de un intercambio de razones o, si se quiere, hay un grupo de esas razones, las de carácter autoritativo, que juegan un papel especialmente relevante: en otro caso, no tendríamos ordenamiento jurídico.

4.6. *Sobre el Derecho positivo como* corpus iuris

Y con ello llego al último punto de los rasgos destacados por Viola en *Il futuro del diritto*. También aquí, la noción de *corpus iuris* que introduce me parece completamente aceptable: el Derecho no es solo un conjunto de normas sino, fundamentalmente, una actividad práctica (que tiene muchos componentes, pero que debe situarse dentro de los límites fijados autoritativamente por esas normas). De manera que el Derecho pertenece desde luego al campo de la praxis, pero no creo que sea simplemente «razón práctica» en el sentido en el que Viola parece usar la expresión y, por tanto, no creo que pueda ser tratado simplemente como «una actividad guiada por la razón práctica». Esta última parte de su escrito me ha recordado mucho a Fassò y a la defensa que este último hizo del Derecho natural como «la ley de la razón» (*vid.* Fassò 1964). Como se sabe, para Guido Fassò el verdadero iusnaturalismo sería el de la tradición racionalista y no el que identifica el Derecho natural como un producto de la voluntad o lo interpreta en términos «naturalistas» (por ejemplo, como una realidad biológica). Yo estoy dispuesto a reconocer que esa noción de ley de la razón de origen iusnaturalista ha jugado un papel histórico de gran importancia al establecer un límite al poder y oponerse, en consecuencia, a la idea de que el Derecho sea simplemente *quod principi placuit*. Pero, insisto, el Derecho no puede verse únicamente en términos de ley de la razón o de razón práctica. Es también voluntad, imposición, burocracia y coacción. Y no creo además que el Derecho contemporáneo esté evolucionando en el sentido de que esté disminuyendo el peso que en él tiene este último orden de fenómenos.

5. EL CONSTITUCIONALISMO IUSNATURALISTA Y EL CONSTITUCIONALISMO POSTPOSITIVISTA

He dado antes por supuesto que las tesis defendidas por Viola en «Il futuro del diritto» encajaban en principio en el tipo de teoría jurídica que Rodolfo Vigo denominaba «neoconstitucionalismo iusnaturalista». ¿Pero es así? Pues bien, antes de contestar directamente a la pregunta, conviene hacer una pequeña digresión, a efectos de clarificar mínimamente qué es lo que cabe entender por «neoconstitucionalismo».

La expresión, como se sabe, proviene de diversos autores de la «escuela genovesa» y, en mi opinión (*vid.* de nuevo Atienza 2017b), es peor que desafortunada: es equivoca y equivocada. *Equívoca*, porque se ha utilizado (como lo hace, por ejemplo, Vigo) para incluir bajo ese rótulo teorías que son muy distintas entre sí y, en aspectos centrales, opuestas: por ejemplo, la de Ferrajoli, por un lado, y la del propio Vigo o Viola, por el otro. Y *equivocada* (en la medida en que se pueda hablar así) porque esa expresión pretende designar un concepto que, simplemente, está mal construido. Quiero decir, la connotación del concepto (la configuración del Derecho en términos de principios más bien que de reglas o de ponderación más bien que de subsunción, junto con la tendencia a subrayar el papel de la constitución frente al de las leyes o el de los jueces frente al de los legisladores, contribuyendo con ello al activismo judicial) simplemente no se corresponde con lo que sería su denotación: ni Ferrajoli, ni Dworkin, Alexy o Nino (que son los autores que suelen incluirse quizás con mayor frecuencia bajo ese rótulo) sostienen esas tesis y, de hecho, ninguno de ellos se ha calificado a sí mismo como «neoconstitucionalista». Precisamente, dado ese nivel de extrema confusión lingüística y conceptual, yo he propuesto utilizar la expresión únicamente para referirse a los autores que, efectivamente, aceptan esa denominación y que aproximadamente cumplen con las notas antes señaladas. No se trata de una clase vacía (aunque tenga muchos menos miembros de lo que suele pensarse), pero sí de una concepción del Derecho que, en mi opinión, presenta debilidades más que notables. Para decirlo en forma muy concisa: el «neoconstitucionalismo» no constituye, a mi juicio, una tendencia del pensamiento jurídico teóricamente articulada, sino que más bien se trata de una ideología cuya característica central parece ser la de prescindir del componente autoritativo del Derecho.

Por todo ello, yo no creo que la posición de Viola esté bien ubicada dentro del «neoconstitucionalismo iusnaturalista». Participa de los rasgos comunes a una serie de autores que consideran que los cambios que el constitucionalismo, en cuanto fenómeno, ha producido en nuestros derechos exige la construcción de un nuevo paradigma teórico, pero interpreta esos rasgos en una forma que le diferencia tanto de los autores neoconstitucionalistas (en el sentido en el que, yo creo, debería usarse esa expresión) como de los neopositivistas al estilo de Ferrajoli, o de los postpositivistas (donde habría que incluir a autores como Dworkin, Nino, Alexy o el último MacCormick). Me parece, por eso, que a Viola (como, por otro lado, a Vigo) podría seguramente calificársele de constitucionalista iusnaturalista (sería un cuarto tipo de concepción constitucionalista del Derecho). Y lo que yo he tratado en las anteriores páginas es de poner de manifiesto las diferencias y semejanzas que existen entre esta última concepción, el constitucionalismo iusnaturalista, y la anterior, el constitucionalismo postpositivista, que es la visión del Derecho que a mí me parece más adecuada.

8

SCHAUER Y LA FUERZA DEL DERECHO

1. DERECHO, COERCIÓN Y SENTIDO COMÚN

La lectura del libro de Schauer, de 2015, titulado *The Force of Law* produce (o me ha producido a mí) un efecto extraño. Esa extrañeza deriva de la impresión de que se trata de un buen libro (por momentos, excelente), pero dedicado, de comienzo a fin, a defender una tesis que, cualquiera diría, es puramente banal: la importancia que tiene el elemento de la coerción para entender el Derecho.

Si digo que es banal, ello se debe a que la idea que la gente en general y, en particular, los científicos sociales, los filósofos e incluso muchísimos juristas tienen del Derecho en nuestro medio (me refiero a España, pero seguramente sea lo mismo en cualquier país del mundo latino) se reduce prácticamente a considerar que el Derecho no es otra cosa que un fenómeno coercitivo: un instrumento cada vez más complejo con el que se trata de establecer y aplicar sanciones que, en último término, descansan en el ejercicio de la fuerza física. Y una prueba de hasta qué punto esa idea no es tampoco peculiar de la cultura jurídica «externa» es el arraigo que sigue teniendo entre los juristas profesionales (en particular, entre los docentes de nuestras Facultades) una visión del Derecho como la de Kelsen: el Derecho en cuanto conjunto de normas coactivas. De manera que uno estaría tentado a pensar que, en el marco de nuestra cultura jurídica (externa e interna), en donde habría que poner el acento no es en donde Schauer lo pone en este libro, sino justamente en el extremo opuesto: no se puede entender cabalmente lo jurídico si seguimos pensando que el único o fundamental ingrediente del Derecho es la coacción.

Esa tendencia a reducir el Derecho a la coacción ha estado muy presente, sin ir más lejos, en la reciente (actual) crisis de Cataluña. Y así, con independencia de lo que se haya pensado sobre si han sido o no adecuadas las actuaciones del gobierno central (al aplicar el famoso artículo 155 de la Constitución[1]), del Tribunal constitucional (al anular una serie de decisiones del Gobierno de Cataluña), o del sistema de justicia penal (al iniciar procesos contra diversos políticos y activistas independentistas por la comisión de presuntos delitos), todos (o casi todos) los comentaristas de la situación parecen haberse puesto de acuerdo a la hora de describir la crisis como un fracaso de la política (de la actividad política —la palabra que ha solido emplearse es «diálogo político»— que, al parecer, nada o muy poco tendría que ver con la coacción, con el poder), la cual habría sido sustituida (legítima o ilegítimamente, según las posiciones) por la acción (coercitiva) del Derecho. De manera que la imagen que en todo este conflicto parece haberse transmitido del Derecho es que este representa (se identifica con) la regulación coactiva de la conducta humana, y de ahí la necesidad, o la conveniencia, de utilizar otros mecanismos que no hagan —o hagan un uso menor— de la fuerza física para organizar la convivencia. Es como si en la idea del «Estado de Derecho», al Estado —a la política— se le hubiese hecho jugar el papel de la razón, del discurso racional, y al Derecho el de la fuerza, el del ejercicio del poder coactivo.

Ahora bien, probablemente ese clima cultural, esas opiniones en relación con el Derecho, no sea tampoco una peculiaridad de la cultura latina, sino que una percepción semejante puede encontrarse también en otros ámbitos y, en particular, en aquel al que Schauer pertenece: el mundo angloamericano. Pero ocurre que la cultura iusfilosófica (o, si se quiere, su tendencia dominante: el positivismo jurídico defendido por la mayor parte de los iusfilósofos analíticos) no parece compartir esa opinión que yo tendería a calificar simplemente de «sentido común»: no que el Derecho se reduzca a coacción, sino que el Derecho no puede entenderse sin la fuerza. Y eso (ese apartamiento del sentido común) es precisamente la razón de fondo que Schauer esgrime para presentar lo que —insisto— tendría en principio toda la apariencia de una banalidad, como si se tratase de proponer algo así como un cambio de pers-

1. En su apartado 1, ese artículo establece lo siguiente: «Si una Comunidad Autónoma no cumpliere las obligaciones que la Constitución u otras leyes le impongan, o actuare de forma que atente gravemente al interés general de España, el Gobierno, previo requerimiento al Presidente de la Comunidad Autónoma y, en el caso de no ser atendido, con la aprobación por mayoría absoluta del Senado, podrá adoptar las medidas necesarias para obligar a aquella al cumplimiento forzoso de dichas obligaciones o para la protección del mencionado interés general». Y, en su apartado 2: «Para la ejecución de las medidas previstas en el apartado anterior, el Gobierno podrá dar instrucciones a todas las autoridades de las Comunidades Autónomas». El Gobierno español, con ocasión de la crisis catalana, aplicó ese artículo e intervino la autonomía de Cataluña entre septiembre de 2017 y junio de 2018.

pectiva en el estudio del Derecho. En lo cual, lamentablemente, no hay más remedio que darle al menos una buena parte de razón: la filosofía del Derecho dominante (en el mundo angloamericano y, por efecto del colonialismo cultural que la globalización ha contribuido notablemente a incrementar, en la teoría del Derecho en general) en los últimos tiempos ha tendido, en efecto, más bien a soslayar que a subrayar la importancia que los elementos coercitivos tienen para la comprensión del Derecho.

2. EL PAPEL CENTRAL DE LA COERCIÓN PARA ENTENDER EL DERECHO

La tesis central de Schauer, que en el libro está expuesta con claridad, elegancia e incluso maestría, vendría a ser la siguiente: la teoría del Derecho tradicional de Bentham y Austin que atribuyó a la coacción un papel de gran relevancia fue sustituida, a partir de los años sesenta y por influjo fundamentalmente de la obra de Hart, por una nueva concepción (los nombres más emblemáticos serían los de Joseph Raz y Scott Shapiro), en la que la coacción quedó claramente relegada a un plano muy secundario; y lo que Schauer trata de reivindicar en su libro es precisamente la necesidad de volver a poner a la fuerza, a la coacción, en un lugar central en nuestra concepción del Derecho. Veámoslo con un poco de detalle.

Como es bien sabido, un punto clave de la obra de Hart consistió en su rechazo al imperativismo austiniano, es decir, a la pretensión de identificar el Derecho con un conjunto de mandatos procedentes del soberano y respaldados por la coacción. Ese, para Hart, es un modelo excesivamente simple y que no capta rasgos esenciales de un sistema jurídico. En concreto, la noción de obligación jurídica no puede verse reflejada a través de una situación en la que alguien «se ve obligado» a realizar una acción porque en otro caso le sobrevendría una sanción; o sea, no se trata de algo equivalente al asaltante que nos amenaza con un arma para que le demos el dinero. «Tener una obligación» es más bien cuestión de haber asumido un punto de vista interno, el punto de vista del aceptante que considera el Derecho como un conjunto de criterios (de razones) para guiar y justificar nuestras conductas y las de los otros. Y, en consecuencia, la noción de obligación jurídica es independiente (desde el punto de vista lógico y conceptual) de la de sanción:

> La obligación jurídica es otra especie del mismo género [obligaciones creadas por un sistema normativo]. Si uno acepta —internaliza, o toma como una guía para la acción— el sistema, entonces ese sistema puede crear obligaciones para aquellos que lo aceptan. Y el sistema puede crear tales obligaciones para quienes están dentro del mismo, como cuestión conceptual

o lógica, sin ninguna referencia a la fuerza, a las sanciones o a la coerción. Esto es lo que Joseph Raz llamó el «punto de vista jurídico», y así expresado no es más misterioso o desconcertante que el punto de vista del ajedrez o que el punto de vista moral. Estar dentro de un sistema de normas es tener la capacidad de realizar acciones, tener razones, efectuar enunciados, ofrecer críticas y llegar a juicios *desde* y no acerca de normas de tal sistema. Y así, la normatividad del Derecho presupone (o es condición suya) que uno esté dentro del sistema normativo jurídico. Pero una vez que la condición contingente se vea satisfecha o que la presuposición haya sido aceptada, la normatividad del Derecho se equipara con cualquier otra forma de dar razones desde el punto de vista de un sistema de reglas o de normas presupuesto. Reconocer lo que es efectuar juicios (tanto acerca de la propia conducta, como de crítica o alabanza de la de otros) desde dentro del sistema de reglas fue el punto de vista básico y profundamente influyente de Hart. *Contra* Bentham y *contra* Austin puede haber obligación jurídica con independencia de las sanciones (Schauer 2015, 34-35).

Ahora bien, esa manera de entender la obligación jurídica no significa que Hart prescindiera completamente de la coacción para dar cuenta de la naturaleza del Derecho. La coacción sería para él algo así como una «necesidad natural» que deriva de ciertos rasgos o características que poseen los seres humanos y el mundo y que da lugar a lo que él llamó el «contenido mínimo de Derecho natural»; concretamente, la existencia de un altruismo limitado y de una comprensión y fuerza de voluntad limitadas es lo que explicaría y justificaría que un sistema jurídico tenga que contener sanciones. Pero no se trataría de una necesidad de tipo lógico o conceptual, sino que la coacción sería más bien un rasgo contingente y no un componente esencial de la obligación jurídica. Esa es la línea que, ya en los años setenta, van a seguir autores como Raz (en *Practical Reasons and Norms* [Raz 1991]) o MacCormick. Así, este último (al igual que lo había hecho Raz; que luego lo hará Shapiro [Shapiro 2011]), sostendrá que la coacción «no es un rasgo lógicamente necesario de un sistema jurídico que establece derechos y define delitos para los miembros de una sociedad», sino simplemente una «necesidad práctica», de manera que «el Derecho no es *esencialmente* coactivo, aunque con frecuencia puede serlo *realmente*» (MacCormick 1990, 194).

Schauer no discute este punto, esto es, no niega que sea posible, desde una perspectiva puramente lógica, concebir la obligación jurídica con independencia de la coacción (uno puede seguir el Derecho simplemente porque es el Derecho, no por temor a la sanción), pero considera que de ahí no se sigue que una investigación sobre la naturaleza del Derecho pueda prescindir de la sanción. Y para ello esgrime fundamentalmente dos argumentos.

El primero consiste en cuestionar que la forma adecuada de abordar el concepto de Derecho sea la de tratar de establecer las condiciones necesarias y suficientes que caracterizarían a ese concepto. En su lugar, Schauer defiende una aproximación que contaría con un apoyo en diversas corrientes de filosofía (por ejemplo, la iniciada por Wittgenstein) y también en la teoría del Derecho; habría sido, como es bien sabido, la vía seguida por Finnis en su clásica obra *Natural law and natural rights* (Finnis 2000), y de acuerdo con la cual, la manera adecuada de encarar el problema de la naturaleza del Derecho no consistiría en centrarse en la esencia del Derecho, sino más bien en los elementos típicos (en lo «propio») del Derecho:

> Al menos tenemos que reconocer que hay mucho apoyo, sin embargo, para sostener que el concepto de Derecho, quizás como todos los conceptos y quizás como solo algunos conceptos, está mejor caracterizado en términos de casos centrales no identificables ellos mismos en términos de propiedades necesarias y cuyas propiedades pueden no estar presentes en otras, igualmente adecuadas, aplicaciones del concepto. Así, el [concepto de] Derecho, como muchos otros —quizás todos— puede muy bien ser un concepto genérico, de grupo o de semejanza de familia (Schauer 2015, 40).

Y el segundo argumento es que, para poder prescindir de la sanción en el análisis del concepto de Derecho, habría que otorgar un gran peso, a la hora de comprender el funcionamiento real del Derecho, a la existencia del aceptante, esto es del «puzzled man» de Hart: la persona que desea conocer lo que el Derecho requiere, no para saber lo que tiene que hacer para evitarse consecuencias negativas, sino para cumplir con el Derecho, con independencia de las sanciones, los castigos y la coerción (*vid.* Schauer 2015, 42). Pero a Schauer le parece que ese tipo de agente dispuesto a cumplir con el Derecho simplemente porque es el Derecho no es frecuente que nos lo encontremos, ni entre la gente en general, ni tampoco entre las autoridades:

> Para el presente propósito la cuestión no es si los ciudadanos *deben* seguir el Derecho porque es el Derecho, sino si, y en qué medida, realmente lo hacen. Pues si los ciudadanos (o los funcionarios [*oficials*], como exploraremos en el capítulo 6*) raramente obedecen el Derecho justamente porque es el Derecho, y si la gente *puzzled*, en el sentido de Hart, es muy poca, entonces la coerción vuelve a surgir como un fenómeno empíricamente necesario, aunque no lo sea lógicamente, para que el Derecho haga lo que de él se espera (Schauer 2015, 55-56).

* Se refiere al capítulo de su libro titulado: *¿Están los funcionarios por encima del Derecho?*

Bueno, el planteamiento de Schauer, como antes he dado a entender, es acertado por diversas razones: porque pone de manifiesto la importancia del saber social —de las investigaciones empíricas— en la teoría del Derecho; porque supone una cierta corrección a planteamientos que, al aproximar demasiado el Derecho a la moral, contribuyen inevitablemente a ofrecer una imagen idealizada de lo que es el Derecho; porque muestra también que el Derecho no es exclusivamente el Derecho estatal (en el libro, Schauer defiende cierto tipo de pluralismo jurídico) y que entre el Derecho y el no Derecho existen *diferencias*, aunque no sea posible establecer una *demarcación* tajante; y, en fin, por restaurar lo que antes llamaba sentido común a propósito del Derecho: la coerción es un elemento esencial para comprender lo que es el Derecho. Las líneas que siguen contienen, me parece, la principal conclusión a la que Schauer llega en *The Force of Law*:

> La presencia de poder coercitivo inescapable es lo que típicamente hay detrás de la expresión «la fuerza del Derecho» y detrás de la creencia del ciudadano ordinario de que la coerción es realmente central para la idea de Derecho. Como muchos otros aspectos del Derecho tal y como lo vivimos, la coerción no es ni necesaria ni suficiente para el Derecho. Pero la contingente ubicuidad de la coacción jurídica testifica que en muchos dominios hay fines valiosos que no pueden ser alcanzados solo con la cooperación, incluso con el tipo de cooperación en la que la gente internaliza razones de segundo orden para suprimir sus deseos y decisiones de primer orden. Si desconocemos este hecho, desconocemos también algo muy importante acerca de por qué el Derecho existe y para qué sirve [...] Las dimensiones coercitivas del Derecho no son todo el Derecho, pero si la tarea de comprender un fenómeno comienza con ciertos aspectos del fenómeno cuya presencia tendría que ser suministrada por cualquier explicación satisfactoria del fenómeno, entonces la coerción tiene que ser considerada como uno de esos aspectos. Si una explicación satisfactoria del Derecho debe, como Hart nos recuerda, ajustarse a los hechos, entonces la capacidad coercitiva del Derecho es uno de los hechos a los que debe ajustarse esa explicación (Schauer 2015, 165).

3. LAS VENTAJAS DE UNA VISIÓN POSTPOSITIVISTA DEL DERECHO

Y las preguntas que, yo creo, habría que hacerse ahora serían de este tipo: ¿Merece la pena insistir tanto en ese redescubrimiento de lo obvio? ¿Cómo justificar tal esfuerzo teórico para dar cuenta, como acabamos de ver, de algo que cualquier ciudadano ordinario parece conocer? ¿Por qué resulta tan necesario rectificar esa tesis que tanto arraigo parece tener en lo que efectivamente constituye la corriente principal de la teoría del Derecho contemporánea? ¿Tal vez porque hay algo en esa corriente —en alguno de sus presupuestos— que habría que considerar como irremisiblemente equivocado?

Mi opinión es que sí, que en la concepción positivista-analítica del Derecho hay un elemento, la reducción del Derecho a un sistema de normas, que efectivamente imposibilita que podamos comprender cabalmente el Derecho. O, dicho de otra manera, el Derecho no es simplemente un conjunto de normas, sino también y fundamentalmente una práctica social con la que se trata de lograr ciertos fines y valores. Esto último es lo que caracteriza la idea del Derecho del postpositivismo y, cabría pensar, la idea a la que parecería tendría que conducir un planteamiento como el de Schauer. Sin embargo, no ocurre así, por razones que a mí me parecen poco convincentes.

Al señalar que la «nueva sabiduría convencional» en los círculos de filosofía del Derecho del último medio siglo no considera que la fuerza sea uno de los elementos característicos del Derecho, Schauer establece una importante excepción: ese no es el caso del planteamiento de Dworkin, para el cual, una concepción del Derecho debe explicar «cómo lo que ella considera como Derecho proporciona una justificación general para el ejercicio del poder coercitivo por el Estado» (Schauer 2015, 10 y 175, nota 25 y Dworkin 1986). Y, como se sabe, Dworkin es el principal representante de esa concepción postpositivista del Derecho. Pero Schauer, aunque de manera yo diría un tanto oblicua, descarta la noción amplia de Derecho que representa Dworkin, si yo le interpreto bien, por estas tres razones (que sin duda están estrechamente vinculadas entre sí): 1) porque desdibuja las diferencias entre el Derecho y la moral; 2) al igual que entre el Derecho y otras instituciones sociales (aparte de la moral); y 3) porque no da suficiente cuenta del papel de la autoridad en el Derecho. Precisemos un poco estos tres puntos.

1) Como antes veíamos, Schauer da gran importancia a la cuestión de si la gente realmente obedece el Derecho, esto es, si toma decisiones y realiza acciones que son conformes con el Derecho, porque eso es lo que establece el Derecho, y no por la amenaza de la sanción o porque se considere que el contenido del Derecho es conforme con la moral. Las investigaciones empíricas existentes mostrarían que eso no ocurre muy a menudo, pero esos datos empíricos carecerían de valor desde la perspectiva de una concepción como la de Dworkin que no reduce el Derecho a lo que Schauer llama el «Derecho en su primer estadio» (el conjunto de materiales que incluye leyes, regulaciones, decisiones judiciales, constituciones escritas e instrumentos convencionales de análisis jurídico), sino que incluye también otra serie de razones normativas y, en particular, las de carácter moral. Schauer reconoce que plantearse si «el Derecho en su primer estadio es todo el Derecho o solamente parte del Derecho es una cuestión interesante e importante, pero no es

la única cuestión importante e interesante» (Schauer 2015, 70). Y añade que la noción estrecha de Derecho (por tanto, no la dworkiniana) es necesaria, entre otras cosas, para poder dar cuenta de actos de desobediencia civil como los llevados a cabo por Thoreau, Gandhi, Russell, las sufragistas o Martin Luther King:

> Pero solo con la noción de una categoría como la de Derecho en su primer estadio tiene sentido su [de esos autores] comprensión (y la nuestra) de sus actos, porque el conflicto que percibieron y articularon se disuelve si el Derecho incluye las cuestiones morales que ellos creyeron estaban en conflicto con el Derecho. Y así, solo disponiendo de algo como la categoría de Derecho en su primer estadio podemos entender la perspectiva sobre el Derecho no solo de la mayor parte de la gente ordinaria, sino del mismo sistema jurídico. Cuando estamos interesados en si la gente obedece el Derecho, necesitamos de esa comprensión estrecha del Derecho para dar sentido a la cuestión. Si «Derecho» es solamente la etiqueta que ponemos a un juicio con un conjunto más o menos amplio de inputs —si obedecer el Derecho viene a coincidir con hacer lo correcto— entonces investigar los efectos del Derecho sobre las decisiones se vuelve un sinsentido, dejando fuera una cuestión que ha estado presente al menos desde la muerte de Sócrates (Schauer 2015, 70).

2) Al tratar de explicar que Austin y Bentham excluyan las recompensas de la definición de Derecho (para quedarse solo con las sanciones), Schauer se plantea que una concepción amplia del Derecho, como la de Dworkin, podría dar cuenta de ello, pero a costa de borrar las diferencias entre el Derecho y otras instituciones sociales:

> Más que definir el Derecho en términos de la naturaleza de sus normas o de la naturaleza de sus fuentes, podemos, en lugar de ello, pensar el Derecho simplemente como la actividad de la que se ocupan los tribunales, los abogados y el conjunto de instituciones delimitadas sociológicamente que la rodean. Así como hay al menos una definición del *arte* como lo que hacen los artistas y la cultura y el negocio del arte, y así como la definición de *Derecho* de Ronald Dworkin ha parecido a veces estar cerca de definir el Derecho como precisamente lo que los tribunales y los abogados hacen, una definición del Derecho puede ser parasitaria de las actividades de los tribunales, los jueces, los abogados y las instituciones asociadas con ello [...] Ahora bien, ¿cuáles son los aspectos del Derecho que cualquier visión de la naturaleza del Derecho *debería* explicar? Si deseamos explicar solo un sistema de normas o una institución de organización social cuyo propósito es alcanzar objetivos deseables y usar recursos estatales al servicio de esos objetivos, entonces el sistema de recompensas que se ha descrito satisface los requisitos. Pero entonces tendríamos que incluir, lo que parece discutible, bajo el paraguas del Derecho todo el sistema de elaboración de políticas y de ejecución de políticas. Esta forma de entender el alcance del Derecho

> puede o no ser una buena cosa a hacer, y puede o no ser útil para algunos propósitos prácticos o teóricos, pero no es capaz de explicar lo que parece ser por lo menos una diferencia sociológica entre los tribunales y otras instituciones públicas, entre los juristas y otros profesionales del ámbito de la política, y entre el aparato jurídico y otros numerosos dispositivos de las políticas públicas (pp. 121-122).

3) En fin, al señalar la importancia que tiene la autoridad en el Derecho y cómo el Derecho es por ello diferente de muchas otras instituciones sociales, puesto que la autoridad hace que se trate de un dominio limitado, Schauer se refiere a la noción hartiana de regla de reconocimiento, en cuanto mecanismo para identificar «aquellas fuentes, en un sentido amplio, que son *reconocidas* por una regla de reconocimiento como parte del Derecho en primer lugar» (p. 158). Y también aquí aparece una cierta discrepancia con la concepción de Dworkin:

> Una manera de entender el influyente desafío de Ronald Dworkin a Hart y a la tradición moderna del positivismo jurídico consiste en ver a Dworkin como alguien que niega que la toma de decisión judicial es o puede ser restringida a un dominio limitado por fuentes identificables mediante una regla de reconocimiento (p. 231, nota 16).

Bueno. No pretendo defender aquí la concepción dworkiniana en todos sus detalles; y creo, por lo demás, que Schauer puede tener alguna razón en sus muy matizadas críticas. Pero me parece que una concepción postpositivista del Derecho bien entendida (que en muy buena medida viene a coincidir con la de Dworkin, aunque no se identifique del todo con ella) puede hacer frente a esas tres objeciones sin demasiados problemas.

Ad 1) Sobre cómo ha de verse la relación entre el Derecho y la moral, lo que esa concepción vendría a sostener no es la imposibilidad de distinguir el Derecho de la moral o la configuración del Derecho como una parte de la moral (una confusión a la que quizás pueda haber contribuido Dworkin al presentar el Derecho como una rama de la moralidad política [Dworkin 2011]); sino la existencia tanto de diferencias como de continuidades entre el Derecho y la moral. Ambas son prácticas sociales que comparten algunos instrumentos y algunos fines, pero eso no es óbice para considerar que algún aspecto de una práctica jurídica pueda ser contrario a la moral; o, dicho de otra manera, las actuaciones de Thoreau, Gandhi, etc., pueden haber sido moralmente correctas (o más que eso: supererogatorias) y, al mismo tiempo, contrarias al Derecho establecido en un cierto momento. «Obedecer el Derecho» no coincide, por lo tanto, necesariamente con «hacer lo correcto»; el postpositivismo no es un tipo de positivismo ideológico, de legalismo ético.

Ad 2) Tampoco me parece que el postpositivismo corra el riesgo de descuidar lo que podríamos considerar como las señas de identidad del Derecho, o sea, que provoque algo así como una «desdiferenciación» del Derecho en relación con las otras instituciones sociales. Sí que supone una ampliación del ámbito de lo jurídico (Dworkin maneja sin duda un concepto más amplio de Derecho que el de Hart), pero eso no quiere decir que haya desaparecido la noción de límite, sino que esta se construye de una manera distinta. Creo que un buen ejemplo de esto último lo tenemos en la concepción de la interpretación de Dworkin; él insiste mucho en que interpretar el Derecho no es inventárselo (prescindir de los materiales jurídicos, del «Derecho en su primer estadio» al que se refería Schauer), pero lo que guía la labor del intérprete sería la de dar a esos materiales el sentido que suponga un máximo desarrollo de los fines y valores de la práctica (la interpretación jurídica, como se sabe, no puede seguir un modelo puramente «intencionalista»). Por eso, no hay riesgo, me parece a mí, de identificar el rol del juez con el del legislador o el de los órganos administrativos que desarrollan las políticas públicas establecidas por el ejecutivo.

Ad 3) Y, finalmente, el postpositivismo no niega que el Derecho sea un fenómeno autoritativo, sino que, como antes decía, ve el Derecho como una realidad dual, de manera que, junto a las disposiciones de la autoridad, están también los fines y valores que caracterizan a una determinada práctica social. Por eso, yo no vería tampoco ninguna incompatibilidad entre ser postpositivista y aceptar un criterio como el de la regla de reconocimiento, siempre que este se entienda de una manera suficientemente amplia. Dicho de otra manera, se necesita algún tipo de mecanismo que sirva como anclaje del Derecho en el sistema social (las razones sociales —morales, económicas, etc.— no pueden convertirse automáticamente en razones jurídicas), aunque los rasgos específicos que haya de tener ese mecanismo de transformación puedan ser discutibles, puedan configurarse de una u otra forma. Pero, en definitiva, el postpositivismo no tiene que ver con lo que últimamente suele llamarse «neoconstitucionalismo» (*vid.* Atienza 2017a, cap. V); no niega la importancia de la autoridad en el Derecho y, por tanto, reconoce que en el razonamiento judicial de carácter justificativo hay tanto razones sustantivas (dependientes del contenido) como razones formales o autoritativas (independientes del contenido).

Ahora bien, ¿de qué manera afecta lo que se acaba de decir al planteamiento de Schauer en relación con el Derecho y la fuerza? Yo creo que, fundamentalmente, de estas dos.

Por un lado, tener en cuenta lo anterior podría servir muy bien para comprender por qué la tendencia de la corriente principal de la filosofía del Derecho en los últimos tiempos, al relegar a un segundo plano el problema de la sanción, es efectivamente equivocada. El error consiste en que ese planteamiento prescinde de lo esencial: de que el Derecho es una práctica social encaminada a la consecución de ciertos fines y valores (básicamente, en el caso de los derechos del Estado constitucional, la consecución de los derechos fundamentales de los individuos) y de que esos objetivos no podrían lograrse sin utilizar recursos coactivos. Un concepto de Derecho que pretenda dar cuenta de esa práctica (y no simplemente del sistema de normas que, obviamente, también es un componente de nuestros derechos) no puede, por tanto, dejar fuera ese aspecto, sino que tendría que centrarse en la compleja interrelación de medios y fines que caracteriza a la empresa del Derecho. Una muestra del alejamiento de esa corriente central de la iusfilosofía de la realidad del Derecho, de la práctica social en que consiste el Derecho, es la conocida distinción de Joseph Raz (a la que varias veces se refiere Schauer en su libro) entre el Derecho y el razonamiento jurídico: como si la práctica del razonamiento jurídico no formara parte de «la naturaleza del Derecho». Al igual que también está alejada de la práctica jurídica una concepción imperativista del Derecho como la de Austin o la de Kelsen, en este caso por sobrevalorar el papel de la norma y de la sanción (lo que Ihering llamaba «la forma externa del Derecho») y dejar fuera los fines del Derecho, muchos de los cuales no podrían satisfacerse únicamente por medio de la sanción. Y si a eso se le añade un hecho que no pasa inadvertido a Schauer: la importancia que la coacción (y las recompensas) representa para una visión del Derecho como la de Dworkin, pero también como la de von Ihering (el «segundo Ihering») que, en mi opinión (*vid.* Atienza, 2017, cap. I) es el autor con el que se inicia en los tiempos modernos la idea del Derecho como práctica social y, en cierto modo, el postpositivismo. La consecuencia a la que habría que llegar (pero a la que no parece llegar Schauer) es que una investigación adecuada sobre el papel de las sanciones en el Derecho supone modificar la idea de fondo del Derecho que subyace a la corriente principal de la iusfilosofía; y no solo en el sentido de ampliar el ámbito de lo jurídico, sino introduciendo el componente finalista y valorativo consustancial a una práctica social.

Por otro lado, creo que si Schauer hubiese partido precisamente de la concepción (postpositivista) del Derecho a la que me vengo refiriendo, hubiese cambiado también un tanto su manera de abordar la cuestión del Derecho y la fuerza. Para empezar, no habría, creo yo, dedicado tanto esfuerzo para defender una tesis que, como ya he repetido varias veces, no pasa de ser banal: la necesidad de contar con el elemento de la coacción para dar cuenta del concepto de Derecho. Tampoco me parece que tenga demasiado interés su empeño por aislar el componente estrictamente jurídico de las acciones y decisiones de la gente y de las autoridades; quiero decir que si el Derecho no puede (o no siempre puede) distinguirse netamente de la moral, entonces lo que quizás debiera importarnos no sería tanto la cuestión de en qué consiste obedecer el Derecho, sino de qué manera puede lograrse que la gente y las autoridades actúen de cierta forma y se obtengan con ello determinados fines; y ello, con independencia de si esos mecanismos son «estrictamente» jurídicos o contienen también algún componente de tipo moral, económico, etc.; lo lógico es que esos mecanismos se den, por así decirlo, mezclados, dado lo que son (cómo operan) las diversas prácticas sociales. Y, finalmente, en la investigación de Schauer falta por tratar la cuestión que, con razón, Dworkin consideraba como central para la filosofía del Derecho: cómo y hasta qué punto se puede justificar el uso de la coerción pública.

9

PRAGMATISMO JURÍDICO. LA PROPUESTA DE SUSAN HAACK*

1. AL ENCUENTRO DEL PRAGMATISMO FILOSÓFICO

Mi primer contacto con la obra de Susan Haack tuvo lugar a mediados de los años ochenta, cuando estaba escribiendo un libro sobre la analogía en el Derecho (Atienza 1986). Analizaba allí diversas formas de entender ese típico argumento jurídico, y una de ellas (entonces resultaba muy novedosa) consistía en utilizar, para revelar la estructura de la analogía, la llamada lógica borrosa o difusa (*fuzzy logic*). Parecía una estrategia prometedora, puesto que el problema de la vaguedad ocupa un lugar central en ese tipo de razonamiento. Pero Haack había mostrado que no era así (o no del todo así), porque la lógica vaga (o difusa) en sí misma era imprecisa (una lógica con valores de verdad vagos, tablas de verdad imprecisas y reglas de inferencia cuya validez es aproximada en lugar de exacta), de manera que no resultaba adecuada para manejar argumentos en los que figuraran términos vagos. A eso se podía objetar que se habían construido programas informáticos que utilizaban la tecnología *fuzzy* y que funcionaban en la práctica. Pero la réplica de Haack era que, si funcionaban en la práctica, ello se debía a que, en realidad, no aplicaban los principios de la lógica borrosa: la tecnología *fuzzy* no era exactamente una aplicación de la lógica *fuzzy* (*vid.* Haack 1982)[1].

* Se trata de mi contribución al número monográfico de la revista *Estudios filosóficos*, dedicado a la obra de Susan Haack, que aparecerá en breve.

1. En un trabajo más reciente (Haack 2007), Susan Haack hace el siguiente comentario: «Curiosamente, la posibilidad de usar algún tipo de lógica 'lagunosa' (*gappy logic*) para representar lagunas jurídicas no parece haber sido explorada; pero la lógica borrosa (*fuzzy logic*) (o 'lógica', como estaría más inclinada a decir) sí que ha atraído la atención de algunos académicos que se ocupan de cuestiones de prueba» (Haack 2007, 12). Pero existen varios trabajos que sí han tratado de utilizar esa «lógica» para esclarecer el razo-

Luego conocí —en el contexto de la elaboración de la tesis de doctorado de Amalia Amaya sobre la coherencia en el Derecho— la propuesta de Susan Haack consistente en ofrecer una teoría de la justificación que articulaba elementos fundacionalistas y coherentistas y que me pareció un ejemplo excelente de cómo aplicar el sentido común para resolver problemas filosóficos aparentemente intratables; no sabía entonces que Susan Haack había defendido un tipo de epistemología basada en lo que denominaba precisamente «sentido común crítico». También, en el marco del desarrollo durante estos últimos años de los estudios sobre razonamiento probatorio, tuve oportunidad de leer diversas obras suyas llenas de buen sentido y que, naturalmente, se alinean entre las defensoras de un realismo crítico que apoya la necesidad de contar con una noción objetiva de verdad frente a los partidarios del paradigma «narrativista»; según estos últimos, el objetivo de la actividad probatoria no sería el de procurar alcanzar la verdad de los hechos, puesto que no existe algo así como una realidad objetiva que pueda ser descubierta: la «realidad» es algo socialmente construido. Me interesaron también mucho algunos trabajos suyos en los que advertía sobre la falta de fiabilidad de la llamada «revisión por pares». Y no solo porque eso fuera importante a la hora de evaluar la prueba pericial, sino también (sobre todo) porque eso ponía en cuestión la supuesta objetividad de las agencias de evaluación de la producción científica, especialmente en relación con las ciencias sociales; por lo demás, la adopción de criterios eficientistas que se basan en una especie de concepción empresarial del conocimiento resulta particularmente distorsionadora en relación con la investigación jurídica (de la filosofía del Derecho y de la dogmática jurídica). Me fue igualmente de gran utilidad su convincente e iluminadora crítica al llamado «constructivismo social», esto es, la manera de concebir la realidad a la que ya me he referido y que ha causado estragos tanto en el campo de la filosofía y de las ciencias sociales como también en el más específico del Derecho; concretamente, su *Manifiesto* en contra del irracionalismo filosófico contemporáneo (*vid.* Haack 1998) me sirvió mucho como base desde la que rechazar concepciones postmodernistas del Derecho como la de Boaventura de Sousa Santos (Atienza 2017a).

Sin embargo, de entre las ideas que pueden encontrarse en la amplia producción de Susan Haack, la que a mí me ha resultado más inspiradora (que no está ni mucho menos desconectada de las anteriores) es su defensa del pragmatismo filosófico. Su manera de entender el «pragmatismo clásico» constituye, en mi opinión, una pieza importan-

namiento jurídico por analogía, y el primero de ellos quizás haya sido el de L. Reisinger (Reisinger 1982), del que yo me ocupaba en el libro que he mencionado.

te de lo que tendría que ser una teoría del Derecho bien entendida. Explico por qué.

Mi trabajo en filosofía del Derecho durante las últimas décadas ha estado centrado fundamentalmente en elaborar una teoría argumentativa del Derecho. Para ello partí de considerar el Derecho como argumentación, aunque yo no crea, naturalmente, que el Derecho pueda reducirse a un fenómeno argumentativo (Atienza 2006). En el transcurso de esa investigación comprobé que las teorías del Derecho más influyentes en el siglo XX (el formalismo jurídico, el positivismo normativista, el realismo jurídico, el iusnaturalismo y las teorías «críticas» del Derecho) no permitían dar cuenta (por diversas razones) del Derecho en cuanto fenómeno argumentativo. Y en el esfuerzo por identificar (y en parte por construir) una concepción del Derecho que pudiera servir para esos efectos y que fuera, en general, una concepción aceptable del Derecho (de los Derechos del Estado constitucional), llegué a la conclusión de que el trasfondo filosófico de esta no podía ser otro que el pragmatismo. Por pragmatismo entendí, en un sentido muy amplio e impreciso, algo así como un método, una forma de entender la teoría (la teoría jurídica), cuyo rasgo central sería la primacía de la práctica; de manera que autores como Kant, Marx, Habermas o Dworkin también podrían ser considerados como pragmatistas. El pragmatismo no sería pues, exactamente, un tipo de filosofía del Derecho, sino una actitud necesaria para construir una filosofía del Derecho con sentido, esto es, capaz de incidir (aunque no fuera en forma inmediata) en las prácticas jurídicas[2]. Pero, además, no podía tratarse del pragmatismo ramplón del jurista que vive a ras de suelo y que no es capaz de entender que en el Derecho se necesitan teorías precisamente para poder ser suficientemente prácticos; ni tampoco del «nuevo pragmatismo» de autores como Rorty y los teóricos del Derecho (situados más o menos en el ámbito de las teorías «críticas» del Derecho) que han seguido sus planteamientos, pues ese escepticismo radical en relación con la razón —práctica y teórica— no podía significar otra cosa que la negación de la filosofía del Derecho. Tenía que ser un pragmatismo no meramente instrumentalista, sino compatible con una idea fuerte de la razón práctica (que no se circunscribe a la adecuación entre los medios y los fines) y con el objetivismo moral; por lo tanto, una teoría que no renuncia ni a la idea de verdad ni a la de corrección. Y aquí es donde aparece la obra de Susan Haack, cumpliéndose con ello felizmente uno de los rasgos

2. En relación con esto, me influyó mucho la idea que Toulmin tenía del «pragmatismo» y que expresó en una entrevista que le hice junto con Manuel Jiménez Redondo: según él, el pragmatismo no era «una teoría más», sino «una actitud mental en que el valor de la teoría se juzga por el grado en que esa teoría puede ponerse en práctica, en que cabe efectuar con ella cambios para el bien de los hombres» (Toulmin 1993, 355).

de la realidad que propugna el pragmatismo filosófico clásico: el factor de la suerte en los asuntos humanos, al que Peirce llamaba *tiquismo* (*vid.* Haack 2017, 8). Pues la noción de pragmatismo que yo estaba buscando, y que había entrevisto pero no articulado de manera completamente adecuada, es esencialmente la que cabe encontrar, solventemente expuesta, en los trabajos de Susan Haack. Su manera de entender el pragmatismo filosófico y el pragmatismo jurídico suministra un firme apoyo para el tipo de teoría del Derecho que, en mi opinión, deberíamos esforzarnos por desarrollar.

2. UN CUADRO DEL PRAGMATISMO

Cuando se leen los (varios) trabajos de Susan Haack referidos al pragmatismo[3], se tiene la impresión de contemplar la ejecución de una pintura en la que pueden distinguirse tres planos. Uno es el del pragmatismo filosófico clásico que ocupa, por así decir, el fondo del cuadro. El otro, el plano central, está dedicado a trazar la figura del juez Holmes, por el que Haack parece sentir verdadera devoción; lo que, por cierto, no le impide mostrarnos también algunos de sus rasgos —digamos— menos agraciados o incluso defectuosos. Y, finalmente, en un tercer plano, como saliéndose ya del cuadro, aparece un esbozo de lo que cabría denominar una teoría pragmatista del Derecho. No se trata de tres pinturas, de un tríptico, sino de una única obra, puesto que las tres escenas se compenetran y en algún sentido tienden a confundirse: de ahí que en el proceso de ejecución de su obra, la autora aproveche el trabajo de detalle dedicado a completar cada uno de esos tres planos (o alguna escena de los mismos) para retocar o subrayar también algo de lo que aparece en los otros. El resultado final, en mi opinión, es una pintura manifiestamente coherente y unitaria (hay un mismo propósito, una misma tonalidad, que recorre todas las escenas del cuadro), pero también intencionadamente incompleta: lo que cabría denominar una obra abierta.

2.1. *El pragmatismo filosófico clásico y sus sucesores y sucedáneos*

Pues bien, el esfuerzo de Haack por clarificar lo que puede (mejor: *debe*) entenderse por pragmatismo filosófico clásico es muy de agradecer, y por diversas razones. Una es que la obra de esos autores (estoy pensando en Peirce, en James y en Dewey que, me parece, son los que

3. Los que yo he tenido en cuenta son los referenciados como Haack 2005, 2006, 2007a, 2007b, 2008, 2009a, 2009b, 2011, 2017 y 2018.

cabría considerar como «más clásicos»[4]) no es fácil de entender, sobre todo por quien pertenezca a una tradición de pensamiento que no sea la estadounidense; y aquí, yo diría que la claridad analítica de Susan Haack contrasta, y para bien, con la prosa, en ocasiones un tanto hermética, de esos autores. Y otra (la que Haack destaca en sus escritos) es la necesidad de clarificar las señas de identidad de un movimiento filosófico que, efectivamente, tiene un enorme potencial para ser malentendido.

Esto último sucede, en parte, porque, como Haack señala una y otra vez, lo que comparten esos (y otros) autores no constituye propiamente una filosofía; lo que tienen en común no es más que una serie de temas, de actitudes, de métodos... que, por lo demás, no les impide sostener tesis muy distintas entre sí, y en relación con asuntos no precisamente intrascendentes. Un buen ejemplo de esto último es la llamada «máxima utilitarista del significado», que James y Peirce interpretan de manera para nada coincidente: así, «mientras que Peirce había vinculado el significado de un concepto a las consecuencias para la conducta de *la verdadera aplicación de ese concepto*, James vincula el significado de una proposición a las consecuencias para la acción de *creer en esa proposición*» (Haack 2018, 6). En este punto, para entender la heterogeneidad del pragmatismo, resulta verdaderamente esclarecedora la metáfora utilizada por Giovanni Papini y que Haack reproduce en diversas ocasiones (*vid.*, por ejemplo, Haack 2006, 50): el pragmatismo sería como un gran hotel con muchas habitaciones, en cada una de las cuales hay un filósofo trabajando de manera distinta a los otros y sobre cuestiones también distintas: lo que todos ellos tienen en común es que, para llegar a cada una de sus habitaciones, han de pasar por el mismo pasillo.

Y en parte (esta sería la causa «extrínseca» de la confusión) porque el significado del pragmatismo ha sido obscurecido y adulterado como consecuencia de dos fenómenos que Haack denuncia una y otra vez en sus escritos. Uno de ellos consiste en la tendencia a entender el «pragmatismo» de acuerdo con el significado que esta expresión tiene en el lenguaje común, de manera que la filosofía pragmatista se caracterizaría por una inclinación hacia lo práctico, hacia lo conveniente, más bien que hacia los principios (*vid.*, por ejemplo, Haack 2009, 13). Pero esto, como Susan Haack muestra de manera inapelable, poco o nada tiene que ver con el pensamiento de los autores que representan el pragmatismo clásico; al respecto, Haack recuerda, entre otras cosas, que el «fun-

4. Haack se ha interesado también por la obra de George Herbert Mead, F. C. S. Schiller (a la que se refiere en términos críticos), C. I. Lewis, Sidney Hook (que considera afín a la suya) y W. V. O. Quine (cuyo supuesto «pragmatismo» le parece un tanto equívoco). *Vid.* Haack 2005.

dador» del movimiento, Peirce, tuvo un amplio y profundo interés en la metafísica, además de haber sido uno de los grandes renovadores de la teoría lógica. Y el otro fenómeno, que a Haack le parece más preocupante que el anterior, es el de la apropiación del rótulo por parte de ciertos autores como (sobre todo) Rorty, pero también Posner o Brandom, cuyos planteamientos no son en absoluto afines a los de los pragmatistas clásicos. Sin embargo, es indudable que lo que hoy suele entenderse por pragmatismo tiende a identificarse con la obra de estos últimos autores. Y de ahí lo acertado de la propuesta de Susan Haack, consistente en distinguir dos tipos de pragmatismo: el «viejo» (el pragmatismo clásico) y el «nuevo» (que, como digo, sobre todo, sería el de Rorty, esto es, el pragmatismo —o neo-pragmatismo— postmodernista) (Haack 2006).

Susan Haack considera que la obra de Rorty no solo ha contribuido a un uso verdaderamente «abusivo» del término «pragmatismo» o «neopragmatismo» (en alguna ocasión califica a este autor de «secuestrador» —de rótulos—), sino que el escepticismo radical de este último (recuérdese, entre otras cosas, su visión de la ciencia como parte de la conversación de la cultura occidental, o la conversión de la filosofía en un género literario), ha contribuido a impulsar una serie de tendencias irracionalistas contra las que Haack ha reaccionado (para emplear sus propias palabras) con una «apasionada moderación»[5] y en defensa de lo que cabría llamar la tradición de la filosofía racionalista. Por decirlo de una manera suave, Haack no siente el menor aprecio por la obra de Rorty y le parece que el tipo de pragmatismo que este último representa se aleja claramente del de los autores clásicos antes mencionados; tendría, si acaso, cierto parecido con el pragmatismo «vulgar» de un Schiller, si bien Haack considera que Rorty, «dadas sus frecuentes referencias a '*nuestras* prácticas conversacionales' a 'proseguir con la conversación de la cultura occidental'» (Haack 2006, 56), debería ser calificado, más que como un relativista (un rótulo que le cuadraría a Schiller), como un «tribalista».

Como antes decía, Rorty es uno de los autores que han influido decisivamente en el tipo de «pragmatismo jurídico» (vinculado al movimiento de los *Critical Legal Studies*) que ha tenido cierta presencia en los últimos tiempos en la academia estadounidense y que ha sido muy justamente criticado por iusfilósofos como Owen Fiss o Ronald Dworkin. Y, en relación con los otros dos autores que hoy parecen ser los usufructuarios del título «pragmatismo», la influencia de Brandom en el pensamiento jurídico me parece que se debe básicamente a un fenó-

5. Me refiero al título de su conocido libro *Manifesto of A Pasionate Moderate: Unfashionable Essays* (Haack 1998).

meno de moda intelectual (y, en ese sentido, pasajero)[6], mientras que el tipo de pragmatismo jurídico que defiende Posner (vinculado como se sabe al análisis económico del Derecho) ha tenido y sigue teniendo mucha mayor presencia. Es interesante por ello señalar que el juicio que a Susan Haack le merece el «pragmatismo cotidiano» (*everyday pragmatism*) de este último autor es más bien demoledor. Haack comienza preguntándose si a Posner habría que clasificarlo como un secuestrador del pragmatismo, como un crítico o simplemente como alguien que no entendió (un *misunderstander*; Haack 2017, 22) pero, a la vista de los numerosos errores que detecta en sus escritos en relación con el pragmatismo filosófico, parece decantarse por la última de las alternativas: «en los círculos jurídicos, sus incomprensiones acerca del pragmatismo clásico han sido tan seductoras como las de Rorty, y ahora las de Brandom, en filosofía» (Haack 2017, 24).

Pues bien, lo que Susan Haack lleva a cabo a lo largo de la serie de escritos a los que me vengo refiriendo es toda una operación de «limpieza conceptual» destinada a clarificar qué es lo que justificadamente puede entenderse por «pragmatismo filosófico». Y la conclusión a la que llega, como ya he anticipado, es que los autores pragmatistas (el pragmatismo clásico) no tienen en común ni una teoría de la verdad ni una posición metafísica, ni tampoco una idea de la ética o alguna otra cosa por el estilo. Lo que les une es un conjunto de temas, de predilecciones y actitudes que vendrían a configurar algo así como las «señas de identidad» de esa manera de entender la filosofía. En uno de sus últimos trabajos, Susan Haack lo concreta en los siguientes puntos:

— Aversión hacia el verbalismo y aproximación hacia el significado en términos de consecuencias «prácticas» o «pragmáticas».

— La idea de que los desplazamientos y los cambios de significado se desarrollan en consonancia con nuestro conocimiento.

— Rechazo a filosofar de una manera *a priori*, y entendimiento de la filosofía como algo que versa sobre el mundo y no exclusivamente sobre nuestros conceptos o nuestro lenguaje.

— Aversión hacia el dogmatismo y, correspondientemente, un robusto y decidido falibilismo.

— Rechazo de las falsas dicotomías, y (para usar la expresión de Peirce) énfasis sinequista en la continuidad.

6. Resulta difícil de creer que una doctrina expuesta de la manera tan abstrusa como se presenta el «inferencialismo» de Brandom pueda realmente llegar a tener alguna utilidad para modelar el razonamiento jurídico: *vid.* Haack 2017, 22 y n. 150.

— Preocupación por el carácter social tanto del lenguaje como de la investigación.

— Disposición a acercarse a los resultados de las ciencias y, en particular, a tomar la teoría de la evolución en serio.

— Reconocimiento de la contingencia, del papel de la suerte, tanto en el cosmos como en los asuntos humanos.

— Inclinación a mirar hacia el futuro y una forma distintiva de unir el futuro con el pasado (Haack 2018, 7-8).

2.2. *El pragmatismo del juez Holmes*

El juez Oliver Holmes nunca se calificó a sí mismo de pragmatista, pero formó parte, aunque de manera efímera, del famoso *Metaphysical Club* (digamos, el grupo fundador del pragmatismo; es interesante el hecho de que en el grupo hubiera otros dos juristas). A Haack le parece justo que sea considerado como el primero de los pragmatistas jurídicos, puesto que tanto sus obras teóricas como sus sentencias están llenas del espíritu del pragmatismo, y en ellas pueden reconocerse todas las anteriores señas de identidad (en algunos casos anticipa incluso alguna de esas ideas pragmatistas[7]). En uno de sus escritos (Haack 2011), sintetizando, en realidad, varios de sus anteriores trabajos, Susan Haack identifica los siete siguientes temas pragmatistas que pueden encontrarse en el pensamiento jurídico de Holmes[8]:

1) *La teoría predictiva del Derecho*. Lo que supone ver el Derecho no como el producto de la voluntad de un soberano, sino como la acción que llevarán a cabo los jueces al interpretar y aplicar las normas establecidas; igualmente, la noción de deber y de derecho se conciben en términos de predicción (teniendo en cuenta las consecuencias que sobrevendrán por hacer u omitir algo). De manera que Holmes estaría aquí clarificando el significado de los conceptos al tomar como referencia no las palabras, sino las consecuencias.

2) *El desarrollo y la adaptación de los conceptos jurídicos*. La interpretación que los jueces hacen de los conceptos tiene mucho más que ver con las necesidades del tiempo en que se vive que con las implicaciones lógicas de las normas legisladas: «La vida del Derecho no ha sido lógica, sino experiencia», y un sistema jurídico no puede ser concebi-

7. Haack se refiere varias veces (por ejemplo, Haack 2009, 19) a la sugerencia hecha por Max Fisch de que la teoría predictiva de Holmes podría haber inspirado la máxima pragmatista de Peirce.

8. Resumo la exposición de Haack de manera un poco libre (no incluyo las —expresivas— citas de textos de Holmes), pero espero que el resumen resulte fidedigno (*vid.* Haack 2011, 68-72).

do axiomáticamente; la elasticidad de los conceptos jurídicos es inevitable y deseable.

3) *La evolución de los sistemas jurídicos*. El Derecho no es una entidad metafísica, sino una realidad determinada espacial y geográficamente; en lugar de tratar de comprender «el Derecho-en-general», es preferible centrarse en un sistema jurídico en particular. El Derecho es siempre el Derecho de algún lugar y en un determinado momento, o sea, una realidad histórica que evoluciona en el tiempo y que se va adaptando a las circunstancias, como ocurre con el desarrollo de una planta.

4) *Gradualismo*. Las dicotomías jurídicas tienden a convertirse, cuando se las analiza con cuidado, en diferencias de grado.

5) *El pasado y el futuro del Derecho*. Para entender el Derecho hay que fijarse en el pasado, pero para actuar con sentido dentro de un sistema jurídico (al interpretar o aplicar normas) debemos considerar también las consecuencias, el futuro; o, dicho de otra manera, el pasado es importante en la medida en que se proyecta en el futuro.

6) *Relevancia de las ciencias, especialmente de las ciencias sociales, para el Derecho*. Las referencias de Holmes al jurista del futuro como alguien experto en estadística y en economía pueden hacer de él un precursor del análisis económico del Derecho. Pero la necesidad de considerar los medios y los fines, los costes y las consecuencias le llevó a subrayar también la relevancia de otras ciencias como, por ejemplo, la psicología (o, como antes se ha visto, la historia).

7) *Falibilismo moral*. La resistencia de Holmes frente a los que consideraban conveniente introducir en el Derecho elementos de moralidad tiene su base en el falibilismo moral que caracterizó en general al movimiento pragmatista: un juez no puede olvidar que lo que él considera como los principios morales más básicos puede ser visto como un error por la mitad de sus conciudadanos.

2.3. *Un esbozo de teoría jurídica pragmatista*

Como antes decía, la tercera escena del cuadro, y que nos lleva de alguna forma hacia fuera de él, es algo así como un esbozo de una teoría pragmatista del Derecho, lo que Susan Haack llama un «pragmatismo jurídico neoclásico» (Haack 2008 y 2017). Se trata de un proyecto de teoría basada, desde el punto de vista filosófico, en el pragmatismo clásico, y, desde la perspectiva jurídica, sobre todo en Holmes, aunque también considera de interés la obra de otros iusfilósofos que estarían en esa misma línea pragmatista, como Pound, Dewey (escribió varios artículos de tema jurídico), Cardozo, Levi (este último es autor de un librito sobre el razonamiento jurídico, muy influyente en el pensamiento jurídico estadounidense, y al que Haack concede gran valor) o incluso Llewellyn. Los rasgos fundamentales de esa concepción del Derecho serían los siguientes:

1) Los sistemas jurídicos son instituciones sociales dirigidas a satisfacer necesidades humanas de carácter social. Su existencia depende de acciones humanas; se hacen más complejas a medida que aumenta la complejidad de la sociedad de la que forman parte; y se diferencian de otras instituciones por su carácter inherentemente normativo.

2) Como los sistemas jurídicos son creados por acciones humanas, lo que hace que algo sea una *verdad* jurídica (o sea, las «verdades acerca de lo que el Derecho es en un determinado lugar y tiempo» [Haack 2017, 26]) son acciones de los legisladores y de los jueces. «La idea de que la verdad es algo que *hacemos* más bien que algo que *descubrimos* se encuentra en James, en Dewey y en Schiller; y aunque esta idea, en mi opinión, no es defendible en relación con la verdad en general, es enteramente adecuada en contextos jurídicos» (Haack 2017, 26). Así, cabría decir que en 2004 se volvió verdad el enunciado de que Michigan es un Estado *Daubert* (que aplica en materia de prueba un criterio que lleva ese nombre).

3) La distinción entre un sistema jurídico y otros tipos de sistemas normativos es una cuestión de grado. Esa graduación (desde los casos centrales de sistemas jurídicos a los no jurídicos, pasando por supuestos de la penumbra) en nuestros días podría trazarse así: Derecho estatal-Derecho internacional-sistemas infrajurídicos (como el arbitraje o la mediación)-sistemas pre-jurídicos-sistemas no jurídicos (como normas de cortesía, morales, etc.).

4) Los conceptos jurídicos se desarrollan y cambian. Y el concepto de Derecho es no solo un concepto que se refiere a una pluralidad de fenómenos, sino también un concepto gradual y fluido: varía de cultura en cultura y cambia cuando la sociedad cambia.

5) Hablar del Derecho sin más tiene sentido, siempre y cuando no se entienda por tal una abstracción metafísica (lo que Holmes llamaba «a brooding omnipresence in the sky») sino el conjunto de los sistemas jurídicos (pasados y presentes).

6) Los sistemas jurídicos constituyen un «universo pluralista». Y un mismo sistema jurídico (como el de los Estados Unidos) puede ser considerado como un universo pluralista, un mosaico de sistemas jurídicos.

7) Ese universo (o más bien multiverso) pluralista del Derecho está en una constante evolución. Los sistemas jurídicos evolucionan de manera semejante a como lo hacen los lenguajes. Y recurriendo a un símil biológico, cabría decir que el equivalente a la selección artificial serían los cambios legislativos, mientras que lo que se correspondería con la selección natural serían los pequeños pasos que se van dando a través de la interpretación.

8) El pragmatismo no es hostil a la lógica, pero los sistemas jurídicos no pueden entenderse como sistemas axiomáticos. La lógica es importante en el Derecho, pero no lo es todo: «la utilidad de los instrumentos de la lógica formal en la teoría jurídica es limitada» (Haack 2007, 25).

9) Aunque no puedan separarse en la práctica, hay una distinción conceptual entre el Derecho y la moral: «si bien están entrelazados en la práctica, lo que es jurídico y lo que es moral son cosas distintas» (Haack 2008, 472).

10) La semiótica de Peirce tendría un gran potencial para comprender el proceso de la interpretación jurídica. Haack considera que los sistemas jurídicos (en especial los del *common law*) deberían ser considerados como «laberintos de signos», estructuras de interpretaciones de interpretaciones de interpretaciones... Pero se trata —nos dice (Haack 2017, 35-36)— de un proyecto que habría que desarrollar.

3. ALGUNOS COMENTARIOS

El punto anterior reconstruye —o, al menos, esa ha sido mi intención— el cuadro que nos ofrece Susan Haack del pragmatismo filosófico y del pragmatismo jurídico, pero solo en sus trazos más gruesos; el original —obvio es decirlo— es mucho más rico y exige su contemplación directa (la lectura de esos trabajos), si se quiere captar la totalidad de la obra (el conjunto de las ideas que ahí se exponen, con todos sus detalles, y las conexiones que guardan entre sí). Pero había dicho también que se trataba de una obra intencionadamente abierta, en el sentido de que la propuesta de Haack consiste en articular una especie de armazón conceptual, un conjunto de lineamientos básicos con los que construir una teoría pragmatista del Derecho. Yo estoy muy de acuerdo con ese planteamiento (suscribo prácticamente todas las tesis que Haack defiende), pero creo que, para llevar a cabo el proyecto, hay algunos puntos no considerados —o no resaltados— por Haack y que merecería la pena tomar en consideración.

3.1. *Pragmatismo jurídico y teoría del Derecho contemporánea*

El primero es la necesidad de situar todo ese planteamiento en el contexto de la teoría del Derecho contemporánea, entendida esa expresión en toda su amplitud. Lo que quiero decir con ello es que, en la obra de Susan Haack, la teoría del Derecho que fundamentalmente (casi exclusivamente) se tiene en cuenta es la estadounidense desde la época de Holmes; de la misma manera que el sistema jurídico en el que parece estar pensando es, muy predominantemente, el *common law* de los Estados Unidos.

En relación con esto último, a veces se tiene la impresión de que Haack idealiza algo el funcionamiento de ese sistema (cuya capacidad de producir justicia —decisiones justas— es, en mi opinión, considerablemente menor de lo que el juez Holmes suponía), pues al compararlo con lo que son los sistemas de *civil law* o derechos de tipo continental-europeo, podría decirse que estos últimos aparecen descritos con notas mucho menos positivas[9]; para decirlo de manera un poco cruda, uno tiene la impresión de que Susan Haack piensa que los sistemas de *civil law* —lo que vale también para los juristas que operan en ellos— funcionan de acuerdo con los parámetros que suelen atribuirse al formalismo jurídico. Pero me parece que esto es algo que, de ser cierto, pertenece más bien al pasado: hay pocos juristas —pocos teóricos del Derecho de esa tradición— que defiendan una concepción deductivista del Derecho; que nieguen que los conceptos jurídicos evolucionan constantemente y que en buena medida ello ocurre a través de los procesos interpretativos; que vean el Derecho simplemente como el Derecho legislado, el Derecho de los códigos; que no asuman que los jueces cumplen, cada vez más, un papel creativo; e incluso se habla en los últimos tiempos de un «giro argumentativo» (Atienza 2017a) que caracterizaría tanto a la práctica como a la teoría del Derecho, lo que ha llevado, por ejemplo, a una intensa y ya larga discusión en torno a los principios jurídicos, a la ponderación o al activismo judicial.

Con lo anterior no pretendo decir que no haya ninguna diferencia entre la cultura jurídica característica de cada uno de esos dos sistemas, sino que son menores de lo que a veces suele suponerse y, sobre todo, que esas diferencias son cada vez menos relevantes desde la perspectiva de la teoría del Derecho. O sea, en la contraposición que a veces se establece a propósito de cómo debe configurarse una teoría del Derecho, como una teoría completamente general, válida para cualquier sistema jurídico, o como una teoría con validez únicamente para cierto tipo de sistemas jurídicos, yo me siento más bien inclinado hacia esta segunda opción; y la razón para pensar así es que la teoría del Derecho que juzgo deseable desarrollar no ha de cumplir exclusivamente funciones descriptivas, sino también prácticas, normativas. Una de las claves de la polémica entre Hart y Dworkin (a propósito del famoso «Postfacio» a *El*

9. Un ejemplo: «Desde luego, esta aproximación evolucionista, y estas ideas acerca del desarrollo del significado de los conceptos jurídicos, están muy en desacuerdo con los modelos lógicos y las concepciones formalistas de la toma de decisiones jurídicas que todavía son muy dominantes en la teoría jurídica europea. Pero, de manera no sorprendente, yo comparto las reservas de Holmes acerca de modelos del Derecho exclusivamente lógicos» (Haack 2008, 466-467).

concepto de Derecho) tenía que ver precisamente con eso y, en el fondo, con la defensa de una concepción más bien analítica (la de Hart) o pragmatista, al menos en un sentido amplio (la de Dworkin): a mí me parece claro que un pragmatista jurídico (alguien que aceptase las tesis que acabamos de ver referidas a la concepción del Derecho de Holmes o del pragmatismo jurídico neo-clásico) se situaría del lado de Dworkin. Y a donde yo quiero ir con todo esto es a sostener que, para construir en nuestros días una teoría del Derecho acorde con los postulados del pragmatismo jurídico (que pueda cumplir funciones prácticas relevantes), lo determinante no es (o no es tanto) que se apoye en un sistema jurídico de *common law* o de *civil law*, sino que pretenda servir para los sistemas jurídicos del Estado constitucional, que se asemejan mucho entre sí (al menos desde el punto de vista de cuáles son los fines y los valores que un ordenamiento jurídico ha de satisfacer). Esto último, por cierto, es lo que ocurre, en mi opinión, con una teoría como la de Dworkin que ha sido (está siendo) sumamente influyente entre los juristas teóricos y prácticos que operan en muchos sistemas de *civil law*, porque ven en ella una concepción del Derecho que suministra una guía para enfrentarse con los problemas que plantea la constitucionalización de nuestros derechos.

Y voy ahora al otro aspecto que antes anunciaba, el del cariz muy (excesivamente, en mi opinión) estadounidense que Haack imprime a la teoría jurídica pragmatista; o, dicho de otra manera, la necesidad de poner en relación la concepción del Derecho que —digamos— surge de Holmes, con el pensamiento jurídico no estadounidense (básicamente, europeo). Creo que eso puede ayudar también a comprender mejor la visión del Derecho del propio Holmes.

Así, a mí me ha sorprendido que, cuando Haack habla de que Holmes comparó el desarrollo del Derecho al crecimiento de una planta o cuando ella misma se detiene a señalar las analogías existentes entre la evolución de las lenguas y la de los sistemas jurídicos, no parezca reparar en que, en el marco de la cultura jurídica contemporánea, esas ideas se vinculan fundamentalmente con Savigny y con la escuela histórica del Derecho: el Derecho como manifestación del espíritu de un pueblo. O que nunca ponga en relación el famoso *dictum* de Holmes de que «la vida del Derecho no ha sido lógica, sino experiencia» con ideas (y frases) que Rudolf von Ihering (al que había leído Holmes) había escrito con anterioridad y que vienen a decir prácticamente lo mismo[10]. No

10. En un trabajo dedicado a estudiar la influencia de la obra de Ihering en algunos de los mayores juristas estadounidenses del siglo XX (Holmes, Pound, Llewellyn y Fuller), Robert Summers (Summers 2000) cita el siguiente fragmento de *El espíritu del Derecho romano* (escrito por Ihering en 1865): «Este particular culto de la lógica, que trata de convertir la Jurisprudencia en matemática del Derecho, es una aberración y se basa en la ig-

pretendo con ello, naturalmente, quitarle ningún mérito a Holmes, sino simplemente recordar que su crítica al formalismo jurídico se inscribe dentro de un mismo movimiento (lo que se ha llamado «la revuelta contra el formalismo») que, en Europa, encabezó el propio Ihering y también Geny; de manera que la crítica al formalismo jurisprudencial de un Langdell, que llevó a cabo Holmes, viene a ser en cierto modo una réplica de la de Ihering (el «segundo Ihering») a la Jurisprudencia de conceptos alemana, y de la de François Geny a la escuela de la exégesis francesa.

En resumen, el pragmatismo jurídico tiene una variedad de fuentes teóricas (no es solo un fenómeno estadounidense), porque se trata de una concepción del Derecho (o de una manera de plantearse la teoría del Derecho) que obedece a una necesidad práctica: dar cuenta de los sistemas jurídicos (y orientar el trabajo de los juristas en el interior de los mismos) que se corresponden con sociedades con un nivel parecido de desarrollo económico, tecnológico, etc. En consecuencia, una mejor teoría jurídica pragmatista será aquella que aproveche los desarrollos teóricos que han tenido o tienen lugar en esos diversos sistemas, sin limitarse a uno de ellos. Yo no tengo ninguna duda de que la lectura de los textos de Ihering enriquece el pragmatismo jurídico de Holmes. De que el paso del Derecho natural al positivismo jurídico, que se produce en algunos países europeos entre finales del XVIII y comienzos del XIX (y que fue muy bien teorizado por González Vicén[11]), está en el trasfondo de la idea de Holmes (y de los demás autores positivistas) de que el Derecho es un fenómeno histórico y social, y no ya (la idea tradi-

norancia acerca de la naturaleza del Derecho. La vida no está aquí para servir a los conceptos, sino que los conceptos están para servir a la vida. Lo que vaya a pasar en el futuro no es algo que pueda ser postulado por la lógica, sino por la vida, por el tráfico y el comercio, y por el instinto humano de la justicia, bien sea deducible por medio de la lógica o imposible que eso suceda en absoluto» (22-23). Hay muchos otros pasajes de las obras de Ihering que contraponen la vida del Derecho a la lógica.

Summers es muy cauto a la hora de evaluar la influencia de Ihering en esos pensadores, sobre todo porque cree que la teoría instrumentalista del Derecho era algo que, de manera «natural», estos (Holmes, Pound y Llewellyn) habrían adoptado, dados los cambios tecnológicos introducidos desde finales del XIX en la sociedad estadounidense (p. 26); y también porque había una importante fuente anglosajona que inspiraba esa concepción del Derecho como un medio y no como un fin: el utilitarismo de Jeremy Bentham (p. 28). Pero el hecho de que todos ellos (incluido Holmes) hubieran leído a Ihering y las manifiestas coincidencias existentes, concretamente, entre estos dos últimos autores, lleva a pensar que la influencia de Ihering (que al fin y al cabo es el iniciador de «la revolución instrumentalista») tuvo que ser considerable. En todo caso, según Summers, habría sido mayor en el caso de Fuller (crítico del positivismo y del instrumentalismo jurídico) porque tanto Fuller como Ihering defendieron una teoría de los valores «más cualitativa y objetivista» (p. 31), que contrastaba, en particular, con la expresada por Holmes en su famoso *dictum*: «El primer requisito de un buen cuerpo de Derecho es que debe corresponderse con los sentimientos y las demandas de la sociedad, sean estas correctas o equivocadas» (p. 30).

11. *Vid.* González Vicén 1978.

cional del Derecho natural) un conjunto de normas y de principios con validez para todos los tiempos y lugares. O de que la visión del Derecho como institución social se enriquecería mucho si se pusiera en conexión con toda la tradición del institucionalismo jurídico que, en tiempos recientes, ha tenido una continuación, y renovación, en la obra de Neil MacCormick.

3.2. *Las insuficiencias de la teoría jurídica de Holmes*

El segundo punto tiene que ver con la valoración que Susan Haack hace de la obra de Holmes. Como antes he dicho, su juicio global es manifiestamente positivo, aunque Haack desliza algunas críticas al respecto. Por ejemplo, matiza el optimismo holmesiano acerca del papel del Derecho en la evolución social, señalando que el Derecho no siempre funciona como una máquina de progreso social (Haack 2008, 475-476); le acusa a Holmes en alguna ocasión de incurrir en «falsas dicotomías» (Haack 2011, 72), por lo tanto, de infringir el principio sinequista que, como hemos visto, es una de las características de su pensamiento; o (a propósito de su rol en el caso *Buck v. Bell* al que luego me referiré) de haber cometido un «fallo de imaginación y juicio moral» (Haack 2011, 87). Pero yo creo que el pensamiento de Holmes es también deficiente en relación con cuestiones más de fondo y que llevan a pensar que un pragmatismo jurídico bien desarrollado tendría que dar algunos pasos más allá e incluso en dirección opuesta a la de Holmes. Me explico.

Si partimos de que el Derecho es simplemente lo que hacen (o lo que harán) los jueces, entonces no es fácil ver por qué son importantes las razones en el Derecho, esto es, no parece haber mucho espacio para una concepción propiamente argumentativa del Derecho, que se centra en el razonamiento *justificativo* que llevan a cabo los jueces (la obligación de motivar las decisiones es un aspecto crucial de los Derechos de los Estados constitucionales); lo que quedaría sería solo el razonamiento de carácter predictivo en el que obviamente están interesados los abogados. Dicho de otra manera, una teoría del Derecho no puede quedarse en lo que hacen los jueces, sino que tiene que considerar también lo que deben hacer (aunque a veces no lo hagan). Pero además (*vid.* Summers 1982, 219), parece indiscutible que la mayor parte de lo que entendemos por Derecho no lo hacen los jueces, sino los particulares cuando llegan entre sí a acuerdos y formalizan contratos. Lo que en cierto modo es una consecuencia de que la mayor parte del Derecho no tenga que ver propiamente con la aplicación de la fuerza pública, sino con facilitar las interacciones humanas (Summers 1982, 221). Haack tiene razón al señalar que la utilización por parte de Holmes de la figura del «hombre malo» no es más que un recurso heurístico, y un recurso que en muchas ocasiones resulta útil[12]. Pero me parece indudable que con ello (con el método de Holmes) no se puede dar cuenta de muchísimos aspectos de la realidad del Derecho ni se pueden construir todos los conceptos que esa compleja realidad requeriría. O sea, la concepción del Derecho de Holmes es manifiestamente reduccionista (el Derecho no es solo el comportamiento de los jueces) y carece de muchas herramientas teóricas de gran importancia que han ido elaborándose en los últimos tiempos como, por ejemplo, la distinción de Hart entre normas primarias y secundarias (que se corresponde con la que, en el plano de la filosofía general, se hace entre las normas regulativas y las constitutivas).

Con todo, en mi opinión, el principal déficit que puede encontrarse en la obra de Holmes no es ese, sino el haber defendido una versión del positivismo jurídico bastante cruda, al separar de una forma que, creo, es equivocada, el Derecho de la moral. Este es uno de los extremos de la obra de Holmes que Susan Haack trata en diversas ocasiones (al que quizás haya prestado más atención) y por ello merece la pena detenerse un momento en él.

El análisis más pormenorizado de esa cuestión lo lleva a cabo Susan Haack en un artículo (Haack 2011) en el que discute a fondo el famoso caso *Buck v. Bell*, del que fue ponente el juez Holmes. Se trata de una decisión de 1927 de la Corte Suprema de los Estados Unidos que, en esencia, declaró constitucional la esterilización obligatoria de los deficientes mentales, siempre y cuando se cumplieran una serie de requisitos (seguir un procedimiento dirigido a garantizar, fundamentalmente, que el diagnóstico médico esté bien fundado y que no exista una aplicación «abusiva» de la medida). Antes de entrar en el caso, Haack sintetiza en cinco puntos (Haack 2011, 74-75) lo que serían las tesis generales de Holmes sobre las relaciones entre el Derecho y la moral:

1) *El Derecho y la moral son conceptualmente distintos*. O sea, que algo esté moralmente mal no quiere decir que esté (o deba estar) jurídicamente prohibido.

2) *El Derecho y la moral difieren en cuanto a su extensión*. Muchas normas jurídicas son moralmente indiferentes y existen normas jurídicas contrarias a la moral.

3) *La evolución de un sistema jurídico está íntimamente conectado con la evolución moral de la comunidad*. Los legisladores pueden (o suelen) cambiar las leyes y los jueces interpretarlas de acuerdo con los cambios que tienen lugar en los valores morales de la sociedad.

12. El «hombre malo» es aquel que sigue el Derecho (a diferencia del «hombre bueno») únicamente por temor a la sanción, y no porque acepte genuinamente el contenido de las normas. El concepto aparece en el libro de Holmes titulado *La senda del Derecho* (Holmes 1975).

4) *El Estado de Derecho (el* rule of law*) en sí mismo contribuye a la vida moral de una comunidad.* La predictividad del Derecho, por ejemplo, hace posible el florecimiento humano.

5) *Lo que es moralmente correcto o bueno no es algo que un juez (o cualquier otra persona) pueda conocer a priori; las convicciones e intuiciones morales de un juez (como las de cualquier otra persona) son falibles.* Cuáles sean las reglas morales que más puedan contribuir al florecimiento del mayor número de personas no es algo que resulte transparente: se va elaborando de manera gradual y frecuentemente dolorosa.

Eso (esas cinco tesis) le parece a Haack que muestra una buena comprensión de las relaciones entre el Derecho y la moral; exactamente, «buena, aunque no perfecta» (*a pretty good though not, to be sure, a perfect understanding* [Haack 2011, 75]). Ella piensa que la decisión tomada en el caso *Buck v. Bell* (como se ha dicho, Holmes fue el ponente; hubo un juez que disintió de la mayoría, pero no fundamentó su voto) había sido, por supuesto, errónea, pero el error se habría debido a «un fallo de imaginación y juicio moral», a la circunstancia de que Holmes era naturalmente «hijo de su tiempo» y compartía por tanto un prejuicio entonces muy difundido, y también a un error en la apreciación de los hechos (la mujer a la que se trataba de esterilizar en aplicación de una ley de Virginia de 1924 no era deficiente mental, sino una mujer pobre). O sea, Holmes habría fracasado en la práctica, precisamente por no haber aplicado lo que predicaba en la teoría (Haack 2011, 87) pues, al igual que otros pragmatistas, como James o Dewey, él no era un escéptico moral, sino un falibilista moral.

Ahora bien, yo creo que aquí es importante recordar la distinción que es usual trazar entre el nivel de la ética prescriptiva (o descriptiva) y el de la metaética, el de la ética teórica. Haack tiene, en mi opinión, razón al insistir en que Holmes no fue un escéptico (menos aun un cínico) en relación con lo que eran sus opiniones morales. Pero me parece que sí fue un escéptico por lo que se refiere a la metaética, a la posibilidad o no de fundamentar con razones las opiniones morales[13]. Y ese escepticismo (insisto, en el plano de la teoría ética) es lo que le lleva a prescindir de lo que suele llamarse «moral crítica» o «moral justificada» y a quedarse únicamente con la «moral social», la «moral positiva». Así se explica su famosa frase (ver nota 10) de que «el primer requisito de

13. Susan Haack (*vid.*, por ejemplo, Haack 2008, 473) cita algunos pasajes en los que Holmes habla de «verdades morales», pero me parece que son «verdades morales» en un plano únicamente subjetivo o intersubjetivo: lo que uno o muchos consideran como verdad.

un buen (*sound*) cuerpo de Derecho es que debe corresponderse con los sentimientos y las demandas de la sociedad, sean estas correctas o equivocadas» (Holmes 1881, 41). O la no menos famosa anécdota en la que, frente a la invocación que el juez Learned Hand le hizo en una ocasión (Holmes estaba yendo hacia la Corte Suprema) de que hiciera justicia, él le replicó algo así como: «Ese no es mi trabajo. Mi trabajo consiste en aplicar el Derecho». No puedo detenerme aquí en este punto[14] pero, en mi opinión, el falibilismo moral (de manera semejante a lo que ocurre con el falibilismo en la ciencia) debería ir acompañado de un objetivismo moral *mínimo* (en el plano teórico), o sea, de la tesis de que en el discurso moral y en el jurídico se erigen pretensiones de corrección (que pueden resultar equivocadas), pues en otro caso no sería posible otorgar sentido a nuestras prácticas jurídicas; concretamente, no podríamos explicar la obligación que existe para los jueces (y en general para los órganos públicos) de justificar sus decisiones.

Me parece además que la distinción que Holmes traza entre el Derecho y la moral, y aunque él la vea como una distinción que se da únicamente en el plano conceptual, pues en la práctica no siempre pueden separarse ambas realidades (*vid.* Haack 2008, 472), es un buen ejemplo de *no aplicación* del principio sinequista. O sea, en mi opinión, no solo en la práctica, sino también desde una perspectiva conceptual, hay una continuidad entre el Derecho y la moral (lo que no quiere decir, claro está, que no existan también diferencias). De manera que la pretensión de Holmes (y de los positivistas en general) de que es posible distinguir nítidamente entre lo que es y lo que debe ser Derecho (entre el Derecho y la moral) es insostenible también por razones conceptuales: particularmente en el contexto de los Derechos del Estado constitucional, no cabe (o, al menos, no cabe en muchos casos) identificar lo que establece el Derecho en relación con una determinada cuestión o interpretar una norma jurídica sin recurrir a criterios morales; el razonamiento jurídico involucra (necesariamente) fragmentos de razonamiento moral. El pragmatismo jurídico bien entendido, en mi opinión, es incompatible con la idea de que los jueces deben aplicar el Derecho haciendo abstracción de la justicia. Lo que el pragmatismo ha de promover es más bien una teoría que contribuya en la medida de lo posible a que los jueces hagan justicia por medio del Derecho.

14. Lo he desarrollado en Atienza 2017a, cap. VIII: «Objetivismo moral y Derecho».

3.3. *Más allá del realismo jurídico y de la iusfilosofía analítica: Pragmatismo y postpositivismo*

En uno de sus últimos trabajos, Susan Haack escribe lo siguiente:

> [A]l igual que el pragmatismo filosófico fue eclipsado primero por el positivismo lógico y luego por la filosofía lingüístico-conceptual de molde analítico, el pragmatismo jurídico parece haber sido eclipsado, primero, por el realismo jurídico y luego por la teoría jurídica de ese mismo estilo analítico. Como resultado de ello, los «ricos e inagotables» recursos de la tradición pragmatista siguen estando tan tristemente subdesarrollados e infrautilizados en la teoría jurídica como lo están, más en general, en la filosofía (Haack 2017, 19).

Yo estoy básicamente de acuerdo con el fondo de esa afirmación (en lo que tiene de descripción de una realidad —teórica— y de propuesta o sugerencia sobre cómo construir una teoría del Derecho con sentido), pero me parece que debería matizarse (no digo *corregirse*) en una serie de aspectos.

El primero de ellos consiste en poner de manifiesto que existe, en la teoría del Derecho contemporánea, una alternativa al positivismo de los realistas y de los iusfilósofos analíticos que, yo creo, conecta muy bien con el pragmatismo jurídico. Se trata de la concepción que hoy tiende a denominarse «postpositivismo» y en la que cabe situar a autores como Ronald Dworkin, Robert Alexy, Carlos Nino o Neil MacCormick. La idea fundamental consiste en entender el Derecho no solo como un sistema de normas (esa sería su dimensión autoritativa), sino también (y fundamentalmente) como una práctica social con la que se trata de lograr ciertos fines y valores (dimensión axiológica). Es la concepción que a mí me parece preferible, aunque creo que tiene ciertas debilidades que habría que corregir; en concreto, esos autores (hablando en general) se apoyan demasiado en una filosofía de corte liberal individualista, lo que les ha llevado a no poder dar cuenta satisfactoriamente de los derechos sociales; no subrayan la importancia del conflicto social en el Derecho; y no han contado suficientemente con las ciencias sociales a la hora de edificar la teoría del Derecho. Pero esas son precisamente deficiencias que una visión (adecuadamente) pragmatista del Derecho podría ayudar a superar.

Esa teoría del Derecho (que en un sentido amplio bien puede calificarse de pragmatista) tendría que ser, en mi opinión, no meramente descriptiva, sino también normativa. Aparentemente, eso iría en contra de algo que sostiene Susan Haack: «a diferencia de la reciente Teoría jurídica, con T mayúscula, la teoría jurídica pragmatista aspira no a prescribir cómo debe ser interpretado el Derecho, sino a sugerir cómo comprender el origen, la evolución y las funciones de la miríada de sistemas jurídicos del mundo» (Haack 2017, 2). Pero me parece que la contradicción es simplemente aparente, en el sentido de que a lo que se está oponiendo Haack, si yo la interpreto bien, es a una teoría jurídica de inspiración «crítica» (los «neo-pragmatistas jurídicos» afines a Rorty a los que antes he hecho referencia), o sea, a los que proclaman que el Derecho debe ser contemplado «con las lentes de la raza, el género, etc.», lo que supone una visión «demasiado estrecha, demasiado provinciana y demasiado politizada» (Haack 2017, 2). Pues bien, si recordamos lo que Marx (en mi opinión, un pensador que pertenece claramente a la tradición pragmatista en filosofía) escribió en su famosa XI Tesis sobre Feuerbach: «Los filósofos se han limitado a interpretar el mundo de diversos modos; de lo que se trata es de transformarlo», lo que a mí me parece que ha querido decir Haack no es que la tesis en cuestión debiera invertirse (como alguna vez sugirió Bobbio: «Los filósofos han tratado de transformar el mundo de diversos modos, pero de lo que se trata es de entenderlo»), sino que debiera matizarse, para que tuviera más o menos este tenor: «Los filósofos han tratado de interpretar el mundo (el Derecho) de diversos modos, pero de lo que se trata es de entenderlo para así poderlo transformar». En definitiva, una teoría de la interpretación jurídica no puede ser únicamente descriptiva y analítico-conceptual, sino que tiene que contener criterios que sirvan de guía a los intérpretes... para hacer posible la justicia a través del Derecho.

Me parece también (y en conexión con todo lo anterior) que el principal desafío que tiene que afrontar una teoría jurídica pragmatista inspirada en Holmes consiste en superar el instrumentalismo jurídico, la idea de que el Derecho debe ser considerado simplemente como un medio para obtener fines sociales, y que estos no pueden ser otros que los socialmente establecidos. Se trata de lo que Summers ha llamado el «instrumentalismo pragmático» que habría caracterizado la teoría de autores como Oliver Holmes, Roscoe Pound, John Dewey, John Gray, Karl Llewellyn, Walter Cook o Felix Cohen (Summers 1982, 11). Su principal debilidad estriba en la falta de una concepción adecuada de los valores, capaz de superar el relativismo utilitarista rendido a la moral social (*vid.* Pérez Lledó 2008, 21) y de dar cuenta de las razones sustantivas (basadas en valores morales objetivos) que en el Derecho (en particular, en el del Estado constitucional) juegan un papel de gran relevancia. Summers considera (creo que con razón) que en la superación de ese instrumentalismo pragmático, en la teoría jurídica estadounidense, debe otorgarse una gran importancia a la obra de Fuller que, en muchos aspectos, puede considerarse como precursora de la de Dworkin. En definitiva, el tipo de pragmatismo jurídico que necesitamos, en mi opinión, tiene que ser uno que no reduzca la racionalidad práctica a una cuestión de adecuación entre medios y fines, sino que acepte que sobre los fines últimos, sobre los valores, también es posible una discusión racional. Sin ello, me parece que es imposible construir una teoría que pueda dar cuenta de las dos ideas (instituciones) que quizás más hayan contribuido a configurar lo que hoy son nuestros derechos: el Estado de Derecho (el *rule of law*) y los derechos humanos. Pero, justamente, se trata de las dos instituciones que conectan el Derecho, respectivamente, con la política y con la moral, esto es, con los otros dos grandes componentes de lo que tradicionalmente se ha llamado la razón práctica. De manera que, al final, a lo que se llega es a una visión del Derecho en la que este no es ya (no es solo) un instrumento para lograr fines que están dados en otras esferas del todo social, sino un componente (un componente necesario) para articular la noción de lo que tendría que ser una sociedad bien ordenada. A la hora de conceptualizar el Derecho, el esquema medios-fines debería ser sustituido por (o, mejor, complementado con) el de parte-todo.

Finalmente, no cabe duda de que en la tradición del pragmatismo filosófico hay muchos conceptos que son de gran utilidad para la teoría del Derecho. Uno de ellos es, desde luego, el de sinequismo, la actitud o disposición consistente en buscar continuidades, y no solo cortes, entre los conceptos y en las realidades a las que estos se refieren. Yo diría que es una herramienta fundamental para la crítica (y superación) del positivismo jurídico, cuyo rasgo fundamental, en mi opinión, es lo que cabría llamar «la ideología de la separación»: la tendencia (a veces obsesiva) a distinguir nítidamente el Derecho del no Derecho, el Derecho de la moral, la ciencia jurídica de la sociología del Derecho, etcétera.

Otra idea de interés es la noción de verdad como algo que hacemos más bien que como algo que descubrimos. Y aquí, yo creo que su aplicación no se restringe a lo que son las *proposiciones* jurídicas (enunciados descriptivos del tipo de «Michigan es desde tal fecha un Estado *Daubert*»), sino que podría incluir también enunciados prácticos, normativos, del tipo de «*S* es la solución correcta (aunque pueda no haber sido la adoptada por el tribunal *T*) al caso *C*». Para ello (para justificar enunciados de este segundo tipo) podría servir muy bien, convenientemente adaptada, la noción de verdad del Peirce maduro, tal y como Haack la expone: la opinión final a la que llegaría por acuerdo una hipotética comunidad de investigadores si la investigación continuara lo suficiente (*vid.* Haack 2009, 11); una noción que, obviamente, se asemeja mucho a la concepción discursiva de la verdad de Habermas (o, mejor dicho, esta segunda a la de Peirce).

La aplicación de la noción de «sentido común crítico» al Derecho me parece prácticamente una necesidad. Como, por cierto, se lo pareció también a Holmes, que en una ocasión escribió: «Me parece que lo que necesitamos en este momento es una educación en lo obvio más que la investigación de lo obscuro» (Holmes 1997, 146). Un consejo que, en mi opinión, podría muy bien ofrecérseles hoy a tantos iusfilósofos analíticos que, efectivamente, parecen estar mucho más preocupados por las palabras y por los conceptos que por la realidad y, en general, a todos los juristas que tienden a olvidar que el Derecho, bien entendido, no puede ser otra cosa que sentido común refinado. O sea, si hay una continuidad entre la investigación en la vida ordinaria y en la ciencia (Haack 2007, 88-90), ¿cómo no va a haberla entre el sentido común ordinario y el sentido común jurídico?

Y, para poner un último ejemplo, tener en cuenta lo que proponía Peirce cuando hablaba de los tres grados de claridad (*vid.*, por ejemplo, Haack 2009, 17) constituye, yo creo, un recurso de enorme utilidad para el análisis de muchísimos conceptos jurídicos. O sea, habría algo así como un *continuum* que iría desde la capacidad para usar una palabra de manera más o menos correcta (primer grado de claridad), a ser capaz de dar una definición nominal (segundo grado), y finalmente a ser capaz de operar con los términos en el curso de la investigación, de emplearlos hábilmente y adaptarlos a las necesidades (tercer grado de claridad). Un buen ejemplo, yo creo, lo proporciona el concepto de delito que, en la tradición del Derecho europeo-continental, se suele definir como «una acción típica, antijurídica, culpable y punible». Esa definición va más allá de lo que supone simplemente saber usar la expresión «delito», pero su análisis en profundidad (la comprensión cabal del concepto) consiste en darse cuenta de que aquí no se trata de captar algo así como la verdadera esencia del delito, sino de investigar las funciones que el concepto cumple y debe cumplir: cada una de las notas de la definición se vincula con la satisfacción de ciertos objetivos, de ciertos principios y valores del Derecho penal. La dogmática penal ha tardado bastante tiempo en darse cuenta de ello (se habla de una «revolución» que se habría producido con la publicación de un libro de Claus Roxin, en 1970 [Roxin 1972]) aunque, en este caso, en lugar de recurrir a Peirce, los penalistas alemanes podrían también haberse limitado (para reorientar el trabajo de la dogmática penal) a recordar lo que Ihering había dicho un siglo antes.

Y es que, en el Derecho y seguramente también en muchas ciencias sociales, las buenas ideas —no sé si esto formará parte del *tiquismo* de Peirce— suelen haber sido formuladas por diversos autores, quizás con variaciones en cuanto a su presentación, y en diversas ocasiones... aunque eso no asegure que estas vayan a ser aceptadas por la comunidad de los juristas y, en particular, por la de los teóricos del Derecho. Quizás porque, a pesar de que muchos no quieren darse cuenta de ello, es bastante dudoso que en el campo de la teoría o la filosofía del Derecho pueda hablarse de una institución, de una comunidad, que opere de la misma forma en que lo hacen las comunidades de científicos en sentido estricto.

10

LA FILOSOFÍA DEL DERECHO DE JAVIER MUGUERZA*

1. UN FILÓSOFO EXCEPCIONAL

Javier Muguerza constituye, en muchos sentidos, un caso excepcional en el panorama de la filosofía española contemporánea. Y uno de esos sentidos en que su obra me parece excepcional tiene que ver con el interés que desde hace tiempo ha mostrado por la filosofía del Derecho y, en general, por la cultura jurídica.

A algún observador externo —por ejemplo, a un científico social o a un filósofo perteneciente a otro ámbito cultural; digamos, al mundo angloamericano— podría parecerle cosa obvia que un filósofo —máxime si se trata del mayor filósofo de la moral en nuestro país— se interese por la reflexión acerca de un elemento tan central de la realidad social como es el Derecho. Pero esto, sin embargo, no es nada habitual entre nosotros. Son muy pocos los filósofos españoles que, sin pertenecer al gremio de los iusfilósofos, se hayan interesado por el Derecho. Y es verdaderamente sorprendente la ignorancia que nuestros científicos sociales, cultivadores de las humanidades, etc., suelen exhibir a propósito de la cultura jurídica. Yo creo que una buena parte de la responsabilidad por ese desinterés (y por el aislamiento característico del mundo del Derecho) hay que atribuírsela a los propios juristas que siguen viviendo, con frecuencia, en un clima sofocantemente formalista, lo que les lleva a difundir visiones muy pobres del Derecho y de escaso o nulo atractivo para los de fuera. Pero hay también razones institucionales —y que no pertenecen solo al pasado— que contribuyen mucho a ese aislamiento (recíproco). Es verdaderamente asombroso que los estudios de filosofía en España nunca hayan contado con una materia de filosofía del Dere-

* Publicado en *Isegoría* (2016).

cho. Y el corto periodo en el que la filosofía del Derecho y la filosofía moral y política constituyeron un mismo área de conocimiento (a lo que contribuyó muy decisivamente Javier Muguerza) terminó, por así decirlo, de mala manera, puesto que las razones para volver a separarse fueron cualquier cosa menos filosóficas; aún recuerdo el denuedo con el que muchos defensores *en teoría* de la «unidad» de la razón práctica se empeñaron (y con éxito) en restablecer la separación de sus componentes jurídicos, políticos y morales *en la práctica* de la organización departamental dentro de la institución universitaria. En fin, como quiera que sea y como quiera que haya que distribuir las culpas (pues, en efecto, se trata de comportamiento culpable), yo creo que debemos de reconocer, unos y otros, que la situación de separación, de aislamiento recíproco, en la que vivimos académicamente hablando es mala para ambas partes, y que sería aún peor si no hubiera habido algunos (muy pocos) intelectuales que se han esforzado en los últimos tiempos por construir algunos puentes entre el Derecho y la reflexión acerca del Derecho, por un lado, y las ciencias sociales y/o las humanidades (incluyendo aquí la filosofía), por el otro.

El lector de este artículo no tendrá ninguna dificultad en asociar el nombre de Muguerza al de uno de esos *pontífices* (ya se sabe que etimológicamente la palabra significa precisamente eso: «constructores de puentes»), y yo no tendría tampoco objeción, en el caso de Muguerza, de anteponer al sustantivo 'pontífice' el epíteto de 'máximo' (más bien que el de 'sumo'), pero dejando bien claro que el reconocimiento de esa autoridad carece por completo de cualquier significado político (y, por supuesto, religioso). La labor pontifical de Muguerza se cifra fundamentalmente en la producción de varios trabajos que han tenido un notable impacto en la filosofía del Derecho en lengua española y que inciden justamente en la zona de confluencia entre el Derecho y la moral. Son trabajos que muestran la imposibilidad de ser un filósofo del Derecho (de tratar con competencia muchos temas centrales de la materia) si no se es también (al menos, hasta cierto punto) un filósofo de la moral (y de la política); y yo creo que también la necesidad, o al menos la deseabilidad, para quien pretende navegar por las aguas de la filosofía práctica desde la orilla de la filosofía moral y política, de no dejar al margen el Derecho (y la filosofía del Derecho), pues en otro caso se corre el grave riesgo de caer en planteamientos puramente abstractos que suelen llevar a la irrelevancia. Esos escritos de Muguerza han estado motivados además, en buena medida, por los contactos personales (la amistad) que él ha sabido cultivar con diversos iusfilósofos españoles y latinoamericanos antes, durante y después del episodio institucional al que antes aludía.

Por lo que a mí respecta, puedo decir que los artículos de Muguerza a los que en seguida me referiré han contribuido mucho (junto con otras de sus obras; en particular: *La razón sin esperanza* y *Desde la perplejidad*) a conformar mi visión de la filosofía del Derecho[1]. Y de ahí mi interés por volver a ellos ahora para tratar de identificar, en primer lugar, con la mayor precisión posible, las tesis que defiende Muguerza, y pasar luego a reflexionar sobre cómo las he entendido en el pasado y cómo me parece hoy que debieran entenderse.

2. LAS TESIS IUSFILOSÓFICAS DE MUGUERZA

2.1. *Desobediencia al Derecho e individualismo ético*

El primero de esos trabajos es una intervención en una polémica a propósito de si existe o no una obligación moral de obedecer el Derecho, que tuvo como protagonistas a dos de los más importantes filósofos del Derecho españoles de la época (finales de los setenta y comienzos de los ochenta): Felipe González Vicén y Elías Díaz[2]. El segundo de los trabajos se inserta en otra polémica, aunque esta vez iniciada por el propio Muguerza, en torno a la fundamentación de los derechos humanos. Pero en realidad casi podría decirse que lo que se discutía, en uno y otro caso, era prácticamente lo mismo. Veámoslo.

González Vicén había defendido, en un trabajo de 1979, y con gran radicalidad, la tesis de que no existía una obligación ética, una obligación en sentido estricto, de obedecer el Derecho. Con ello se refería no

1. Como forma (modesta) de reconocimiento de mi deuda intelectual (y no solo) hacia Javier Muguerza, he empezado desde hace unas semanas una colaboración (conjuntamente con Fernando Bañuls) en un periódico de Alicante, *Información*, que hemos titulado «Imaginación ética» y que presentábamos (el 27 de septiembre de 2015) con estas palabras: «El mayor filósofo de la moral en España, Javier Muguerza, suele decir, con bastante sorna, que la ética no es de este mundo; o sea, no pertenece al mundo del ser, sino al del deber ser: no pretende describir cómo son las cosas, sino proponer, a partir de como son, cómo deberían ser. La ética exige, por ello, un esfuerzo de imaginación que podría estar originado precisamente en imágenes que muestran algún aspecto (presente o pasado) de nuestro mundo y que suscitan en quien las contempla un comentario que a menudo no puede ser de complacencia. Muguerza (a quien dedicamos esta sección) suele repetir también en sus escritos que un poco de metafísica al año no hace daño. Y nosotros pensamos que un poco (en realidad muy poco: un minuto o algo así) de imaginación ética a la semana tampoco tiene por qué venirle mal al lector de *Información*». El conjunto de esas colaboraciones se ha convertido ahora en un libro editado por Grijley, en Lima, con el título de *Ética en imágenes* (Atienza y Bañuls 2018).

Javier Muguerza, por otro lado, escribió un prólogo a uno de mis libros, *La guerra de las falacias* (Compass, Alicante, 11999; hay también una edición mexicana —en la editorial Cajica—, dos peruanas —en la Universidad Inca Gracilaso de la Vega y en Grijley— y una argentina —en B de F (Atienza 2018)—. El libro trata de mostrar, mediante el examen de ejemplos reales, la frecuencia con la que se cometen errores de razonamiento —falacias—, en la discusión pública de cuestiones jurídicas, morales y políticas.

2. Una buena exposición general de esta polémica puede verse en Páramo 1990.

a la existencia de una exigencia de comportarse de cierta manera «a no ser que se quiera incurrir en una sanción, bien sea esta social o jurídica», sino a la existencia de una «exigencia absoluta» que solo se da «cuando nos referimos a los imperativos de la conciencia ética individual». Su tesis exactamente era que «mientras que no hay un fundamento ético para la obediencia al Derecho, sí hay un fundamento ético absoluto para su desobediencia». Dicho fundamento está constituido «por la conciencia ética individual», que es «un fenómeno esencialmente personal». La «desobediencia individual al Derecho por razones de conciencia», o sea, la desobediencia ética, «es un imperativo moral y no una táctica política». «El ámbito, por eso, en el que tiene lugar la decisión de conciencia es la soledad. Sobre todo cuando se trata de una decisión frente a exigencias de órganos y órdenes sociales dotados de medios de coacción física» (González Vicén 1979, 385, 386, 388, 392 y 393).

Comentando esas palabras, Elías Díaz había mostrado su acuerdo con la posibilidad de que existiera (en ciertos casos) un fundamento ético absoluto para desobedecer el Derecho, pero negaba la asimetría que se contenía en el argumento de González Vicén:

> Discrepo, en cambio, de la primera parte de tal proposición, pues, en mi opinión, *sí puede haber un fundamento ético para la obediencia al Derecho*, lo mismo —y el mismo— que puede haberlo para su desobediencia, a saber, la concordancia o discrepancia de fondo entre normas jurídicas y normas éticas o, para decirlo al modo (no exento de riesgos) de González Vicén, la concordancia o discrepancia entre el Derecho y la conciencia ética individual (Díaz 1984, 79-80).

Y en la réplica que González Vicén le dirigió a Elías Díaz, aquel sacaba a relucir, como una especie de explicación última para la discrepancia, una diferencia de fondo en cuanto a la manera de entender el Derecho:

> Y es que Elías Díaz tiene un concepto idealista del Derecho. Para él, el Derecho no es nada menos que... un intento de aunar criterios éticos individuales expresados socialmente como soberanía popular y regla de las mayorías... Todo lo cual es pura especulación a la que no corresponde realidad alguna. El Derecho es un orden coactivo de naturaleza histórica en el que se refleja el enfrentamiento de intereses muy concretos y el predominio de unos sobre otros. El Derecho expresa la prevalencia de una constelación social determinada y es, en este sentido, el instrumento de dominación de una clase y sus intereses sobre otra u otras clases y sus intereses. Un instrumento, empero, y aquí radica su contradicción de principio, que pretende revestir validez y obligatoriedad, no solo para la clase cuyos intereses representa, sino para toda la sociedad (González Vicén 1985, 102).

Pues bien, Javier Muguerza, en su intervención en la polémica (Muguerza 1986), toma explícita y expresivamente partido en favor de las tesis (mejor, de *la* tesis) de González Vicén, aunque la defiende de manera menos radical que este último. Con ello quiero decir que Muguerza (aunque no lo dijera claramente en su intervención) no suscribía la concepción (crudamente marxista) del Derecho de González Vicén, ni llegaba tampoco a pensar, como lo aclaró posteriormente, que ni tan siquiera se pudiera hablar de «un fundamento ético de la obediencia al Derecho», debido al carácter heterónomo y coactivo del Derecho (Muguerza 1987, 344). Con lo que él, Muguerza, estaba de acuerdo era con la tesis del *individualismo ético* de González Vicén lo que, a su vez, le llevaba a subrayar la importancia de ocuparse no tanto (o no solo) del problema de la fundamentación de la obligación ética de obedecer el Derecho cuanto (o también) del problema de los límites de esa obligación; y, en fin, ese desplazamiento del problema le parecía también a Muguerza que contribuía a evitar el peligro de que «la Ética y el Derecho se confundan más de lo que sería de desear» (Muguerza 1986).

La defensa que lleva a cabo Muguerza en su trabajo se basa en dos argumentos coherentes entre sí pero, al mismo tiempo, de naturaleza muy distinta: el uno (al que dedica muy poco espacio: el argumento de la asimetría) incide directamente en la polémica, mientras que el otro (que ocupa la mayor parte de su intervención) supone una amplia incursión en la filosofía moral y política contemporánea y va encaminado a la defensa filosófica del individualismo ético.

Muguerza considera que su «fundamental desacuerdo» con Elías Díaz estriba en que la simetría que este último ve entre la acción de obedecer y la de desobedecer al Derecho es, en realidad, «una falsa simetría»: «habría que saber ver que la obediencia al Derecho presupone una vinculación de la conciencia individual con otras conciencias individuales en modo alguno presupuesta por su desobediencia, que entraña más bien la desvinculación de la voluntad del individuo respecto de la voluntad colectiva —presumiblemente mayoritaria— plasmada en el Derecho». Lo que parece querer decir que, según Muguerza, la obediencia al Derecho es necesariamente una acción colectiva, mientras que la desobediencia (ética) no lo es, o no necesariamente; como diría González Vicén: el ámbito en el que tiene lugar la decisión de conciencia es la soledad.

Y en cuanto a la justificación filosófica del individualismo ético (que no habría que confundir ni con el individualismo ontológico ni con el epistemológico), Muguerza viene a encontrarla en el imperativo categórico kantiano, pero no en su primera formulación, en el principio de la universalidad, sino en la segunda, al que Muguerza llama el «imperativo de los fines»: «Obra de tal modo que tomes a la humanidad, tanto en tu persona como en la de cualquier otro, siempre como un fin al mismo tiempo y nunca meramente como un medio». La «humanidad» a la que aquí se está refiriendo Kant es, para Muguerza, la condición humana, o sea «aquello que hace de los hombres fines absolutos u 'objetivos' que no podrán servir de meros medios para ningún otro fin» y que se diferencia por ello de «los fines subjetivos o 'relativos' que cada cual pudiera proponerse a su capricho y que, en rigor, son solo medios para la satisfacción de este último [fin]» (Muguerza 1986, 4). Ahora bien, Muguerza no es que prescinda de la otra formulación, del imperativo de la universalidad, sino que piensa que este último (que es el que lleva a formular las diversas teorías contractualistas de las que la ética comunicativa de Habermas vendría a ser la máxima expresión) tiene un límite, que viene dado precisamente por el imperativo de los fines, que Muguerza presenta ya aquí como un «imperativo de la disidencia», pues lo que fundamenta es «el derecho a decir 'No'». El pasaje central del texto de Muguerza me parece que es el siguiente:

> Volviendo a la teoría del contrato, la «condición humana» sería su límite *ad superius*, pues ninguna decisión colectiva, por mayoritaria que fuese, podría legítimamente atentar contra ella sin atentar contra la Ética; mas la teoría tiene también un límite *ad inferius* y no menos irrebasable, límite que descubriríamos al preguntarnos quién se halla en ese caso autorizado para determinar cuándo una decisión colectiva atenta contra la condición humana, pregunta a la que, en mi opinión, no cabe responder sino que la «conciencia individual» y solo la conciencia individual. Dicho de otra manera, los individuos acaparan todo el protagonismo de la Ética, puesto que solo ellos son capaces de actuar moralmente (Muguerza 1986, 34).

De manera que lo que Muguerza viene a sostener en su trabajo es, en último término, que la ética no puede reducirse a ética discursiva. Lo que quiera que pueda fundamentarse a través del modelo discursivo estaría siempre limitado por ese imperativo de los fines que no tiene, por lo tanto, un carácter puramente formal, aunque su contenido sea esencialmente de tipo negativo: su función es la de trazar límites, la de decir que no. Sin embargo, Muguerza reconoce también, de manera un tanto sorprendente, que no hay fundamentación para ese principio último o, lo que parece ser lo mismo, que lo que el principio expresa es una «superstición»:

> En cualquier caso, no tengo inconveniente en responder que el único fundamento que encuentro para respetar tales límites, representados por la condición humana y la conciencia individual, es la afirmación kantiana de que «el hombre existe como un fin en sí mismo y no tan solo como un medio». Pero reconozco también, muy a mi pesar, que semejante fundamenta-

ción no va en rigor muy lejos. Cuando Kant afirmaba tal cosa, se hallaba sin duda convencido de estar expresando un aserto racionalmente indubitable y no sencillamente abandonándose a lo que hoy se tendría por la expresión de un prejuicio ilustrado o una *fable convenue* del Siglo de las Luces. O, como alguna vez también se ha dicho, «una superstición humanitaria». Mas, por lo que a mí hace, no veo manera de prescindir de esa superstición —que habría que elevar a principio ético— si deseamos seguir tomándonos a la Ética en serio (Muguerza 1986, 36).

2.2. *La fundamentación de los derechos humanos. La alternativa del disenso*

El segundo de los trabajos de Muguerza al que ya antes he aludido reproduce una conferencia que dio en la Universidad Complutense de Madrid, en la primavera de 1988 (una *Tanner Lecture*), por invitación de Gregorio Peces-Barba y sobre el tema de la fundamentación de los derechos humanos. Javier Muguerza puso al texto preparado para esa ocasión y que fue publicado enseguida junto con comentarios a este por parte de más de dos docenas de profesores de filosofía del Derecho y de filosofía moral y política, el significativo título de *La alternativa del disenso (En torno a la fundamentación ética de los derechos humanos)*[3]. Su tesis central, en efecto, es la misma que la del anterior trabajo o una extensión de ella, pues la desobediencia al Derecho vendría a ser, en su opinión, no otra cosa que un caso de aplicación del principio de disidencia.

El método seguido por Muguerza ahora es también muy semejante al que antes había utilizado. Transcurre a lo largo de dos pasos. En el primero se ocupa de mostrar la imposibilidad de cualquier teoría consensualista para fundamentar los derechos humanos. Esto vale tanto para el convencionalismo o consensualismo fáctico de un autor como Bobbio (para el cual, el problema del fundamento se habría resuelto por la existencia de un *consensum omnium gentium* plasmado en la Declaración de Derechos de las Naciones Unidas de 1948), como también para el consensualismo de Habermas o de Apel, el que apela al consenso racional. La crítica al convencionalismo fáctico consistiría simplemente en mostrar que las convenciones pueden, de hecho, ser injustas: «Si nuestras convenciones pueden servir lo mismo para avalar normas injustas que normas justas, lo mismo servirán para fundamentar derechos

3. Javier Muguerza y otros autores, *El fundamento de los derechos humanos* (edición preparada por Gregorio Peces-Barba Martínez), Debate, Madrid, 1989. Las citas del trabajo de Muguerza se refieren a otra edición del mismo texto: Javier Muguerza (en conversación con Ernesto Garzón Valdés), *Ética, disenso y derechos humanos*, Arges, Madrid, 1998.

humanos que derechos inhumanos» (Muguerza 1998, 43). Y esa misma crítica, en su opinión, se podría también extender a la ética discursiva:

> Pensemos, por ejemplo, en los derechos humanos relativos a las exigencias de libertad e igualdad de que se hablaba en el inicio de esta exposición. Habermas parecía darlos por supuestos cuando afirmaba que los participantes en la praxis argumentativa habían de tomar en cuenta la posibilidad, y aun la necesidad, de que todos los potencialmente interesados participasen (precisamente como libres e iguales, y no de otra manera) en una búsqueda cooperativa del consenso. En cuyo caso, la libertad y la igualdad vendrían a ser ahí *condiciones trascendentales, o cuasi-trascendentales, de posibilidad* del discurso mismo. Mas, cuando de ese plano trascendental o cuasitrascendental descendemos al miserable mundo sublunar de la realidad política cotidiana, aquellas condiciones no bastarán para excluir la eventualidad de que una decisión mayoritaria atente contra la libertad y/o la igualdad de algunas personas, como los integrantes de una minoría oprimida y/o explotada (para nuestros efectos, sería suficiente con que lo hiciera contra la libertad y/o la igualdad de un solo individuo) (Muguerza 1998, 57).

Muguerza no considera que con ello ponga en cuestión la legitimidad de la democracia. Piensa que el procedimentalismo al estilo de Habermas es adecuado para justificar ese sistema político, pero lo que a él, a Muguerza, le interesa es poner de manifiesto los límites del procedimentalismo; o sea, que la racionalidad procedimental no clausura el ámbito de la razón práctica y, por tanto, el de la ética. Lo cual le lleva a dar el segundo paso al que antes me refería, es decir, a introducir el imperativo de la disidencia:

> Para decirlo en dos palabras, se trataría de preguntarnos si —tras tanta insistencia en el consenso, fáctico o contrafáctico, acerca de los derechos humanos— no extraeremos más provecho de un intento de «fundamentación» desde el *disenso*, esto es, de un intento de fundamentación «negativa» o disensual de los derechos humanos, a la que llamaré «la alternativa del disenso» (Muguerza 1998, 59).

Muguerza resalta que en la fenomenología histórica de la lucha por la conquista de los derechos humanos el disenso, de individuos o de grupos, ha jugado un papel que incluso podría ser más importante que el del consenso, pero se da cuenta de que ese sería un argumento débil a favor de su tesis: «no deseo tampoco hacer recaer sobre la tesis que me propongo defender la en otro caso inesquivable acusación de que incurre en algún tipo de 'falacia genética', de corte historicista o sociologista, al tratar de derivar conclusiones filosóficas a partir del desarrollo histórico de los acontecimientos o de tales o cuales circunstancias de la realidad social» (Muguerza 1998, 62). Y, por eso, insiste en que la base de su propuesta (filosófica) no se halla en otro lado que, como ya sabemos, en la segunda formulación del imperativo kantiano, el imperativo de los fines, que para él tiene esencialmente, bajo su apariencia de oración gramaticalmente afirmativa, un carácter negativo: «no nos dice en rigor 'lo que' debemos hacer, sino más bien lo que 'no debemos', a saber, no debemos tratarnos, ni tratar a nadie, a título exclusivamente instrumental» (Muguerza 1998, 64). También ahora, ese imperativo de los fines o de la disidencia marcaría los límites del otro, del imperativo de la universalidad, y tendría, en consecuencia, un carácter más fundamental. Y Muguerza hace, en relación con este, con el principio de la disidencia, algunas precisiones que merece la pena destacar.

La primera es que Muguerza parece apartarse ahora de lo que en el anterior trabajo había escrito sobre la imposibilidad de fundamentar la afirmación de que el hombre es un fin en sí mismo. Ya no piensa que se trate de una «superstición humanitaria», sino que recoge con aprobación el argumento de Tugendhat:

> [E]s un «hecho empírico» —a cuyo reconocimiento contribuye el estudio de los procesos de socialización— que tanto con respecto a nuestra vida como a la de los demás mantenemos relaciones de estimación (y desestimación) recíprocas, que nos hacen sentir a cada quien como «uno entre todos» y sometidos de este modo a una moralidad común (a menos, precisa, de sufrir un *lack of moral sense*, esto es, de carecer de sensibilidad moral, un caso este que Tugendhat se inclina a reputar de «patológico»): sobre un tal hecho se podría pasar luego a construir una «moral del respeto recíproco», moral que Tugendhat considera, a mi entender acertadamente, como el *núcleo básico* de toda otra moral.

Esa moral del respeto recíproco significa, pues, que los miembros de la comunidad moral (de cualquier comunidad moral) se otorgan recíprocamente la consideración de fines. Y Muguerza solo parece apartarse de Tugendhat en que, para este último, la disidencia presupondría el principio de universalización, mientras que él, Muguerza, entiende que «quizá tal presuposición sea prescindible, pues el imperativo de la disidencia podría valer en principio para *un solo individuo*, a saber, *el que disiente* y hace suya la moral del respeto recíproco entendida como *la resolución de no tolerar nunca ser tratado, ni tratar consecuentemente a nadie, únicamente como un medio, esto es, como un mero instrumento*» (Muguerza 1998, 67 y 68).

La segunda precisión se refiere a que el individualismo ético no significa en absoluto solipsismo y, como antes se indicó, no está vinculado ni con el individualismo ontológico ni con el individualismo metodológico. Lo que reivindica Muguerza es la autonomía (no la autarquía) del sujeto moral, de manera que el imperativo de la disidencia no necesita presuponer el principio de universalización, porque lo incorpora dentro de sí:

> En su versión de este último principio [el de universalización], Sartre le hacía decir que «cuando elijo, elijo por toda la humanidad», pues los actos individuales encierran ya una potencial universalidad en su interior... pero también cuando disiento lo puedo hacer por toda la humanidad, incluidos *aquellos que no pueden disentir*, bien por estar biológicamente o psíquicamente incapacitados para ello... bien por estarlo socio-políticamente... y, por supuesto, cuando disiento puedo asimismo *disentir con otros*... El disidente es siempre un sujeto individual y —por más solidaria que pueda ser su decisión de disentir— su disensión o disidencia será en última instancia solitaria, es decir, procedente de una decisión tomada en la soledad de la conciencia asimismo individual (Muguerza 1998, 74-75).

Y, en fin, el último corolario que Muguerza extrae de su tesis, la «moraleja principal» del imperativo de la disidencia, el imperativo que prescribe o al menos autoriza a decir que no frente al Derecho injusto, «tendría que ser la de que los protagonistas de la vida del Derecho somos todos o, mejor dicho, *debemos* serlo todos. Parodiando una tesis celebérrima, se diría que los iusfilósofos se han limitado hasta ahora a teorizar sobre los derechos humanos (que es, bien pensado, lo único que probablemente les cabe hacer y conviene que sigan haciendo). Pero incumbe a *todo hombre* en cuanto hombre (y no tan solo a los juristas, sean o no iusfilósofos) luchar por conseguir que se realicen jurídicamente aquellas exigencias de dignidad, libertad e igualdad que hacen de cada hombre un hombre» (Muguerza 1998, 83).

Antes he dicho que la fundamentación disensual de los derechos humanos propuesta por Javier Muguerza fue objeto de muchos comentarios en el ámbito de la filosofía práctica en lengua castellana. El que me parece más relevante tuvo como autor a Ernesto Garzón Valdés a quien, precisamente, Muguerza había dedicado su conferencia. Hay dos observaciones críticas que Garzón Valdés dirige a esa propuesta de fundamentación disensual (fundamentación que tiene un desarrollo en otros trabajos de Muguerza) que me parece importante recoger aquí. La primera consiste en que Garzón Valdés niega que exista una diferencia relevante, a los efectos que nos interesan, entre consenso y disenso: «Dado el carácter negativo del disenso, este está siempre referido a un consenso previo; su calidad ética habrá de depender de la calidad ética de lo negado»; el disenso no sería más que una actitud transitoria entre dos consensos, pues «a lo que aspira el disidente es a que los demás lleguen a un consenso acorde con su disidencia». De manera que —concluye Garzón Valdés— «a la pregunta de cuál es la relevancia moral del disenso solo se puede dar respuesta si se sabe contra qué consenso previo se dirige y cuál es la calidad moral del disenso» (Garzón Valdés 1998, 99-101). Y la segunda observación crítica es que Garzón Valdés no cree que el fundamento de los derechos humanos pueda encontrarse ni en el consenso ni en el disenso:

> Dicho brevemente: el consenso meramente fáctico es resultado de una racionalidad estratégica, y el hipotético, en el mejor de los casos, una dramatización innecesaria en la que participan seres individualmente indiscernibles. [...] En ambos casos [de consenso fáctico o hipotético], la insuficiencia del consenso como fuente de legitimidad se transmite al disenso que lo niega: la calidad moral, tanto del consenso como del disenso, no puede derivar del hecho del consenso o del disenso. Lo que hay que hacer es justamente seguir la vía inversa: justificar el consenso y el disenso desde una idea regulativa, desde un punto de vista moral, para el cual el imperativo de universalidad o de imparcialidad ofrece un buen apoyo (Garzón Valdés 1998, 102 y 103).

2.3. *El tribunal de la conciencia y la conciencia del tribunal*

Hay otros dos trabajos de Muguerza de temática inequívocamente iusfilosófica. El primero de ellos, publicado en 1994, lleva el sugerente título de *El tribunal de la conciencia y la conciencia del tribunal (Una reflexión ético-jurídica sobre la ley y la conciencia)* y, en realidad, puede considerarse como una aplicación del imperativo de la disidencia a la figura del juez.

La primera parte del título, la metáfora del «tribunal de la conciencia», lo toma Muguerza de un pasaje de Kant en el que este se refiere al «tribunal interno del hombre» ante el cual «sus pensamientos se acusan o se disculpan entre sí». Y lo que caracteriza a ese tribunal de la conciencia no es solo la capacidad que tenemos los seres humanos de «desdoblarnos a la vez en jueces y acusados» o, dicho de otra manera, la estructura *reflexiva* de nuestra subjetividad, la *autoconciencia*, sino también, e incluso de una manera más decisiva, la *autonomía*, puesto que la ley moral con la que se ha de juzgar en ese tribunal no es sino la ley que el sujeto se ha dado a sí mismo: «en el tribunal de la conciencia, el sujeto moral no solo es, además de 'reo', 'juez', sino también 'legislador' o autolegislador» (Muguerza 1994, 535 y 537).

Ahora bien, cuando se pasa del tribunal de la conciencia a la conciencia del tribunal (de la primera a la segunda parte del título), nos encontramos, piensa Muguerza, con un tipo de sujeto, el juez, que parece situarse en una posición un tanto especial, pues las decisiones que este haya de tomar desde su conciencia (en su vida profesional, no en su vida privada) se encuentran constreñidas por una ley que es ajena a ella (por las leyes heterónomas del Derecho) y que el juez tiene que aplicar:

> Nos encontramos, así pues, ante el caso realmente singular de un sujeto que —sin dejar de ser por ello un sujeto moral— podría tal vez decir, sin incurrir en «mala fe» (esto es, en mala voluntad), «No me es dado actuar de otra manera» o, con otras palabras, «No soy libre de decidir sino dentro de los límites que me marca la ley», donde las *constricciones* impuestas por esta última ya no operarían por vía causal... sino serían, estrictamente hablando, *constricciones jurídicas*, las constricciones, por así decirlo, del *imperio de la ley* (Muguerza 1994, 548).

Pero Muguerza no piensa, claro está, que con eso se cancelen los posibles problemas de conciencia del juez. Al contrario, en su opinión, esos problemas empezarían precisamente ahí, esto es, en los supuestos en los que la obligación jurídica que el juez tiene de aplicar el Derecho entra en conflicto con lo que el juez entiende que es su deber moral, esto es, con lo que le dicta su conciencia, con su conciencia moral. Y los supuestos más dramáticos, los que más le interesan a Muguerza, son precisamente los que envuelven un caso trágico, un dilema moral: aquellos en los que resulta imposible satisfacer tanto los requerimientos del Derecho como los de la moral.

Muguerza muestra, en relación con la temática de la aplicación judicial del Derecho, y como era de esperar, simpatía por aquellos autores que manifiestan una actitud de apertura hacia lo trágico en el Derecho: como habría sido el caso de quienes defendieron *El uso alternativo del Derecho* y, sobre todo, de quienes, más recientemente, formaron y forman parte del movimiento *Critical Legal Studies*; y, al mismo tiempo, cierta desconfianza frente a quienes, como Dworkin o Alexy, suscriben una concepción del Derecho que a Muguerza le parece peligrosa porque supone una excesiva idealización del Derecho (aunque se trate de los derechos del Estado constitucional) y una tendencia a difuminar los límites entre el Derecho y la moral. Su *conclusión* última es, sin embargo, bastante poco *concluyente*. El juez no puede prescindir de su conciencia («la conciencia, la conciencia moral, del juez no es algo que este pueda colgar en el perchero, como hace con el abrigo, al vestirse la toga y pasar a la sala donde aplica la ley»), pero como esta es un atributo de los individuos concretos, «cada cual habrá de apañárselas con ella como pueda, dado que no hay tampoco prontuarios para resolver los problemas de conciencia» (Muguerza 1994, 558-559). Lo cual, dicho en lenguaje filosófico, parece equivaler a lo siguiente:

> Al comienzo de este trabajo tuve ocasión de puntualizar que lo opuesto a la asunción de la conciencia moral era la mala fe, esto es, la mala voluntad. A la inversa, Kant decía que lo único verdaderamente bueno en este mundo era una *buena voluntad*, esto es, la voluntad de prestar oídos a nuestra conciencia, la voluntad, diríamos, de moralidad... Desde luego, la buena

voluntad no basta por sí sola para garantizarnos el acierto moral, que depende también de nuestros actos y sus consecuencias y no tan solo de nuestras intenciones, pero sin ella ni tan siquiera existiría esa perpetua fuente de desasosiego que es la voz de la conciencia, de la que, sin embargo, no podemos prescindir más que al precio de volvernos inhumanos (Muguerza 1994, 559).

2.4. *La lucha por los derechos*

Finalmente, en el año 2000 apareció un trabajo de Muguerza (que se correspondía con el texto de una conferencia pronunciada en el año anterior: «La lucha por los derechos. Un ensayo de relectura libertaria de un viejo texto liberal»), cuyo título hace referencia a la obra de Rudolf von Ihering: *Der Kampf ums Recht*, que se publicó en 1872. Se trata de un homenaje a ese gran jurista alemán del siglo XIX y de una reinterpretación de su pensamiento (el correspondiente a su periodo de crítica del formalismo jurídico) en clave libertaria, entendida esta última expresión en su sentido (original) de anarquismo de izquierdas. Lo que a Muguerza más le atrae de Ihering, como era de esperar, es la importancia que este último otorga al conflicto, a los intereses y a la lucha por el Derecho, que en Ihering significa fundamentalmente lucha por los derechos subjetivos (los del Derecho privado) y que Muguerza transforma (o prolonga) en los derechos humanos y/o fundamentales en su más amplia extensión. Según Muguerza, hay dos maneras de entender las relaciones entre la ética y el Derecho, y asumir una u otra tiene gran importancia a la hora de plantearse el paso de la ética al Derecho a través de la política o, dicho de otra manera, la transformación de los derechos humanos, en cuanto aspiraciones o exigencias morales, en derechos fundamentales o propiamente jurídicos. A una de esas concepciones la llama «conflictualista» o «agonista» y en ella sitúa a von Ihering y se sitúa a sí mismo. La otra es la concepción «irenista» o «consensualista» que ejemplifica en las obras de Rawls y de Habermas. A partir de aquí, su método de análisis es el mismo que el de los anteriores artículos: mostrar los límites del modelo del consenso, para pasar luego a la defensa de su modelo del disenso; digamos, para emplear una expresión de Kant que Muguerza repite muchas veces, de la *concordia discorde* a la *discordia concorde*.

Muguerza parece sentirse más alejado del modelo de Habermas (de deliberación racional) que del de Rawls (basado en la idea de razón pública), pero no solo por las mayores idealizaciones que incorpora el filósofo alemán, sino también porque el modelo deliberativo del consenso habermasiano está concebido «en términos indebidamente epistémicos», de verdad/falsedad, mientras que las pretensiones de Rawls serían simplemente políticas: alcanzar un acuerdo razonable que permita la convivencia. Sin embargo, para los dos autores (como para Dworkin) el consenso constitucional envuelve un auténtico consenso moral, lo que para Muguerza resulta engañoso, pues en todos los casos se trata de un consenso que inevitablemente genera excluidos, los que se quedan fuera del consenso:

> Por suerte o por desgracia, ningún consenso parece ser omnicomprensivo (comenzando por el consenso acerca de si hay de hecho, o podría haberlo, «un consenso omnicomprensivo»). Y, a falta de semejante *consensus omnium gentium*, quizás se imponga la necesidad de elaborar —en correspondencia con nuestros precedentes *modelos de consensos*, los consensos rawlsiano y habermasiano en tanto «consensos morales»— algún *modelo de disenso* (Muguerza 2000, 50).

La necesidad de contar con el disenso se vuelve, nos dice Muguerza, apremiante, cuando nos fijamos en los consensos constitucionales tal y como se producen y nos damos cuenta de que todos los derechos fundamentales (como habría destacado Ferrajoli) son fruto del conflicto y han sido conquistados a base de rupturas y de revoluciones. Pues lo que verdaderamente cuenta en un acuerdo (ahora la referencia es Tugendhat) es el acuerdo mismo y lo que «torna necesaria la exigencia de acatar semejante decisión colectiva (lo que democráticamente la legitima, diríamos) no es su presunta racionalidad, sino la obligación moral de respetar la *autonomía* de la *voluntad de cada uno* de los interesados. Lo que cuenta, así pues, no es la supuesta 'voluntad general' supuestamente por encima de la 'voluntad de todos', sino la 'voluntad de cada uno', esto es, la voluntad de los individuos en tanto que sujetos autónomos». De manera que esa disociación entre voluntad y razón, o sea, el que el carácter mayoritario de una decisión colectiva no garantice su racionalidad hace que «esa forma de consenso no unánime regido por la 'regla de la mayoría' no tenga otro remedio que dejar la puerta abierta a la posibilidad del *disenso* de individuos y grupos de individuos ante lo que, en un momento dado, consideren que es una *decisión mayoritaria injusta*. Sin que sea necesario recalcar que, desde luego, cabe 'disentir', no menos que 'consentir', por motivos de conciencia y autónomamente. Con otras palabras, frente al modelo rawlsiano de consenso como *concordia discors* —pero también, naturalmente, frente al habermasiano—, habría ahora que echar mano de un 'modelo de disenso' que complementase a estos últimos introduciendo la *discordia concors* o 'discordia concorde'» (Muguerza 2000, 52-53).

Muguerza insiste aquí, una vez más, en que el modelo del disenso es el que mejor permite dar cuenta de la historia de la conquista de los derechos humanos y en el papel de la disidencia y de los disidentes en ese proceso. Pero, por lo demás, en este último trabajo Muguerza pone bastante énfasis en remarcar que la «concordia discorde» del modelo consensualista y la «discordia concorde» del modelo del disenso están en una relación de complementariedad:

> Bajo todas esas formas, manifestaciones o variedades de la disidencia late la discordia concorde, esto es, la discordia ante lo que los seres humanos tengan por una «concordia injusta», discordia que muchas veces es la única vía para lograr una *concordia más justa* que esa. Pues más allá de tal discordia, que incluso en medio de la violencia frecuentemente inevitable no renuncia a esperar la concordia, tan solo resta la discordia que, al rechazar toda esperanza de concordia, acabaría también, inevitablemente, desesperando de la justicia misma, esto es, tornándose inhumana (Muguerza 2000, 54-55).

Esa complementariedad de consenso y disenso es lo que le lleva a aceptar la tesis de Garzón Valdés[4] del coto vedado de los derechos (la existencia de un ámbito que quedaría a salvo de cualquier compromiso resultante de la negociación entre los miembros de una comunidad), con tal de que se acepte que ese coto vedado admite la posibilidad de su expansión (Muguerza pone el ejemplo del derecho a un medio ambiente no contaminado) y de que quienes marcan los límites de ese coto vedado son «quienes, en la sociedad de referencia, ejercitan la 'discordia concorde', esto es, el disenso con la finalidad de remplazar un contorno del coto ya obsoleto por otro nuevo y más amplio». Los disidentes serían también, en su opinión, los que fundamentalmente tendrían a su cargo la vigilancia crítica del territorio frente a cualquier abuso del poder, pero esto no supondría ningún tipo de exclusión: «potencialmente al menos, disidentes lo somos todos y a todos, pues, nos corresponde luchar por esos derechos o el Derecho» (Muguerza 2000, 56 y 57).

3. COMENTARIOS

3.1. *Sobre algunas de las anteriores tesis*

En la polémica a propósito de la obediencia al Derecho, mi participación fue solamente de refilón y, en cierto modo, tuvo lugar antes de que la misma se produjera. La explicación es que yo había escrito, en 1983, un trabajo sobre la filosofía del Derecho de Felipe González Vicén, y en él hacía referencia a las tesis de este último que criticaba, aproximadamente, en el mismo sentido en el que luego lo haría Elías Díaz. Por un lado, defendía la *tesis de la simetría* (entre la obligación ética

4. En realidad, ya lo había hecho en un artículo anterior, contestación al de Garzón Valdés (en Muguerza 1987).

de desobedecer y de obedecer) y, en particular, la posibilidad de que existiera la obligación ética de obedecer, en ciertos casos, el Derecho. Y, por otro lado, cuestionaba que se pudiese atribuir validez y objetividad a los imperativos de la conciencia individual, si estos no se sometían a la prueba de su racionalidad, al test de la universalización, puesto que —añadía— «si bien la ética tiene una instancia 'inesquivablemente' individual, tiene también una dimensión social igualmente inevitable» (Atienza 1983, 70).

Y, en relación con el segundo de los trabajos de Muguerza, el de la fundamentación disensual de los derechos humanos, mi participación en la polémica que le siguió fue también muy incidental[5] y se limitó a mostrar las dudas de que tuviera sentido hablar de «fundamentación disensual». Por un lado, porque del hecho de que el disenso hubiera sido históricamente la causa de la aparición de los derechos humanos no podía seguirse, sin cometer una falacia, que su fundamento residiese en esa circunstancia. Y, por otro lado, porque la idea misma de «fundamentación disensual» me parecía de difícil comprensión, por la asimetría que presentaba en relación con la de fundamentación consensual: «Afirmar que el enunciado *X* o la acción *Y* se justifican porque diversos sujetos *A*, *B*, etc., están de acuerdo en cuanto a *X* (por ejemplo, consideran a *X* como un enunciado verdadero) o a *Y* (consideran que *Y* es una acción correcta, positivamente valiosa, etc.) puede ser discutible, pero al menos parece tener sentido. Sin embargo, no me parece que lo tenga la afirmación de que *X* o *Y* se justifican porque *A*, *B*, etc., están en desacuerdo respecto a *X* o *Y*» (Atienza 1989, 81-82).

Poco después, sin embargo, acogía la tesis de Muguerza sobre los límites al consenso, y también, en cierto modo, su imperativo de la disidencia, y las utilizaba para criticar un aspecto de la concepción de la argumentación jurídica de Alexy (basada en el discurso racional habermasiano):

> Por otro lado, y por razones obvias, el disenso —o, si se quiere, la ausencia de concordia— es menos «tolerable» en el Derecho que en otras instituciones sociales y, en particular, que en la ética; en cierto modo, eso es lo que llevaba a Alexy a justificar discursivamente el Derecho. Pero la rectificación, o el enriquecimiento, de la ética del discurso que supone la propuesta de Muguerza me parece que podría cumplir un papel importante para contrarrestar una cierta tendencia al conservadurismo a la que es proclive [...] la teoría de la argumentación de Alexy. Para decirlo brevemente, el «imperativo de la disidencia» —con todas las puntualizaciones y precisiones que se quiera— tendría que trasladarse también al campo de la argumentación

5. En realidad, referida, más que al trabajo en sí, a un guion de la conferencia que se había hecho circular entre los asistentes para facilitar la discusión.

jurídica. Una teoría de la argumentación jurídica no debe partir sin más del postulado de que el Derecho permite una (aunque no sea *una única*, como sostienen Alexy y MacCormick en oposición a Dworkin) respuesta correcta para cada caso. Quizás haya supuestos en los que, manteniéndose dentro del Derecho, no puede llegarse a ninguna respuesta correcta, pero en los que, sin embargo, sigue habiendo necesidad de argumentar jurídicamente (Atienza 1989, 216).

Y de ahí que —en un trabajo publicado varios años después— compartiera también, en relación con los casos trágicos y el papel que los mismos podían jugar en el Derecho, la tesis de Muguerza de que «el sentido de la tragedia es necesario para preservar la tensión entre el Derecho y la justicia» y de que «la sensibilidad para lo trágico mostraría cuando menos que el juez tiene 'problemas de conciencia'» (Atienza 1997, 256).

Pero donde me ocupé con más detenimiento de las tesis de Muguerza fue en un artículo que, en principio, iba destinado a aparecer en un libro de comentarios y discusión a propósito de una obra de Muguerza que había aparecido en 1990: *Desde la perplejidad*. En ese libro no hay ningún capítulo (salvo quizás el último: «Sobre la racionalidad o irracionalidad de la justicia») que pudiera considerarse propiamente iusfilosófico (Muguerza subtituló su libro *Ensayos sobre la ética, la razón y el diálogo*), pero los problemas de fondo que ahí aborda son básicamente los mismos tratados en las obras a las que hasta ahora vengo refiriéndome y, desde luego, inciden de manera muy directa en el tema de las relaciones entre el Derecho y la moral. En mi trabajo (Atienza 1995), consideraba que la propuesta ética que ahí presentaba Muguerza bien podía calificarse también de *discursiva* y de *dialógica* (aunque, como sabemos, en un sentido no del todo coincidente con el que le otorgan a esas expresiones autores como Apel o Habermas) y se podía sintetizar en las siguientes tesis: del disenso, del individualismo ético, del imperativo de la disidencia, de la perplejidad de la ética y de la ética de la resistencia. Aunque me parecía que la tercera venía a ser un corolario de las dos primeras, y que la cuarta y la quinta enunciaban lo mismo pero desde dos perspectivas distintas, hacía allí una presentación de todas ellas y de cómo, en mi opinión, debían entenderse. Expuesto de manera muy sintética, mi juicio al respecto venía a ser el siguiente.

En relación con la tesis del disenso, mi opinión era que, dado el individualismo ético de Muguerza (el individuo es la única fuente de la moralidad y su árbitro supremo), la asimetría entre consenso y disenso a la que antes he hecho referencia no se daría, puesto que «el consenso fundamenta lo mismo que el disenso, es decir, nada». Lo que a Muguerza se le podría criticar sería el haber sido un tanto ambiguo al haber sugerido que el disenso podría tener algún valor justificativo. Pero, de todas formas, me parecía que la importancia de su tesis no radicaba en lo que afirmaba, sino en lo que negaba: que el consenso, por muy racional que se pretenda, pueda servir como *el* criterio de verdad o de corrección. Y las razones de Muguerza para pensar así serían estas: el diálogo racional presupone condiciones imposibles de cumplir en sociedades como las nuestras; el diálogo racional no tiene por qué concluir con un acuerdo, entre otras cosas porque la comprensión intersubjetiva y el acuerdo mutuo son fenómenos separables; la creencia de que el diálogo racional lleva necesariamente a algún acuerdo en cuestiones teóricas o prácticas implica el peligro de «pretender eliminar el ineliminable margen de inseguridad que es consustancial a la razón» (Atienza 1995, 183).

En cuanto a la tesis del individualismo ético, me suscitaba un par de dudas: si ese principio ético podría servir también para las decisiones que se toman en el marco de instituciones (es el caso, por ejemplo, de las decisiones judiciales); y si es posible distinguirlo del subjetivismo moral. A la primera no le encontraba una solución fácil: el individualismo (ético, no ontológico) supone que aquello que atenta contra la individualidad de los individuos no debería existir; pero dado que es difícil concebir que instituciones básicas de nuestra forma de vida (pensemos en los Estados, los partidos políticos o las universidades) puedan funcionar sin suponer algún riesgo para el individualismo así concebido, ¿qué es lo que deberíamos hacer al respecto? ¿Vivir al margen de esas instituciones? ¿Sería esa la mejor manera de satisfacer las exigencias de la ética? Mientras que la segunda duda tendría una clara respuesta (negativa) en la obra de Muguerza: el individualismo ético no es subjetivismo, porque la conciencia ética a la que apela es la conciencia que ha interiorizado el imperativo categórico kantiano (sobre todo, la segunda de sus formulaciones), y porque la conciencia individual muguerziana vendría a ser una especie de «legislador negativo», que puede suministrar un fundamento para desobedecer, pero no para imponer a otros una decisión.

La tesis del imperativo de la disidencia, que ya conocemos bien, me parecía susceptible de dos objeciones o, si se quiere, necesitada de dos precisiones. La primera se refería a sus relaciones con el principio de universalización, cuestión que Muguerza resolvía (me refiero siempre al Muguerza de *Desde la perplejidad*) indicando que no se puede prescindir de la pretensión de universalización, pero que tampoco puede descuidarse el principio de autonomía; o sea, entre estos dos principios existiría, en su opinión, una tensión insuperable, un equilibrio inestable (y de ahí la perplejidad de la ética: uno no puede más que sentirse perplejo cuando se encuentra ante alternativas contrapuestas e irrenunciables). Y la segunda dificultad venía de que si la ética se reduce a mandatos negativos, entonces (dejando a un lado el problema —lógico— de distinguir entre mandatos positivos y negativos: una prohibición de hacer *A* equivale a la obligación de no hacer *A*) parece difícil que pueda cumplir una función de guía de la conducta. O, si se quiere, trasladándonos de nuevo al marco de las instituciones: la ética del disenso no parece que pueda consistir aquí en otra cosa que en una ética de la dimisión; o dicho todavía de otra manera, se trataría de una ética que solo podría cumplir una función crítica, negativa.

Lo cual, por lo demás, estaría completamente en la línea de la tesis de la perplejidad de Muguerza, que yo interpretaba así:

> La ética no puede ofrecer al hombre ninguna salvación y ni siquiera una guía que no sea de carácter negativo; es, como si dijéramos, una especie de mapa para ir a un lugar que se sabe no existe (y se supone que nunca va a existir, aunque algo se conoce sobre cómo tendría que ser, o que no ser) y en el que solo están señaladas las direcciones prohibidas (Atienza 1995, 186).

De ahí la insistencia de Muguerza en que la ética no es de este mundo y que, por tanto, no puede haber una ética del éxito, sino de la intención, etcétera.

Finalmente, la perplejidad a que necesariamente nos llevaría la ética no tendría, según Muguerza, que suponer la inacción, y de ahí su apelación a la resistencia. El perplejo tendría que ser un pesimista activo o, como él decía, un *resistente*:

> La desesperanza no puede ser una coartada para no actuar, y no solo porque si uno es simplemente y no mesiánicamente pesimista nunca podrá estar absolutamente seguro en la desesperanza, sino (y sobre todo) por ese conocimiento negativo que tenemos de lo que no se debe hacer (Atienza 1995, 187).

3.2. *Sobre la relación entre el Derecho y la moral: ¿una concepción no positivista del Derecho?*

Repasar todos estos escritos de Muguerza y mis comentarios sobre los mismos a lo largo de bastantes años me lleva ahora a hacerme la pregunta de cuál es el papel que su concepción de las relaciones entre el Derecho y la moral desempeña en la visión que hoy tengo de la filosofía del Derecho. No me cabe ninguna duda de que mi manera de entender la filosofía del Derecho sería distinta de la que es sin la influencia que, prácticamente desde el comienzo de mi carrera universitaria, ha ejercido sobre mí la lectura de las obras de Javier Muguerza y, en ocasiones, el contacto personal con él en conferencias, seminarios, charlas telefónicas... Pero a veces influencias de ese tipo están, por así decirlo, soterradas, y uno no es del todo consciente de las mismas hasta que alguna circunstancia —como puede serlo la escritura de un artículo— las hace salir a la superficie. Aclaro también, por si fuera necesario hacerlo, que la relación entre el Derecho y la moral es un capítulo muy importante de la filosofía del Derecho pero, obviamente, no es el único. Y que el título que le he puesto a este trabajo, «La filosofía del Derecho de Javier Muguerza», supone hacer uso de la figura retórica de la sinécdoque: tomar la parte por el todo. Pero esa parte (las relaciones entre el Derecho y la moral) es tan importante y contribuye de tal manera a configurar el todo (la filosofía del Derecho) que confío en que el lector considerará de sobra justificada esa licencia literaria.

A lo que estoy apuntando es a lo siguiente. La contraposición clásica entre iusnaturalismo y positivismo jurídico (y es frecuente pensar que esas son las dos concepciones fundamentales —y excluyentes entre sí— que se puede tener sobre el Derecho) suele presentarse en relación con dos tesis, la de las fuentes sociales del Derecho y la de la separación conceptual entre el Derecho y la moral, cuya aceptación caracterizaría al positivismo jurídico frente a las versiones clásicas del Derecho natural. O sea, para un positivista (tomemos el caso de González Vicén), el Derecho es un fenómeno social e histórico, condicionado por factores ideológicos y de hecho (en definitiva, el Derecho es el Derecho positivo) y no un orden con validez para todos los tiempos y lugares, como habría pretendido el iusnaturalismo a lo largo de todas sus variadísimas formulaciones. Además, para un positivista jurídico, el Derecho es una cosa y la moral otra, esto es, no debe confundirse lo que es con lo que debería ser el Derecho, y de ahí que, como diría también González Vicén, el problema de si existe o no una obligación ética de obedecer al Derecho solo se plantea desde la perspectiva iuspositivista, esto es, si no se confunde el Derecho con la moral.

Ahora bien, así como la primera tesis aparece hoy simplemente como indiscutible (y, de hecho, resulta prácticamente imposible encontrar algún autor de relieve que la niegue, que no parta de que el Derecho es un fenómeno social e histórico), la segunda parece mucho más cuestionable, y es la que centra el debate contemporáneo en torno al positivismo jurídico. Así, yo no soy un positivista jurídico y estoy convencido, además, de que el positivismo jurídico se ha convertido en una rémora para poder comprender nuestros sistemas jurídicos y poder actuar con sentido en ellos. Lo que quiero decir con esto no es que postule la existencia de algún tipo de Derecho natural (como decía, la tesis de las fuentes sociales del Derecho está desde hace tiempo fuera de discusión), sino que no suscribo la tesis de la separación entre el Derecho y la moral en los términos en los que los positivistas jurídicos lo hacen.

O sea, para mí está claro que, desde ciertas perspectivas, podemos —y debemos— distinguir el Derecho de la moral y que, obviamente, son perfectamente legítimos juicios del tipo de: «en la época del nacionalsocialismo en Alemania rigió un sistema jurídico moralmente inicuo»; «la pena de muerte carece de justificación moral, pero es una institución jurídica (forma parte del «Derecho en los libros» y del «Derecho en acción») en muchos países: como en China, o en muchos Estados de los Estados Unidos»; «la tipificación como delito de la eutanasia activa en la mayor parte de los sistemas jurídicos contemporáneos (incluido el español) atenta contra la autonomía moral de los individuos»; etcétera. Pero hay también otras perspectivas —típicamente, las de los juristas que tienen que asumir un punto de vista interno al Derecho— desde las que no cabe hacer ya esa distinción o, por lo menos, no de la misma manera. Por ejemplo, el juez que tiene que determinar si la maternidad subrogada es o no conforme con el «orden público español» (de lo que puede depender su decisión de ordenar que se inscriba o no en el registro español a un bebé nacido después de que sus padres legales, no biológicos, hayan formalizado un contrato de ese tipo[6]) tiene que resolver si esa práctica atenta o no contra la *dignidad humana* (un concepto este último incorporado hoy como principio o valor básico de todos los Derechos de los Estados constitucionales). ¿Y puede hacerlo sin llevar a cabo un razonamiento moral? ¿Puede seguirse sosteniendo que hay una separación nítida entre lo que es y lo que debería ser el Derecho cuando un juez tiene que interpretar un texto legal que, en principio, admite más de una lectura? Si, por ejemplo, opta por el significado *S1*, en lugar de *S2*, ¿no será porque *S1* es el que mejor permite desarrollar el Derecho en el sentido de lo que este *debería* ser? ¿Y puede, en general (o sea, también en los casos llamados fáciles), un juez justificar una decisión (la obligación de «motivar» —justificar— es una nota característica de los sistemas jurídicos del Estado constitucional) basándose exclusivamente en razones jurídicas, o sea, pueden considerarse las razones jurídicas como las razones últimas de un razonamiento práctico?

Insisto en que no pretendo decir que haya que equiparar sin más el Derecho con la moral o considerar al Derecho como una rama de la moral. Lo que yo sostengo es que el Derecho y la moral son (para emplear una expresión de Gustavo Bueno) «conceptos conjugados», que no pueden entenderse el uno separado del otro, aunque no puedan tampoco confundirse: se necesitan mutuamente. Que otro tanto ocurre con

6. Se considera que una norma o una decisión va contra el «orden público» de un Estado (se trata de un concepto que tiene su origen en el Código de Napoleón) si atenta contra los principios fundamentales de ese ordenamiento jurídico. Y la consecuencia de ello es el no reconocimiento de los efectos de una decisión o la no aplicación de la norma de un Derecho extranjero.

la distinción entre ser y deber ser o entre los hechos y los valores. Que el razonamiento jurídico de tipo justificativo incorpora siempre un fragmento de razonamiento moral y que tiene, por tanto, tan solo una autonomía relativa con respecto al moral: la justificación de una decisión jurídica —por ejemplo, judicial— no puede llevarse a cabo prescindiendo de la moral. Que todo lo anterior lleva a postular una teoría del Derecho que no puede ser puramente descriptiva, sino también normativa (no puede ocuparse solo de lo que es el Derecho, sino también —y en ocasiones al mismo tiempo— de lo que debería ser). Y que para poder construir esa teoría y poder dar cuenta de las relaciones entre el Derecho y la moral, consideradas tanto desde una perspectiva externa (para criticar o cambiar el Derecho) como interna (para identificarlo e interpretarlo), se necesita suscribir el objetivismo moral. Lo repito, porque me parece el punto crucial de todo ello: la teoría del Derecho contemporánea (la que se ocupa de los Derechos del Estado constitucional) necesita postular tanto una moralidad externa al Derecho como una moralidad interna al mismo, y en uno y otro caso, la teoría tiene que comprometerse con el objetivismo moral.

Sé de sobra que la anterior es una tesis controvertida, pero obviamente no es este el lugar para entrar en detalles al respecto. Pues adonde quiero llegar con todo lo anterior —como quizás el lector haya adivinado— es a plantear la cuestión de si, y hasta qué punto, las ideas de Javier Muguerza que vengo examinando están o no en sintonía con esa concepción de la filosofía del Derecho. O sea, si la suya es (o no) una concepción no positivista del Derecho y que atribuye a la moral las funciones que acabo de señalar.

Pues bien, a primera vista parecería que la anterior cuestión habría que contestarla en un sentido negativo. Es lo que parece sugerir su proximidad hacia los planteamientos de González Vicén o de von Ihering, que constituyen ejemplos claros de positivistas jurídicos. Su alejamiento radical de las tesis iusnaturalistas: los derechos humanos, para Muguerza, están muy lejos de significar derechos «naturales» (en varios lugares de su obra cita con aprobación el *dictum* de Nino de que los derechos humanos constituyen una de las grandes invenciones de la modernidad); y el Derecho en su sentido objetivo no tendría tampoco nada de natural: su razón de ser no sería otra que el conflicto social. Su insistencia en mantener nítida la distinción entre el ser y el deber ser, entre la razón teórica y la razón práctica, negando en consecuencia que los enunciados morales puedan calificarse de verdaderos o falsos. Su crítica a las concepciones (por ejemplo, a la ética comunicativa habermasiana) que tienden a aproximar excesivamente el Derecho y la moral y, por tanto, a difuminar una frontera que a Muguerza le parece esencial mantener. Sus simpatías por concepciones como la del movimiento *Cri-*

tical Legal Studies, una tendencia contemporánea del pensamiento jurídico que se caracteriza por un fuerte escepticismo también en materia moral. O, en fin, su defensa del individualismo moral que, al menos en principio, no parece muy claramente compatible con el objetivismo moral. Pero yo creo que esa primera impresión es fruto, efectivamente, de un análisis superficial de esos indicios que, sin embargo, cuando se examinan con mayor atención, conducen hacia una conclusión bien distinta, aunque haya que reconocer en la misma cierto grado de inseguridad, debido probablemente a la proclividad (por no decir, vocación) de Muguerza hacia (por) la perplejidad.

Empezando por el asunto del positivismo jurídico. Como antes decía, asumir la tesis de las fuentes sociales del Derecho (como obviamente hace Muguerza) no tiene hoy mayor significación y no es, por lo tanto, un dato que pueda utilizarse para adscribir a nadie a una determinada posición teórica. Y, por otro lado, la negación del Derecho natural no es tampoco signo inequívoco de comulgar con el positivismo jurídico, simplemente porque esas no son las únicas posiciones posibles que uno puede adoptar en relación con el Derecho. Lo que sí me parece relevante es que Muguerza se sienta muy próximo a la manera de entender el Derecho inaugurada (en la época contemporánea) por el «segundo Ihering» y no haya mostrado nunca mucha afinidad hacia los dos autores que suelen considerarse como máximos adalides del positivismo jurídico en el siglo XX: Hans Kelsen y Herbert L. A. Hart. Y esto lo digo porque frente a la concepción del Derecho como un conjunto de normas que caracteriza la obra de Kelsen y de Hart (pero también el tipo de positivismo jurídico vigente por ejemplo en España en las últimas décadas), Ihering (hablo siempre del «segundo Ihering»), aun siendo un autor positivista, tiene una visión muy distinta del Derecho. Para él, el Derecho no es una cosa, un objeto que está ahí para ser descrito y explicado por el teórico, sino una idea de fin, una actividad práctica con la que se trata de obtener ciertos objetivos, lo que le lleva a configurar la teoría del Derecho también en términos prácticos. Ihering, en consecuencia (y no Hart o, aún menos, Kelsen), es el origen de las concepciones postpositivistas (o no-positivistas) del Derecho de nuestros días que se caracterizan, precisamente, por no ver en el Derecho únicamente un sistema de normas sino también, y fundamentalmente, una actividad, una práctica, que no puede entenderse si se dejan fuera los fines y los valores de la misma.

Por lo que hace a la separación (conceptual o metodológica) entre el Derecho y la moral, yo creo que las afirmaciones en ese sentido de Muguerza han de entenderse referidas al plano de lo que he llamado «relaciones externas», es decir, al plano de la crítica o del enjuiciamiento del Derecho positivo. Quizás sea así como debiéramos entender su tesis (y la de González Vicén) de la no existencia de una obligación ética de obedecer el Derecho. Pienso que lo que, en el fondo, uno y otro quieren decir es que las razones últimas en el razonamiento práctico son siempre las razones morales, de manera que el que tiene que aplicar el Derecho o que seguir alguna de sus reglas no puede prescindir nunca de plantearse la cuestión de si ese comportamiento es también conforme o no con la moral. Y, por eso, lo que a mí me parece que está sobreentendido en su planteamiento es que no puede haber una obligación ética *de carácter general* de obedecer el Derecho, pues entonces, ese juicio crítico, caso a caso, ya no sería posible[7]. Y si esto es así, entonces quizás ninguno de los dos tuviera inconveniente en reconocer que, en relación con un determinado supuesto, y una vez examinado a la luz de todas sus circunstancias por la conciencia moral, por el tribunal de la conciencia (dejemos aquí de lado cómo haya que entender esa conciencia), lo que resulta es un juicio moral que obliga a obedecer o a desobedecer lo que determina el Derecho para ese caso, pero no porque sea el Derecho el que lo determina, sino por su conformidad o no con la moral. Pero eso no afecta al otro plano, al de las relaciones internas, en relación con el cual Muguerza ha defendido explícitamente la necesaria conexión entre el Derecho y la moral o, dicho de otra manera, la imposibilidad de prescindir de la moral a la hora de emitir juicios jurídicos de carácter interno; recuérdese: la conciencia moral del juez no es algo que este pueda «colgar en el perchero» y de lo que pueda prescindir al aplicar el Derecho (y, añadiría yo, al justificar por qué lo aplica de tal manera).

Pero adviértase la importancia que tiene suscribir esa tesis del carácter último de las razones morales en el razonamiento práctico. Eso quiere decir que la pregunta «¿Qué debo hacer?» o «¿Qué se debe hacer?» no se puede contestar echando mano únicamente de razones instrumentales o estratégicas (teóricas) que solo alcanzan para establecer conexiones entre medios y fines; se necesita acudir también a razones éticas (a la razón práctica) que son las que se refieren a los fines últimos, a los valores. Y Muguerza no es ningún escéptico en relación con la razón práctica, con la posibilidad de discutir racionalmente sobre los fines últimos. Niega que las cuestiones morales sean susceptibles de respuestas que puedan calificarse como verdaderas o falsas, pero eso no es un argumento contra el objetivismo ético, sino contra el realismo moral. Y, en suma, su reivindicación de la razón práctica (y de la prioridad que esta última ostenta frente a la razón teórica) le sitúa, cabría decir, en las antípodas de defensores del positivismo jurídico tan sobresalientes

7. A esta conclusión es a la que llegó también Juan Ramón de Páramo en su análisis de la polémica (*vid.* Páramo 1990, especialmente 160).

como Hans Kelsen o Alf Ross, y al lado de postpositivistas como Carlos Nino. Como se sabe, los dos primeros autores fueron emotivistas éticos bastante radicales (y yo diría que esa sigue siendo la posición más frecuente en las filas del positivismo jurídico —al menos, en los países latinos—) que consideraban la expresión «razón práctica» como una contradicción en los términos: si es razón, entonces no puede ser práctica, y si es práctica, entonces no puede ser racional.

La tesis de la unidad de la razón práctica (que es otra manera de expresar que las razones morales son las razones últimas en el razonamiento práctico) sitúa así a Muguerza en posiciones bastante alejadas de las de un (neo)positivista jurídico como Luigi Ferrajoli o un representante de la «teoría crítica» del Derecho (más o menos afín al movimiento *Critical Legal Studies*) como Juan-Ramón Capella. Traigo aquí a colación a estos dos autores por la importancia teórica que tiene la obra de cada uno de ellos y por las afinidades que en más de un sentido guardan con la de Muguerza. Como antes veíamos, Javier Muguerza citaba con aprobación un texto de Ferrajoli en el que este señalaba que los derechos fundamentales no habían sido fruto del consenso, sino del conflicto, y se habían conquistado a base de rupturas y de revoluciones. Y en esa tradición conflictualista es sin duda en donde hay que situar también a Capella que, por lo demás, yo creo que compartiría casi todas las tesis muguerzianas que hemos ido viendo. Pero hay también una diferencia entre estos dos autores y Muguerza que me parece importante resaltar. Se trata de que tanto Ferrajoli como Capella piensan que el único fundamento posible para los derechos fundamentales (para la ética) es el que proporciona la convención, esto es, la existencia de un consenso fáctico. Y de ahí que, por ejemplo, Ferrajoli haya podido escribir que «los valores morales y políticos últimos no se demuestran [...] simplemente se eligen se postulan y se defienden» (Ferrajoli 2015, 104) y que el fundamento del Derecho del Estado constitucional, y de los derechos fundamentales, estaría en el «pacto constitucional» (*ibid.*, 82). Y que Capella afirme que la normatividad (cualquiera que esta sea; también la «normatividad social alternativa» que él opone a los derechos del paradigma neoliberal) no se fundamenta ni en la naturaleza ni en la razón, «sino en la *convención* de una racionalidad discursiva pública que pone de vez en vez la ley y que *carece de otro fundamento que la convención misma*» (Capella 2008, 353); al tiempo que declara incompatible la «idealidad democrática» con «una concepción substancialista acerca de la justicia» (*ibid.*, 354). Ahora bien, ese convencionalismo moral, combinado con un fuerte (y yo diría que también algo trasnochado) no-cognoscitivismo ético, es una seña de identidad que puede encontrarse en muchos autores (no solo en los dos mencionados) que, de alguna forma, han «pasado» por el marxismo, pero que, me parece, contradice el sentido más de fondo de la filosofía moral de Muguerza. Recuérdese simplemente su empeño en señalar los límites de cualquier tipo de teoría ética de carácter consensual, convencional, y su descalificación del consenso fáctico (ejemplificado en la propuesta de Bobbio) como posible teoría fundamentadora de los derechos humanos. Al igual que su insistencia en considerar el «imperativo de los fines» como un principio de carácter sustantivo.

Y con esto hemos llegado a la cuestión del objetivismo moral, cuya defensa considero que es una condición necesaria para poder construir una teoría —filosofía— del Derecho adecuada para los sistemas jurídicos del Estado constitucional. Aclaro además que, en mi opinión, ese objetivismo debería calificarse de «mínimo», para evitar ser confundido con el absolutismo moral o con el realismo moral. No puedo entrar aquí en precisiones, pero el objetivismo que yo defiendo es lo que podría llamarse un «objetivismo de las razones» (no ontológico), y lo que sostiene es que los juicios éticos (los juicios sobre fines últimos) son susceptibles de ser defendidos o atacados con razones que tengan una pretensión de corrección, o sea, que no sean de alcance meramente subjetivo o relativo, sino objetivo. Y que a esas razones objetivas (naturalmente, falibles; la ética —como la ciencia— es una práctica abierta) cabe llegar mediante una vía procedimental y una vía sustantiva o, quizás mejor, a través de una combinación de ambas. Y aquí es donde me parece que esa propuesta de fundamentación de la ética puede recibir un fuerte apoyo de la obra de Muguerza. En un doble sentido. Por un lado, porque señala los límites del procedimentalismo y la necesidad de complementar su consenso y su disenso, lo que puede ser una buena manera de fomentar la apertura de la ética y de subrayar el elemento crítico, negativo. Y, por otro lado, porque las críticas de Muguerza al procedimentalismo van acompañadas de la necesidad de encontrar algún principio de carácter sustantivo, por más que este tenga únicamente un significado crítico y negativo. Pero a partir de ahí, del principio de dignidad humana (no tratar a nadie ni tratarse a sí mismo meramente como un medio), no es difícil derivar otros principios de carácter más positivo y concreto que establecen la obligación moral de satisfacer las necesidades básicas de todos y cada uno de los seres humanos. La filosofía moral (y política) de Muguerza conecta así con concepciones objetivistas de la moral como la teoría de las capacidades básicas de Nussbaum y Sen, la de las «razones objetivas» de Nagel o la del «coto vedado» de Garzón Valdés.

BIBLIOGRAFÍA

Aguiló, Josep (2007), «Positivismo y postpositivismo. Dos paradigmas jurídicos en pocas palabras»: *Doxa. Cuadernos de filosofía del Derecho*, 30, 673 ss.

Alchourrón, Carlos (1993), «Philosophical Foundation of Deontic Logic and the Logic of Defeasible Conditionals», en J. Meyer y R. Wieringa (eds.), *Deontic Logic in Computer Science: Normative System Specificatons*, Wiley & Sons, Hobogen.

Alexy, Robert (1989), *Teoría de la argumentación jurídica. La teoría del discurso racional como teoría de la fundamentación jurídica* (ed. orig. *Theorie der juristischen Argumentation*, 1978), CEC, Madrid.

— (1993), *Teoría de los derechos fundamentales* (ed. orig. *Theorie der Grundrechte*, 1986), CEC, Madrid.

— (2000), «Derecho injusto, retroactividad y principio de legalidad penal: la doctrina del Tribunal Constitucional Federal Alemán sobre los homicidios cometidos por los centinelas del muro de Berlín»: *Doxa*, 23.

— (2009), «Los principales elementos de mi filosofía del Derecho»: *Doxa*, 32.

— (2010), «Legal Principles and the Construction of Constitutional Rights», ponencia presentada en el seminario celebrado en Tampere (Finlandia), en enero de 2010, dedicado a la discusión de la obra de Alexy.

Atienza, Manuel (1983), «La filosofía del Derecho de Felipe González Vicén», en VV.AA., *El lenguaje del derecho. Homenaje a Genaro R. Carrió*, Abeledo-Perrot, Buenos Aires.

— (1986), *Sobre la analogía en el Derecho. Ensayo de análisis de un razonamiento jurídico*, Civitas, Madrid.

— (1989), «Paternalismo y consenso», en J. Muguerza *et al.*, *El fundamento de los derechos humanos* (ed. preparada por Gregorio Peces-Barba), Debate, Madrid.

— (1991), *Las razones del Derecho. Teorías de la argumentación jurídica*, CEC, Madrid.

— (1994), «Robert Alexy: Teoría de los derechos fundamentales»: *Revista del Centro de Estudios constitucionales*, 17.

— (1995), «Carta a un joven iusfilósofo»: *La Laguna*, 3.

— (1997), «Los límites de la interpretación constitucional. De nuevo sobre los casos trágicos»: AFDUAM, 1.
— (2001), «Entrevista a Robert Alexy»: *Doxa*, 24.
— (2004), *Bioética, Derecho y argumentación*, Palestra-Temis, Lima/Bogotá.
— (2006), *El Derecho como argumentación*, Ariel, Barcelona.
— (2009), «Laudatio»: *Doxa*, 32.
— (2010), «Hermenéutica y filosofía analítica en la interpretación del Derecho», en I. Lifante (ed.), *Interpretación jurídica y teoría del Derecho*, Palestra, Lima/Bogotá.
— (2012), «Dos versiones del constitucionalismo», en VV.AA., *Un debate sobre el constitucionalismo*, Marcial Pons, Madrid *et al.*
— (2013, [5]2018), *Curso de argumentación jurídica*, Trotta, Madrid.
— (2014), «La democracia a través de los derechos. Un comentario»: *Jueces para la democracia*, 81.
— (2017a), *Filosofía del Derecho y transformación social*, Trotta, Madrid.
— (2017b) «Sobre la dignidad en la Constitución española de 1978»: *Out-Dez. Revista do Ministério Público*, pp. 9-30.
— (2018), *La guerra de las falacias. Cómo hacer frente a los malos argumentos en la esfera pública*, B de F, Buenos Aires/Montevideo.
Atienza, Manuel y García Amado, Juan Antonio (2012), *Un debate sobre la ponderación*, Palestra-Temis, Lima/Bogotá.
Atienza, Manuel y Ruiz Manero, Juan (1991), «Sobre principios y reglas»: *Doxa*, 10.
— (1996), *Las piezas del Derecho. Teoría de los enunciados jurídicos*, Ariel, Barcelona.
Bauman, Zygmunt (2017), *Retrotopía*, Paidós, Barcelona.
Bernal Pulido, Carlos (2003), *El principio de proporcionalidad y los derechos fundamentales*, CEPC, Madrid.
Bobbio, Norberto (1980), «Naturaleza y función de la filosofía del Derecho», en *Contribución a la teoría del Derecho*, Fernando Torres, Valencia.
Bueno, Gustavo (1978), «Conceptos conjugados»: *El Basilisco*, 1.
Capella, Juan-Ramón ([5]2008), *Fruta prohibida. Una aproximación histórico-teórica al estudio del derecho y del estado*, Trotta, Madrid.
Celano, Bruno (2009), *Derecho, justicia, razones. Ensayos 2000-2007*, CEPC, Madrid.
— (2013), *I diritti dello Stato costituzionale*, Il Mulino, Bologna.
Clérico, Laura (2009), *El examen de proporcionalidad en el Derecho constitucional*, Eudeba, Buenos Aires.
Díaz, Elías (1984), *De la maldad estatal y la soberanía popular*, Debate, Madrid.
Dworkin, Ronald (1986), *Law's Empire*, Harvard University Press, Cambridge (Mass.).
— (1997), *Freedom's Law. The Moral Reading of the American Constitution*, Harvard University Press, Cambridge (Mass.).
— (2011), *Justice for Hedgehogs*, Harvard University Press, Cambridge (Mass.).
Fassò, Guido (1964), *La legge della ragione*, Il Mulino, Bologna.
Ferrajoli, Luigi (2011), «Constitucionalismo principialista y constitucionalismo garantista»: *Doxa*.

— (2012), «Constitucionalismo principialista y constitucionalismo garantista», en VV.AA., *Un debate sobre el constitucionalismo*, Marcial Pons, Madrid/Barcelona/Buenos Aires/Sao Paulo.
— (2015), *La democracia a través de los derechos*, Trotta, Madrid.
Finnis, John (2000), *Ley natural y derechos naturales*, trad. y estudio preliminar de C. Orrego, Eudeba, Buenos Aires.
Fishkin, James (1984), *Beyond subjective Morality: Ethical Reasoning and Political Philosophy*, Yale University Press, New Haven.
Fiss, Owen (1991), «La muerte del Derecho»: *Doxa*, 11.
García Amado, Juan Antonio (2006), «El juicio de ponderación y sus partes. Crítica de su escasa relevancia», en R. Sanín Restrepo (coord.), *Justicia constitucional. El rol de la Corte Constitucional en el Estado contemporáneo*, Legis, Bogotá.
García Máynez, Eduardo (1953), *La ontología formal del Derecho y su expresión simbólica*, Porrúa, México.
Garzón Valdés, Ernesto (1993), *Derecho, ética y política*, CEC, Madrid.
— (1998), «Acerca del disenso (La propuesta de Javier Muguerza)», en Muguerza 1998.
Gianformaggio, Letizia (1987), *In difesa del silogismo pratico, ovvero alcuni argomenti kelseniani alla prova*, Giuffrè, Milán.
González Vicén, Felipe (1979), *Estudios de Filosofía del Derecho*, Universidad de La Laguna.
— (1985), «La obediencia al Derecho: Una anticrítica»: *Sistema*, 65.
Guastini, Riccardo (2011), *La sintassi del diritto*, Giapichelli, Turín.
— (2014), «El realismo jurídico redefinido», en Á. Núñez (coord.), *Modelando la ciencia jurídica*, Palestra, Lima/Bogotá.
— (2016a), «The Two Faces of Analytic Legal Philosophy», en *Metaphilosophy of Law* (ed. de Pawel Banas-Adam Dyrda y Tomasz Gizbert-Studnicki), Hart Publishing, Bloomsbury.
— (2016b), «Las dos caras de la filosofía analítica del Derecho positivo», ponencia presentada al Primer Congreso de Filosofía del Derecho para el Mundo Latino, Alicante.
Günther, Klaus (1989), «A normative conception of coherence for a discoursive theory of legal justification»: *Ratio Juris* 2/2.
Haack, Susan (1982), *Filosofías de las lógicas*, trad. de A. Antón y T. Orduña, Cátedra, Madrid.
— (1998), *Manifesto of A Passionate Moderate: Unfashionable Essays*, The University of Chicago Press.
— (2005), «On Legal Pragmatism: Where Does 'The Path of the Law' Lead Us?»: *Notre Dame Law School*, 50, pp. 71-105.
— (2006), «Introduction. Pragmatism, old and new», publicado anteriormente —en una versión ligeramente abreviada— en 2001 y 2004.
— (2007a), «Not Cynism, but Synequism: Lessons from Classical Pragmatism», en *Putting Philosophy to Work: Inquiry and its Place in Culture: Essays on Science, Religion, Law, Literature and Life*, Prometheus Books.
— (2007b), «On Logic in the Law: 'Something, but not all'»: *Ratio Juris*, 20/1, pp. 1-31.

— (2008), «The Pluralistic Universe of Law: Towards a Neo-Classical Legal Pragmatism»: *Ratio Juris*, 21/4, pp. 453-480.
— (2009a), «The Meaning of Pragmatism: The Ethics of Terminology and the Language of Philosophy»: *Teorema*, XXVIII/3, pp. 9-29.
— (2009b), «The growth of meaning and the limits of formalism: in science, in law»: *Análisis filosófico*, XXIX/1, pp. 5-29.
— (2011), «Pragmatism, Law, and Morality: The Lessons of Buck *v*. Bell»: *European Journal of Pragmatism and American Philosophy*, III/2, pp. 65-87.
— (2017), «The Pragmatist Tradition: Lessons for Legal Theorists»; se trata del texto de una conferencia de la autora en la Facultad de Derecho de Washington University, en octubre de 2017.
— (2018), «The Pragmatist» (Manuscrito).
Habermas, Jürgen (2.ª ed., 1.ª reimp., 2018), *Teoría de la acción comunicativa* (ed. orig. *Theorie des kommunikativen Handelns*, 1981), Trotta, Madrid.
— (1998, [6]2010), *Facticidad y validez. Sobre el derecho y el Estado democrático de derecho en términos de teoría del discurso* (ed. orig. *Faktizität und Geltung*, 1992), Trotta, Madrid.
Hobbes, Thomas (2002), *Diálogo entre un filósofo y un jurista y escritos autobiográficos*, trad. y notas de M. Á. Rodilla, Tecnos, Madrid.
— (2013), *Behemoth*, trad. de M. Á. Rodilla, Tecnos, Madrid.
Hohfeld, W. N. (1968), *Conceptos jurídicos fundamentales*, trad. de Genaro R. Carrió, Centro Editor de América Latina, Buenos Aires.
Holmes, Oliver W. (1975), *La senda del Derecho*, Abeledo-Perrot, Buenos Aires.
— (1981), *The Common Law*, Litt, Brown & Co., Boston.
— (1997), «Law and the Court», en R. Posner, *The Essential Holmes: Selections from the Letters, Speeches, Judicial Opinions, and others Writings of Oliver Wendell Holmes, Jr.*, University of Chicago Press.
Ihering, Rudolf von (1961), *El fin en el Derecho*, trad. de D. Abad de Santillán, 2 tomos, Cajica, Puebla.
Jori, Mario (2016), «Concezioni del diritto vecchie e nuove. Il positivismo giuridico revisitato sullo sfondo del neocostituzionalismo», ponencia presentada en el I Congreso de Filosofía del Derecho del Mundo Latino, Alicante.
Laporta, Francisco (2007), *El imperio de la ley. Una visión actual*, Trotta, Madrid.
Lopera Mesa, Gloria (2006), *Principio de proporcionalidad y ley penal. Bases para un modelo de control de constitucionalidad de las leyes penales*, CEPC, Madrid.
MacCormick, Neil (1978), *Legal Reasoning and Legal Theory*, Clarendom Press, Oxford.
— (1990), *Derecho legal y socialdemocracia. Ensayos sobre filosofía jurídica y política*, Tecnos, Madrid.
— (2005), *Rhetoric and the Rule of Law. A Theory of Legal Reasoning*, OUP, Oxford.
— (2018), *Retórica y Estado de Derecho. Una teoría del razonamiento jurídico*, Palestra-Themis, Lima/Bogotá.

Moreso, José Juan (2009), «Alexy y la aritmética de la ponderación», en R. Alexy *et al.*, *Derechos sociales y ponderación*, Fundación Coloquio Jurídico Europeo, Madrid.

Muguerza, Javier (1977), *La razón sin esperanza*, Taurus, Madrid.

— (1986), «La obediencia al Derecho y el imperativo de la disidencia (Una intrusión en un debate)»: *Sistema*, 70.

— (1987), «Sobre el exceso de obediencia y otros excesos (Un anticipo)»: *Doxa*, 4.

— (1990), *Desde la perplejidad. Ensayos sobre la ética, la razón y el diálogo*, FCE, México *et al.*

— (1994), «El tribunal de la conciencia y la conciencia del tribunal (Una reflexión ético-jurídica sobre la ley y la conciencia)»: *Doxa*, 15-16.

— (1998), *Ética, disenso y derechos humanos. En conversación con Ernesto Garzón Valdés*, Argés, Madrid.

— (2000), «La lucha por los derechos (Un ensayo de relectura libertaria de un viejo texto liberal)»: RIFP, 15.

Muguerza, Javier *et al.* (1989), *El fundamento de los derechos humanos* (ed. preparada por G. Peces-Barba), Debate, Madrid.

Nagel, Thomas (2000), *La última palabra. La razón ante el relativismo y el subjetivismo*, Gedisa, Barcelona.

Neumann, Ulfrid (1986), *Juristische Argumentationslehre*, Wissenschaftliche Buchgesellschaft, Darmstadt.

Nino, Carlos (1992), *Fundamentos de Derecho constitucional: análisis filosófico, jurídico y politológico de la práctica constitucional*, Astrea, Buenos Aires.

Nussbaum, Martha (2002), *Crear capacidades. Propuestas para un desarrollo humano*, Paidós, Barcelona.

Páramo, Juan Ramón de (1990), «Obediencia al Derecho: revisión de una polémica»: *Isegoría*, 2.

Pardo, José Luis (2016), *Estudios del malestar. Políticas de autenticidad en la sociedad contemporánea*, Anagrama, Madrid.

Peña, Lorenzo (2017), *Visión lógica del Derecho. Una defensa del racionalismo jurídico*, Plaza y Valdés, Madrid.

Pérez Lledó, Juan Antonio (2008), *El instrumentalismo jurídico en Estados Unidos*, Palestra-Themis, Lima/Bogotá.

Platón (2000), *Teeteto*, trad. de A. Vallejo Campos, Gredos, Madrid.

Postema, Gerald (2015), «Jurisprudence, the Sociable Science»: *Virginia Law Review*, 101/4, p. 895.

Raz, Joseph (1991), *Razón práctica y normas*, trad. de J. Ruiz Manero, CEC, Madrid.

Reisinger, L. (1982), «Legal Reasoning by analogy. A model applying fuzzy set theory», en C. Ciampi (ed.), *Artificial Intelligence and Legal Information Systems*, vol. 1, North Holland Publishing Company, pp. 151-163.

Rodilla, Miguel Ángel (2009), «Certeza y predecibilidad de las relaciones jurídicas», Fundación Coloquio Jurídico Europeo, Madrid.

— (2013), «Los presupuestos de la práctica judicial y la idea de sistema jurídico. Más allá de una concepción positivista del Derecho», en *Derecho, efica-*

cia y garantías en la sociedad global. Liber Amicorum en honor de María del Carmen Calvo Sánchez, Atelier, Madrid.
— (2014), *El contrato social. De Hobbes a Rawls*, Ratio Legis, Salamanca.
Ross, Alf (1963), *Sobre el Derecho y la justicia*, trad. de G. R. Carrió, Eudeba, Buenos Aires.
Roxin, Claus (1972), *Política criminal y sistema de Derecho penal*, trad. de F. Muñoz Conde, Bosch, Barcelona.
Schauer, Frederick (2015), *The Force of Law*, Harvard University Press, Cambridge (Mass.).
Shapiro, Scott J. (2011), *Legality*, Harvard University Press, Cambridge (Mass.).
Squella, Agustín (2007), *¿Qué es el Derecho? Una descripción del fenómeno jurídico*, Editorial Jurídica de Chile, Santiago.
Summers, Robert S. (1982), *Instrumentalism and American Legal Theory*, Cornell University Press.
— (2000), *Essays in Legal Theory*, Kluwer Academic Publishers, Dordrecht *et al.*
Toulmin, Stephen (1993), Manuel Atienza y Manuel Jiménez Redondo, «Entrevista a Stephen Toulmin»: *Doxa*.
Tuori, Kaarlo (1989), «Discourse Ethics and the Legitimacy of Law»: *Ratio Juris*, 2/2.
Vaz Ferreira, Carlos (1962), *Lógica viva*, Losada, Buenos Aires.
Vigo, Rodolfo (2016), «Dos o tres iusnaturalismos?», en *Iusnaturalismo y neoconstitucionalismo. Coincidencias y diferencias*, Porrúa, México.
Viola, Francesco (2012), «Il futuro del diritto», en www1.unipa.it/viola/Il_futuro_del_diritto.pdf.

ÍNDICE DE NOMBRES

ÍNDICE DE MATERIAS

ÍNDICE GENERAL